中国物价统计年鉴

1990

国家统计局城市社会经济调查总队　编

中国统计出版社

《中国物价统计年鉴一1990》编辑委员会

主　　编：任才方
副 主 编：廖萃芳、黄朗辉
编辑委员：汪小青、马蜀瑜、刘义洪
编辑人员：田　红、帅　蓉
资料整理：王　毅、王晓红、白大平、衣　红、庞晓林、张国亮
　　　　　张朝煌、黄庆明、阙小清、潘建成、耿建华

中国物价统计年鉴
ZHONGGUO WUJIA TONGJI NIANJIAN
1990
国家统计局城市社会经济调查总队　编
*
中国统计出版社出版
新华书店北京发行所发行
北京顺义振华印刷厂印刷
*
787×1092毫米　16开本　21.125印张　57万字
1990年8月第1版　1990年8月北京第1次印刷
印数：1—3,000
ISBN 7-5037-0455-1/F·188
定价：18.00元

目　　录

一、文　图　篇

二、综　合　篇

三、消费物价指数篇

四、 农副产品收购价格指数篇

五、 工农业商品交换比价篇

六、 商品零售和收购价格篇

一、文 图 篇

1989年一季度市场零售物价总水平比上年同期上涨27%

1989年第一季度各级政府深入贯彻"治理、整顿、深化改革"的方针,积极采取各种措施,增加市场有效供给,整顿市场秩序,强化市场物价的管理和监督,保证了"元旦"、"春节"两个节日市场的稳定,群众较为满意。但由于国家提高了书报杂志的零售价格,征收彩电"两税",部分进口商品实行代理作价,有些地方政府批准出台了一些调价项目,以及市场货币流通量过大等因素,使市场物价水平继续上涨,加大了1989年控制市场物价的工作难度。

一、物价上涨呈现新特点

1989年一季度,市场零售物价总水平居高不下,比上年同期上涨27%。分月来看,1月份上涨27%,2月份上涨27.9%,3月份上涨26.3%。初步测算,1989年3月份比1988年12月份上涨7.7%,剔除蔬菜、鲜果零售价格季节性涨价因素,上涨7%。一季度物价上涨有三个新特点:

(一)日用工业消费品价格上涨幅度超过食品价格上涨幅度,成为市场零售商品新涨价的主要推动力。与上年12月份比较,3月份日用工业消费品零售价格上涨8.2%,超过同一时期食品类零售价格上涨5.6%的幅度,影响零售物价总水平新上涨3.3%,占新涨价部分的43%,成为牵动市场零售物价上涨的龙头。其中,衣着类零售价格比上年12月份上涨7.2%,日用品类上涨8.4%,书报杂志类上涨81.4%,建筑材料类上涨9.4%,燃料类上涨16.9%。

(二)食品类零售价格继续向上浮动,仍是影响零售物价总水平上涨的重要因素。3月份食品零售价格比上年12月份上涨5.6%,影响零售物价总水平新上涨2.4%,占新涨价部分的31%;剔除蔬菜、鲜果零售价格季节性涨价因素,则上涨 4.9%。在食品类零售价格上涨中，粮食价格比上年 12 月份上涨 5.6%，烟酒茶类价格上涨 0.7%，副食品类价格上涨 3.2%（其中肉禽蛋上涨1.8%，水产品上涨 7%，调味品上涨 9.1%）。35 个大中城市，在节日期间大多增加了副食品供应的价格补贴，菜、肉、蛋的零售价格上涨幅度均低于全国平均水平，猪肉零售价格基本维持在上年 12 月份水平上，部分城市菜价还有所下降。

（三）农村零售物价水平上升幅度高于城市。与上年 12 月份相比较，农村零售物价上涨 8.8%，高于城镇上涨 6.4% 的幅度。其原因是多方面的，但主要是上年城市零售物价上涨对本年农村市场商品价格的滞后影响等因素，导致农村日用工业品和农业生产资料价格上涨幅度过大。1989 年国家对农业生产资料实行专营后，整顿了流通秩序，防止了层层盘剥的现象，农民欢迎。但由于生产企业消耗的原材料价格上涨，使农业生产资料零售价格仍以较大的幅度上涨。3 月份与上年 12 月份相比较，农业生产资料价格上涨 11.9%，影响零售物价总水平新上涨 2%，占新涨价部分的 26%，成为农村零售物价水平上涨幅度过高的重要构成因素。

但逐月来看，市场零售物价涨势有所缓解。1 月份比上年 12 月上升5.3%，2 月份比 1 月上升 1.4%，3 月份比 2 月份上升 1%。说明各级政府坚决贯彻中央、国务院的指示，已取得初步效果。

二、市场物价持续上涨的成因

一季度，市场零售物价总水平比上年同期上涨幅度较大的原因是多方面的，其主要因素是：

（一）1988 年"翘尾"因素影响市场零售物价上涨幅度增高的程度较大。由于 1988 年出现明显的通货膨胀，直接影响 1989 年一季度乃至全年的零售物价的上涨幅度。据测算，1988 年涨价商品对 1989 年一季度零售物价上涨幅度的"翘尾"影响约为 19.3 个百分点，占当年一季度市场零售物价总水平上涨 27 个百分点的 71.5%。

（二）1989 年国家及地方出台项目零售价格上涨的影响占新涨价部分的 1/3 强。一季度国家调高了书报杂志零售价格，征收彩电"两税"，批准部分地区调整毛线、针棉织品、部分农业生产资料等零售价格，使 3 月份零售物价总水平比上年 12 月份上涨 2.7%，占新涨价部分的 35%；在其牵动下，加上市场求过于供的不平衡状况的影响，市场自发涨价现象有增无缓，使零售物价新上涨 5%，占 1989 年以来新涨价部分的 65%，成为控制日用工业消费品价格上涨决不可忽视的问题。

（三）近年来，社会需求过旺，货币超经济发行，城乡结余购买力增加等因素的滞后作用，是影响市场零售物价总水平上升的根本原因。1989 年一季度末市场货币流通量达 2 099 亿元，较上年同期增长 44.3%。而同一时期市场有效供给严重不足，适销商品匮乏，商品紧缺面扩大，商品库存保证程度不断减弱。据统计，3 月末商业部门 28 种主要商品库存量比上年同期下降的有 17 种，占 60.7%。在需求不断趋胀的情况下，商品有效供给的不足，无疑会增大平抑市场物价的难度。

(四)通货膨胀预期心理的惯性作用，群众心理承受能力较弱。近年来市场物价频繁波动，群众对通货膨胀的心理承受能力较弱。据反映，2 月份以来，因整顿毛线销价在江苏、上海形成的抢购风已蔓延到湖北、安徽、黑龙江、宁夏、内蒙古、陕西等 21 个省(区、市)的部分市县。抢购的商品主要是毛线、针棉织品、铝制品等日常生活必需品。物价上涨引起市场抢购风，抢购风又反过来刺激市场物价上涨。

(五)地区之间的渗透涨价是抬高全国零售物价总水平的重要因素。目前，不少地方政府对通货膨胀的危害性认识不足，控制物价的措施具有短期性和明显的地方色彩。在价格管理上采取自我保护政策的同时，借"顺加"作价的办法实行商品内外二价，形成"外向型涨价"，转嫁负担，增加地方财政收入，致使地区间价格滚动上涨，加大了实现全国物价控制目标的难度。

(六)原材料、燃料等上游商品价格上涨是推动商品零售价格上涨的主要动力。1988 年工业企业原材料、燃料等购进价格比上年上涨 13.7%，农副产品收购价格提高 23%，使企业消化能力降低，成本增加，借各种名义向消费者转嫁负担，同期工业品出厂价格上涨 15%，进而推动商品零售价格自发上涨。

(七)经济领域中的混乱秩序仍未得到根本性的整治，价格监督和管理工作仍较薄弱，各种投机倒把行为以及乱涨价、变相涨价现象仍较严重，加剧了市场物价的涨势。

三、控制市场物价上涨的建议

1989 年是贯彻"治理、整顿、深化改革"的关键一年。但由于宏观整治的进程还不快，涨价的因素仍在不断增加。据测算，1988 年市场物价上涨对 1989 年零售物价上涨幅度的翘尾影响全年平均为 7.9%，1989 年一季度国家及地方政府出台项目的新涨价及自发性涨价幅度为 7.7%，这两项合计约为 15.6%。因此，从一季度市场物价涨势来看，即使今后三个季度不出台任何一项调价措施，全国零售物价总水平上涨幅度也可能达到 16% 左右，实现控价目标的难度是很大的。特别是下半年各地为增加财政收入，有可能网开一面，放松价格管理，使价格进一步上涨。由此可见，如不采取果断措施，不但不能达到今年的控制目标，还可能接近甚至超过去年市场零售物价的上涨幅度。因此，在当前的"治理、整

顿、深化改革″中，必须采取以下措施:

(一)各级政府在指导思想上要充分认识到整治的长期性和艰巨性，克服措施上的短期行为，树立全国一盘棋的观念，克服本位主义思想，制止在价格管理上出现的″产地拼命压，销地尽量涨″现象。

(二)在治理的措施上，要采取综合配套治理的方针，在采取行政措施的同时，逐步建立新的商品经济秩序。从目前的情况看，必须尽快提高银行存贷利率，适当扩大储蓄保值补贴期限，疏导居民货币购买力；同时采取措施压低部分商品现价，减少″翘尾″因素。一要压低去年因抢购而抬高的商品价格和严重背离价值的商品价格；二要压低因流通环节增加，层层加码的商品价格，以缓解延伸的惯性推动。

(三)坚决执行稳定物价的方针。1989年的市场物价形势已不允许出台任何调价项目，特别是牵涉面大的项目，非改不可的改革措施也必须权衡利弊，暂缓出台，防止负效应的出现。特别是下半年，要防止一些地区和部门受局部利益的驱动，放松价格管理，用涨价的办法来增加财政收入。

(四)在增加有效供给的同时，对实行财政补贴的国营商业企业进行全面审计，加强监督，确保财政补贴的平抑物价、调控市场的作用。为保证人民生活的基本必需品供应，必要时要增加投入，扩大国家定量供应比重，平抑集市价格，确保″菜篮子″价格的稳定，争取主要副食品价格有所回落。

(五)在目前的经济环境下，必须努力稳定上游产品的价格，逐步取消不切实际的″顺加″作价方法，消除商品自发涨价的温床，控制日用工业消费品的零售价格。

(六)增强价格改革的宣传和价格管理的透明度。目前，群众对物价上涨的心理承受能力远低于经济承受能力，所以对人民生活的基本必需品及实行专营的农业生产资料价格；要向社会公布，以便群众监督。

(七)建立价格调节基金制度，增强政府调控市场物价的能力。经费来源可从工商、物价部门的罚款及提价商品的库存升值中筹集一部分，主要用于群众日常生活必需的工业消费品和临时性的价格补贴，以确保市场物价的相对稳定。

1989年上半年零售市场物价概况

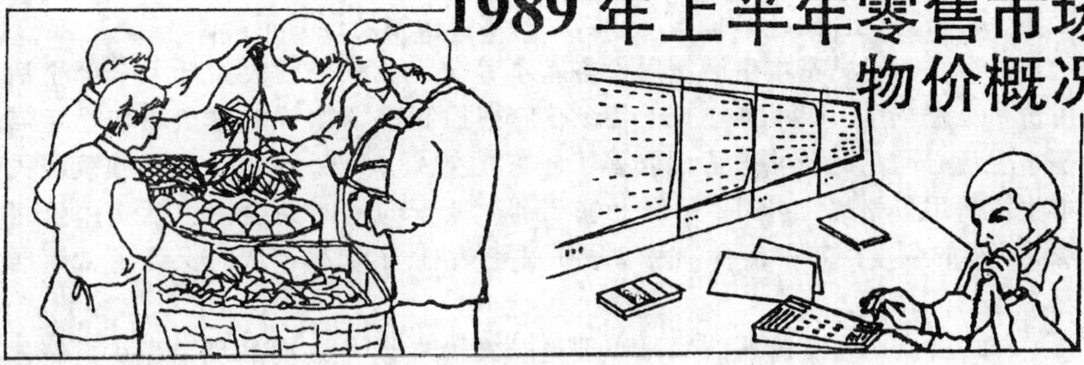

1989年上半年，随着"治理、整顿、全面深化改革"方针的贯彻执行，社会需求膨胀有所压缩，各地物价监督和管理逐步加强，去年下半年以来零售市场物价大幅度上涨的势头有所减缓，特别是食品及其"菜篮子"商品的价格得到基本控制，群众消费心理趋向稳定，储蓄存款大量增加。但由于上年涨价商品对1989年的翘尾影响较大，加上国家及地方出台了部分调价项目和改革措施，使1989年上半年的市场零售物价总水平仍大大高于上年同期，实现全年控制物价的目标难度还很大。

一、控制市场物价上涨已初见成效

上半年，各级政府和有关部门积级采取各种措施，在稳定物价、稳定市场、稳定人心等方面取得了一定的效果：

(一)市场零售物价大幅度上涨的势头得到遏制，涨幅呈逐月回落态势。1989上半年全国城乡市场零售物价总水平比上年同期上涨 25.5%，其中城镇上涨25.3%，农村上涨25.6%。分月来看，1月份比上年同月上涨 27%，2月份上涨27.9%，3月份上涨26.3%，4月份上涨25.8%，5月份上涨24.3%，6月份上涨21.5%左右。预计下半年各月的涨幅将进一步回落。

(二)食品类零售价格基本稳定在上年12月的水平上，特别是"菜篮子"商品零售价格在部分城市还呈现出稳中有降的好兆头。近年来各级政府为了稳定市场，稳定物价，狠抓了"菜篮子"工程的建设。与此同时，部分大中城市对蔬菜等主要副食品还增加了财政补贴，使1989年上半年市场副食品供应看好，蔬菜供应出现了保价菜数量多、品种多、销售多、价格相对稳定的景象。天津、南京、合肥、济南、青岛、郑州、武汉等 7个市的菜价比去年同期下降。因此，1989年上半年全国城乡市场食品零售价格基本稳定在上年水平上，其中肉禽蛋零售价格比上年12月份只上涨 1.1%，3月份以后的零售价格还逐月下降。

(三)城镇居民基本生活费用价格基本稳定，上涨幅度大大低于全部生活费用价格上涨幅度。1989年以来，各级政府把控制市场物价的重点放在稳定居民基本生活必需品的价格方面，取得了较好的效果。1－5月份，全国城镇居民基本生活费用价格比上年12月份上涨3.7%，低于同一时期全部生活费用价格上涨7.5%的幅度，其中粮食上涨1.9%，副食品上涨0.2%，从而保证了城镇居民基本生活的稳定。

(四)群众对通货膨胀的紧张心理趋向缓和，抬价争购商品现象减少，储蓄存款增加。1989年1－5月份城乡居民储蓄存款增加 527.4亿元，比上年同期多增加 181.5亿元。居民储蓄倾向增强，反过来又抑制了市场物价的上涨。

二、市场零售物价总水平居高不下的主要因素

1989年上半年，市场零售物价总水平比上年同期上涨幅度仍较高，因素是多方面的，但主要是:

(一)上年商品涨价对今年惯性作用及"翘尾"因素是影响零售物价持续高水平的重要因素。1988年市场物价大幅度上涨，特别是下半年掀起的涨价风——挤兑风——抢购风的浪潮对1989年的市场物价惯性冲动和翘尾影响较大。在1989年上半年零售物价总水平上涨 25.5%当中，上年涨价对今年的翘尾影响为 18.5%，占零售物价上涨总幅度的 72.5%。

(二)国家和地方出台的调价项目及改革措施，是导致市场物价新上涨的重要因素。1989年上半年，国家相继调高了书报杂志、部分农业生产资料零售价格，部分地区调整了毛线零售价格，各地先后开始征收彩电"两税"，以及提高粮棉等主要农副产品收购价格，影响1989年上半年市场零售物价总水平上涨 3.7%，占零售物价上涨总幅度的 14.5%。

(三)由于几年积累的增发货币的滞后影响，市场求过于供的状况没有改变，市场自发性涨价现象有增无减，影响上半年市场零售物价总水平上涨 3.3%，占零售物价上涨总幅度的 13%。

由此可见，1989年上半年零售物价总水平比上年同期上涨25.5%当中，主要是上年涨价的翘尾影响，为18.5%；新涨价部分为 7%。在新涨价的商品当中，国家、地方、企业调价的部分占 53%，市场自发性涨价的部分占47%。

三、市场零售物价上涨的显著特点

(一)日用工业消费品涨价影响逐步增大，已成为市场零售商品新涨价的主要推动力。历年来，我国市场零售物价上涨属于食品涨价推动型。但今年以来，由于上游商品价格上涨的推动（3月份原燃材料、动力购进价格较上年同月上涨 31.1%，工业品出厂价格上涨 23.2%），以及流通环节增加和作价方法的改变，易地涨价现象更趋严重，使日用工业消费品的零售价格迅速上涨，涨幅超过食品价格上涨幅度，成为推动市场零售物价上涨的主要力量。上半年零售食品价格新上涨 4%，影响零售物价总水平新上升 1.7%，占全部新涨价部分的 24%；日用工业消费品及农业生产资料零售价格新上涨 9.4%，影响零售物价总水平新上升 5.3%，占全部新涨价部分的 76%。可见抑制日用工业消费品及农业生产资料零售价格的上涨，已成为 1989 年控制新涨价因素不可忽视的主要目标。

(二)农村零售物价上涨幅度高于城镇。上半年农村零售物价比上年 12 月份上涨 10%，高于同一时期城镇零售物价上涨 6.3% 的幅度。其原因主要有三个：一是上年城镇市场商品涨价对今年农村市场商品价格的滞后影响；二是国家对城镇"菜篮子"商品供应增加价格补贴，掩盖了城镇商品的涨价因素；三是农业生产资料零售价格上涨幅度过大的影响。

(三)农业生产资料零售价格上涨幅度高于农村消费品零售价格上涨幅度，成为推动农村零售物价总水平上升的重要因素。1989 年国家对化肥等主要农业生产资料实行专营，保证了供应渠道的畅通，但由于相应地提高了部分商品的零售价格，加之供需缺口仍然偏大，使农业生产资料零售价格上半年比上年 12 月份上涨 13.3%，高于同一时期农村消费品零售价格上涨 9% 的幅度，也高于同一时期全国消费品零售价格上涨 7.5% 的幅度。主要农业生产资料的零售价格均有较大幅度的上涨，如化肥零售价格比上年 12 月份上涨 14.3%，农药上涨 14%，农用塑料薄膜上涨 8.8%，农用柴油上涨 6.7%。

(四)国营商业零售价格上涨幅度超过集市贸易涨价幅度，成为影响市场零售物价上涨的龙头。1989 年上半年国营商业零售价格比上年同期上涨 26%，高于集市贸易价格上涨 22.5% 的幅度，影响零售物价总水平上升 24%，影响程度由上年上半年的 83% 上升为 91%。其主要原因：一是 1989 年国家出台的一些调价项目，带动了部分商品的指导价及市场调节价的上涨，引起国营商业零售价格水平新的上涨；二是上年国家出台的肉、菜、蛋、糖、名烟、名酒等调价项目，对本年市场零售物价的翘尾影响较大，而集市贸易价格是在市场供求调节中较平稳地上涨，对 1989 年的翘尾影响相对较小。国营商业零售价格上涨幅度超过集市贸易涨价幅度，是近几年来从未出现过的新苗头，表明了国营商业平抑市场物价作用的衰弱，值得引起高度重视。

四、对全年市场物价趋势预测及控制物价的建议

1989年是贯彻执行"治理、整顿、全面深化改革"方针的第一年，各级政府均采取有效措施，遏制了上年下半年以来市场物价急剧上涨的势头。但由于宏观整治的进程还不快，市场仍潜伏着商品涨价危机，预计下半年全国城乡零售物价水平仍居高难下，控制市场物价上涨的任务十分艰巨。1989年上半年市场零售物价总水平在上年的基础上新上涨7%，再加上1988年涨价商品对1989年全年的翘尾影响为11.4%，1989年全年市场物价的涨幅已同去年较前年上涨18.5%的幅度基本持平。因此，要把1989年市场零售物价上涨幅度控制到明显低于上年的上涨幅度，很难实现。如果下半年不出台任何调价项目，控制住商品自发性涨价，1989年全年全国零售物价总水平上涨幅度可望维持上年的上涨幅度；如商品自发性涨价不能得到有效控制，即使没有新的调价项目出台，全国零售物价总水平上涨幅度也将可能在 20－22%之间。

深化价格体系改革，改善价格结构，调整不合理的商品比价和差价，是治理通货膨胀、稳定市场物价的根本性措施，但在目前各项改革措施尚未配套、市场机制亟需完善的形势下，为使全年全国零售物价上涨幅度不明显高于上年的上涨幅度，下半年必须采取以下措施：

(一)各级政府应该清醒地认识到，目前的形势均不允许下半年出台任何调价项目，特别要防止为增加财政收入而网开一面，放松价格管理，同时要克服地区、部门、企业等局部利益，制止地区性渗透涨价的"滚雪球效应"对全国零售物价的影响，消除"产地拼命压，销地尽量涨"的现象。

(二)为减少"翘尾"因素，一要压低严重背离价值的商品价格，二要压低因流通环节增加，层层加码的商品价格，三要工、商企业让利，降低商品价格。同时要努力发展生产，增加市场有效供给，特别是人民生活必需品及日用小商品，以保障群众的需求和价格的稳定。

(三)在治理措施上，要采取综合配套治理的方针，逐步理顺各种比价关系。在价格管理上要采取系统性治理方法，在稳定消费环节价格的同时，必须努力控制上游商品价格，以减缓上游商品价格上涨对下游商品价格的推动力。

(四)继续整顿流通秩序，进一步强化物价管理监督，严肃物价纪律。下半年，各级政府要继续治理流通渠道，加强物价管理和监督工作，整顿市场秩序，对违反物价政策，随意提价，扰乱市场秩序的人和事，应依法从严从重处理，决不姑息迁就，以保证市场物价的稳定。

难得的1989年

——市场物价综述及展望

1988年至1989年两年间,我国国民经济在运行中发生了剧烈变动,在市场商品销售和市场物价方面产生了两个巨大落差。人们也许还记忆犹新,1988年消费者挤兑银行存款,在全国掀起四次较大规摸的抢购风,市场物价猛涨,上涨幅度逐月加高,全年零售物价总水平比上年上涨 18.5%,是建国以来第三个涨价高峰年,严重影响了人民的生活。然而时隔半年,伴随着国民经济环境的逐步改善,在消费基金依然较大的情况下,消费市场迅速出现疲软,部分当时抢手的高档耐用消费品转为滞销、积压,甚至出现买方市场,商业企业纷纷让利降价销售,这一现象迅速波及到日常生活用品。到 10月份,连零售价格一直比较坚挺的水产品也开始降价出售。一度失控的市场物价涨势得到遏制,上涨幅度逐月回落,到 10月份降到一位数。对这种短时间内出现的巨大落差,人们议论纷纷,众说不一。因此,如实描述这两个巨大落差,分析其产生的原因,不但涉及到正确分析1989年的物价形势,而且将影响到治理整顿计划的顺利完成。那么,1989年市场物价形势如何呢?可以大致归纳为:控价措施得力,成效明显,新涨价因素明显减少,零售物价上涨幅度逐月回落。但是物价总水平在1988年的基础上又有一定的上涨,影响市场物价上涨的各种潜在因素依然存在,不可掉以轻心。

一、整顿流通领域秩序、控制物价上涨取得初步成效

(一)零售物价大幅度上涨势头受到遏制,新涨价因素明显少于上年。自1988年以来市场零售物价迅猛上涨的势头,在1989年头两个月就被抑制住了,并

从3月份起上涨幅度逐月回落。虽然从上涨幅度看,全年零售物价总水平上涨率(17.8%)仅比上年低0.7个百分点,但主要是受1988年商品涨价对今年的滞后影响,影响程度达到64%;全年新涨价为6.4个百分点,明显低于上年上涨15.9个百分点的幅度。35个大中城市零售物价上涨幅度为18.6%,低于上年涨幅3.5个百分点。在29个省、自治区、直辖市(不包括西藏)中,全年零售物价上涨幅度低于上年的有25个省(区、市),其中上涨幅度低于上年3－5个百分点的有:北京、吉林、黑龙江、上海、江苏、浙江、安徽、福建、江西、湖南、广东等11个省、市,这表明一年来治理通货膨胀、控制物价上涨的措施已取得初步成效。

(二)城镇职工基本生活费用价格上涨幅度大大低于上年,"菜篮子"商品价格基本稳定。一年来各级政府把稳定城镇职工基本生活费用价格作为控制物价的重点,取得了较好的效果。1989年城镇职工基本生活费用价格比上年上涨13.9%,比上年的上涨幅度(22%)低8.1个百分点。其中,12月比上年同月仅上涨1.5%,比上年12月份的上涨幅度回落26.2个百分点。城镇"菜篮子"商品零售价格基本稳定,有些甚至下降,群众感到满意。1989年12月和上年同月比,城镇副食品零售价格下降1%。其中,鲜菜零售价格下降13.8%,猪肉零售价格下降0.1%,水产品零售价格下降3.4%。城镇"菜篮子"商品出现数量多、质量好、上市均衡、价格平稳的好形势,这是近几年来少有的。

(三)国家出台的调价项目相对减少,有升有降,自发性涨价受到抑制。1989年国家为了有效控制物价,相对集中了部分价格管理权限,严格控制出台涨价项目,取得了预期效果。全年国家出台价改项目涨价为3.5个百分点,低于上年8个百分点的幅度;地方出台价改项目及市场自发性涨价为2.9个百分点,也低于上年7.9个百分点的上涨幅度。据统计,上海市全年价格上调商品共1362种、8720个规格品,分别比上年减少52.1%和30.9%。

(四)群众对通货膨胀的预期心理减弱。由于物价涨势受到遏制、群众对通货膨胀的预期心理由恐慌转为平静,由1988年的挤兑银行存款,盲目抢购商品转为存款保值或持币理智选购。虽然1989年下半年国家提高了铁路、水路和民航客运票价、盐和盐化工产品以及棉纺织品价格,但并没有出现大规模的抢购风,市场比较平稳。

二、1989年市场物价的基本走势及其变动特点

1989年市场物价变动可分为两个阶段:

第一阶段,零售物价抑而不止,逐月滚动上涨。1989年1－5月各级政府深入贯彻治理整顿方针,努力发展生产,增加社会商品的有效供给,逐步抑制住自1988年下半年以来市场物价大幅度上涨的势头,但是由于通货膨胀的滞后作用

和市场物价急剧上涨的惯性驱动,加上市场物价管理中的漏洞,各地提价频繁,市场物价抑而不止,在 1988年12月份较高的价格水平上继续上扬,呈逐月滚动上涨。和上年12月比,全国零售物价 1-5月平均月上涨 8.1%。这一阶段可称为攻坚战,抑和涨处于相持不下状态。

第二阶段,零售物价渐趋平稳,逐月缓缓下跌。6-12月,由于采取了"五管齐下"的措施,特别是双紧政策的预期效应逐步奏效,加上国务院根据上半年的市场物价状况,及时下发了关于进一步加强物价管理的通知,各地乱调价、乱涨价的现象大为收敛,市场零售物价上涨幅度回落速度加快。特别是 9月以后,市场商品销售转向疲软,工商企业纷纷让利降价销售,致使零售物价稳中有降,使年初以来的新涨价部分有所减少。和上年 12月比的上涨幅度由 5月份的 10.7% 回落到 12月份的 6.4%,减少 4.3个百分点。特别是10月份比上年同月的上涨辐度(8.7%),是自 1988年2月份以来首次回落到一位数,这标志着控制市场零售物价上涨的工作经过艰巨的努力取得初步成效,为避免出现 1989年的零售物价上涨幅度高于或明显高于上年的严重局面奠定了基础。综观这两个阶段的市场物价变动情况,全年市场物价变动呈现以下几个与往年不同的特点:

(一)农村零售物价上涨幅度高于城镇。1989年农村零售物价比上年上涨18.8%,高于城镇零售物价上涨幅度(16%)2.8个百分点。农村零售物价上涨幅度较高的原因:(1)农村食品零售价格没有财政补贴,价格居高难下。1989年农村食品零售价格比上年上涨18%,影响农村零售物价总水平上涨6.4个百分点,占上涨幅度的 34%。(2)农村穿、用等日用工业品零售价格基本上处于失控状态。1989年农村穿、用等日用工业品零售价格比上年上涨 19.4%,影响农村零售物价总水平上涨 8.4个百分点,占上涨幅度的 44.7%。(3)部分农业生产资料虽然实行专营,但零售价格仍然大幅度上涨。全年农业生产资料零售价格比上年上涨 18.9%,影响农村零售物价总水平上涨 4个百分点,占上涨幅度的21.3%。其中,化肥零售价格上涨 17.3%,农药零售价格上涨 40%,塑料薄膜零售价格上涨 12.3%。

(二)部分边远地区零售物价上涨幅度高于上年。1989年绝大部分省(区、市)的零售物价上涨幅度都低于上年的涨幅,但是部分边远省区的市场物价没有得到有效控制,零售物价上涨幅度高于或与上年的涨幅大体持平。广西区零售物价上涨幅度高于上年0.3个百分点,宁夏区高 0.3个百分点。边远省区市场物价得不到有效控制的主要原因是边远省区商品自给率低,深受易地涨价影响,物价上涨幅度较大。据青海省测算,在1989年新涨价的九个百分点中,外地购进的产品涨价占3个百分点,影响程度占三分之一以上。另外,边远省区财力较为薄弱,不可能拿出较多的钱来进行价格补贴。据测算,1989年上半年西宁市用于鲜菜和猪肉的价格补贴人均比重庆市少 1.8元和 4元;银川市用于鲜菜和猪肉的价格补

1989年全国零售市场物价的基本走势(和1988年同期比较)

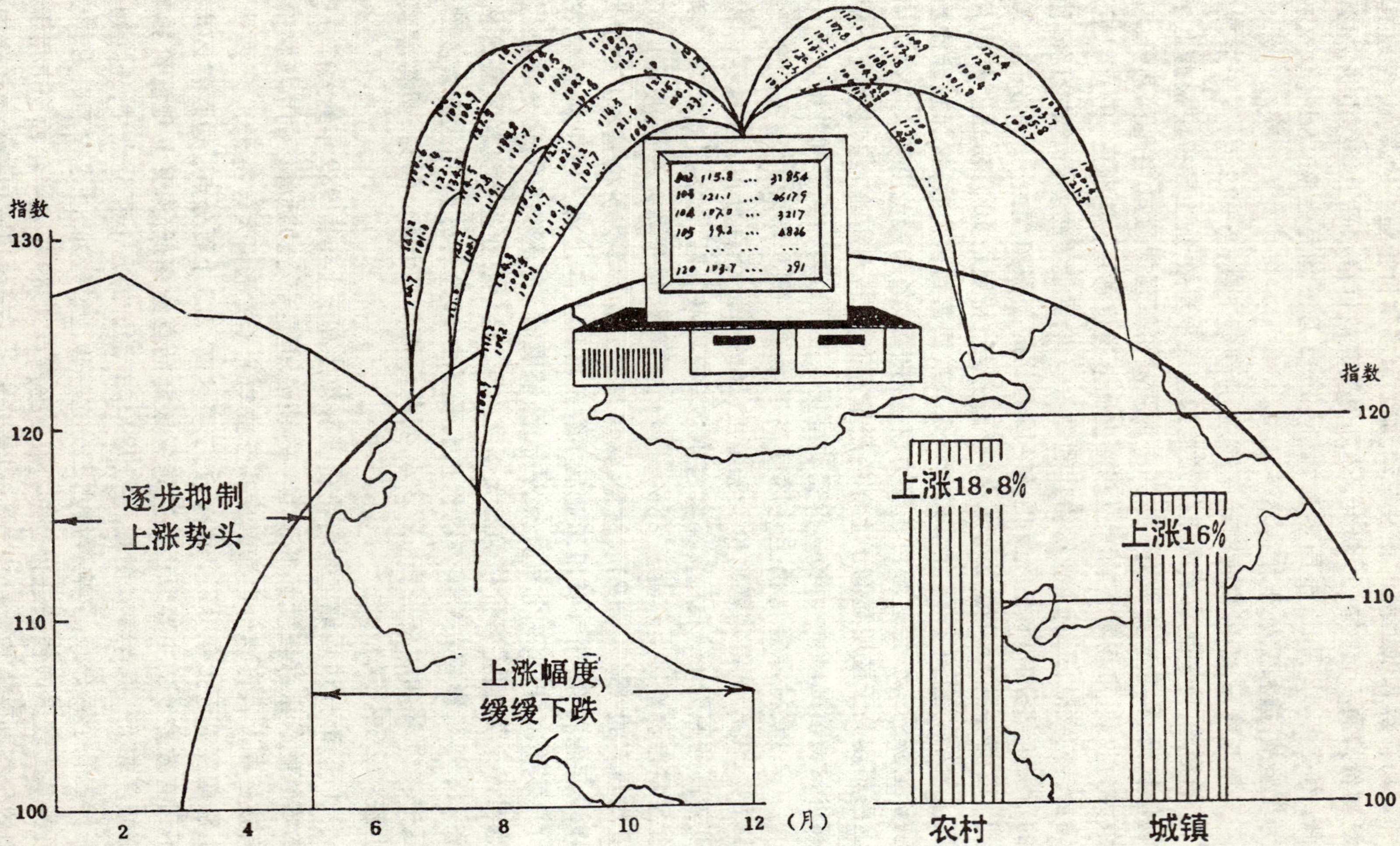

贴人均比长沙市少 5.15 元和 38.13 元。可见没有较多的财政补贴，零售物价涨幅就很难回落。

（三）市场物价上涨由食品零售价格上涨为主要推动力转为以工业品零售价格上涨为主要拉动力。多年来，食品零售价格一直是影响零售物价总水平上涨的首要因素，其对零售物价总水平的影响程度一般达到六成，工业品占四成。但 1989 年工业品零售价格比上年上涨 19.1%，涨势迅猛，超过食品零售价格上涨 16.2% 的幅度，影响零售物价总水平上涨 10.6 个百分点，影响程度达到 59.6%，成为影响零售物价总水平上涨的主要拉动力；食品零售价格上涨 16.2%，影响零售物价总水平上涨 7.2 个百分点，影响程度为 40.4%。

（四）服务项目价格上涨幅度大大高于消费品零售价格上涨幅度。近年来，由于把零售物价指数作为考核地方政府政绩的主要指标之一，各级政府和主管部门把大量的财力和物力都用于控制零售商品价格上涨方面，由于服务项目价格不属于零售物价范畴，因此对于服务项目价格方面的管理则注意不够，乱收、超收费用的现象十分严重，涨势不减。1989 年服务项目价格比上年上涨 23.9%，超过消费品零售价格上涨幅度(17.5%)6.4 个百分点。其中，医疗保健费价格上涨 20.9%，学杂保育费价格上涨 46.5%。

三、1989 年市场零售物价涨势渐趋和缓的基本原因

1989 年全国零售物价上涨势头得以在短短的几个月内就被抑制住，并从 3 月份开始，零售物价涨幅逐月回落，主要得益于以下几个方面：

（一）市场有效供给增加，副食品供应较为丰富，平抑了市场物价。1988 年发生的抢购风，使价格的双向作用明显加强。一方面给生产企业传递了市场信息，刺激了生产的发展，特别是国家在紧缩银根的情况下，对人民生活必需品的生产采取倾斜政策，在财政、信贷等方面给予大力支持，使工业生产继续增长，农业生产喜获丰收。城镇“菜篮子”商品的生产和供应明显看好。如全国商业部门鲜蛋全年销售量达 80.1 万吨，比上年增长 9.2%；再如北京市全年鲜菜产量 334.6 万吨，比上年增长 12.6%；西安市鲜菜产量 128.5 万吨，比上年增长 13.2%。由于商品供应充足，制约了市场零售物价的上涨，零售物价涨幅逐渐缩小，部分副食品零售价格还出现稳中有降的好兆头。12 月份 35 个大中城市副食品零售价格比上年同月仅上涨 1.5%，其中，蔬菜零售价格下降 7.6%，水产品零售价格下降 5.2%，鲜果零售价格下降 18.1%。另一方面，1988 年抢购风中被抬高的价格又限制了消费，引起市场销售疲软，在这种情况下，工商企业为解决资金周转困难，纷纷让利降价销售，进一步制约了市场零售物价上涨。

（二）过热的消费需求得到控制，居民储蓄存款大增，延缓了社会商品购买力

的实现,缓解了对市场涨价的拉动。

1. 消费基金增速减慢,固定资产投资规模和集团消费得到有效控制,缓解了市场商品供需矛盾,减轻了市场压力。一方面,1989 年银行付出的职工工资和对个人其他支出 3680 亿元, 比上年增长15.8%,低于上年比前年增长 26.5% 的速度。另一方面全年全社会固定资产投资比上年压缩 500 亿元,相应减少约 200 亿元的消费基金;与此同时,廉政建设取得了较好成效,公费过节、公费旅游、公费送礼、公费吃喝现象大为收敛,全年社会集团购买消费品为 692.9 亿元,比上年增长 4.2%,扣除物价上涨,实际下降 11.7%,致使市场拉力减弱。

2. 储蓄存款大增,延缓了社会商品购买力对市场的冲击。随着银行利率的提高和保值储蓄等新储种类的推出,银行吸收了大量储蓄存款,分流了巨大的社会购买力。1989 年年末城乡居民储蓄存款净增加 1333.9 亿元,比上年净增加的储蓄存款 727 亿元多增加 606.9 亿元,多增加 83.5%。

(三)财政补贴大幅度增加,对稳定零售物价起了重要作用。1989 年 1－11 月份国家财政用于对价格的补贴金额为 312.19 亿元, 比上年同期增加 42.13 亿元。其中,用于对肉、菜的价格补贴为 56.24 亿元。各地财政补贴也有大幅度增加,例如上海市全年的价格补贴就达 56 亿元,比上年增长 37.9%,其中对肉食和菜的价格补贴为 8.5 亿元。巨大的财政补贴支持了副食品生产,同时也使副食品零售价格以及其它享受价格补贴的零售商品价格保持了稳定。

(四)物价管理工作得到加强,抑制了零售物价的上涨。1989 年控制物价目标责任制的执行,使各级政府和有关部门加强了市场物价的综合管理,是抑制零售物价上涨的主要原因。这些措施主要是:

1. 清理整顿公司,取消过多的中间经营环节,严格控制差价率,纠正易地涨价。

2. 对城镇居民的生活必需品严禁涨价,对一些放开商品的价格实行提价申报制度。

3. 加强集市贸易价格管理,对部分副食品价格规定了最高限价。

4. 严肃物价纪律,深入开展市场物价的监督检查工作。

四、对继续控制市场物价的建议

1989 年市场零售物价的涨势得到了遏制,为 1990 年进一步加强物价管理积累了经验,并打下了良好的基础。据测算,1989 年商品涨价对 1990 年一季度的滞后影响约有 4.5 个百分点,因此在国家及地方没有大的出台涨价动作的前提下,根据目前市场零售物价的走势,预计 1990 年一季度全国零售物价总水平的上涨幅度有可能继续控制在一位数。但是,应该清醒地看到,近年来形成的社会总需求超过总供给的格局尚未消除，影响市场物价上涨的深层原因及主要的涨价隐患依然存在，决定了治理通货膨胀的长期性和艰巨性。

(一)多年积累下来的消费后备基金大大增加。1989年末全国城乡结余购买力已近7000亿元，比年初约增加1465亿元，而商品库存总量增长缓慢，主要商品库存量较为薄弱，结构性矛盾突出，市场压力较大；1990年随着国家调资的兑现，社会购买力还将加大，其增长幅度仍将超过生产的增长速度。目前市场销售疲软只是1988年大规模抢购风后出现的消费间歇期，造成了社会商品消费的滞后，推迟了当年部分商品购买力的实现，反而加大了市场的潜在压力，有可能成为物价进一步上涨的催化剂。

(二)市场零售物价总水平居高不下，涨势不止。尽管1989年各月市场零售物价比上年同月的涨幅逐月回落，但是实际价格水平仍在上涨，在上涨 17.8%的幅度中，就有6.4个百分点是新上涨的，也就是说，1989年的零售物价总水平在1988年较高的基础上又上了一新台阶。特别值得注意的是，上游产品价格管理松弛，价格上涨幅度较大。1989年工业企业原材料、燃料、动力购进价格预计比上年上涨 30%，工业品出厂价格预计上涨19% 左右。上游产品价格的上涨必将冲击下游产品价格，引起零售商品价格上涨。

(三)价格补贴逐年增加，财政负担日益沉重。近年来国家用于价格补贴金额的增长幅度已超过同期财政收入增长幅度，成为财政的沉重负担，特别是部分地区的价格补贴已超过了当地财政的承受能力，在当前主要依靠财政补贴控制物价的情况下，如果不能对某些商品继续相应地增加财政补贴，将很难遏制商品零售价格的上涨。据上海市城调队测算，如取消粮、油、肉禽蛋、菜的价格补贴，零售物价总水平将在现有的上涨幅度上再增加30个百分点。

(四)1990年如果国家调整价格的力度过大，在操作中难于掌握，一旦失控，将影响社会的稳定。1989年全部零售商品涨价对1990年的滞后影响约为 1－2个百分点，这样，即使1990年的零售物价上涨幅度比1989年减少3个百分点，零售物价上涨幅度也有 15个百分点左右，其中新涨价因素(包括自发性涨价)将达到12－14个百分点，大大高于1989年，不仅对当年的影响较大，而且还将对1991年产生 5－10个百分点的滞后影响，增加 1991年控制物价的工作难度。特别是由于连续几年的控制物价，各地都压下了一批急待出台的提价项目，若1990年调整价格的幅度过大，很容易给部门、地方和企业造成一个控价政策松动的信号，再加上实际操作中的不可知因素，容易引起各部门、各地区乘机变相涨价，从而突破控价目标，这是国家、企业和消费者都难以承受的。特别是市场物价再次大幅度上涨，又将刺激消费者“买涨不买落”的心理复苏，诱发抢购风的发生，引起经济波动。

(五)群众对物价再度上涨的经济和心理承受能力较弱。由于近年来物价的大幅度上涨,城乡人民生活受到很大影响,1989年城镇居民家庭人均生活费收入1260元,比上年增长12.6%,剔除生活费用价格上涨因素,实际下降3.2%左右。如1990年城镇居民家庭人均生活费收入不随物价上涨而增加,将影响实际收入继续下降。特别是占居民家庭10%的最低收入户,1989年生活费收入额仅相当于城镇居民基本生活必需品消费值(按40种主要商品和7种服务项目价格计算)的73%,随着物价的上涨,生活困难将进一步加剧。

由此可见,1990年市场物价形势仍然十分严峻,控制物价上涨的难度较大。为此,必须从以下三个方面着手,继续加强市场物价的综合管理,稳定经济,保障人民生活。

(一)坚决贯彻执行治理整顿和深化改革的方针,努力改善国民经济宏观环境。价格是国民经济的综合反映,通货膨胀的治理,市场物价的稳定取决于国民经济环境的根本好转,决不能超越而得到先治。因此,1990年必须继续实行"双紧"政策,在严格控制社会总需求,对社会商品购买力进行分流的同时,大力发展生产,提高经济效益,努力增加社会商品的有效供给,为控制市场物价上涨创造一个较为宽松的经济环境。

(二)在控制物价总水平的情况下,有限度、有选择地进行价格结构调整。近十年内出现的三次市场零售物价上涨高峰,有两次是对价格体系进行结构性调整引起的。1979年大规模提高农副产品收购价格,同时提高7种副食品零售价格,使1980年零售物价上涨6%。1985年为调整农业生产结构,促使养植业的发展,改粮食统购为合同定购,同时放开生猪、鲜活商品的价格,使当年的零售物价上涨8.8%。此后价格体系改革逐步从调改结合、以调为主改为以放为主。1988年大幅度提高肉、禽、蛋、菜四种副食品零售价格改暗补为明补,加上通货日益膨胀,在这种双重作用下,零售物价总水平上涨18.5%。由此可见价格体系结构性调整,通货膨涨是我国市场物价上涨的主要成因。1990年计划出台项目的目的主要是进行结构性调整,在近期经济环境还没有根本改善,通货仍然膨胀的情况下进行结构性调整,必须在控制住物价总水平的前提下,根据轻重缓急的原则,有限度、有选择地进行,以防止总量失控、物价全面上涨的情况。因此,1990年国家在进行价格调整的同时,必须注意以下两个问题:

1. 严格控制价格调整项目,减轻当年市场物价的震动,缓解对下一年的滞后作用。1990年市场物价的变动,直接涉及到能否实现在1991年或1992年内把市场物价上涨幅度控制在一位数的目标。因此,1990年国家和地方出台的涨价项目如果过多,必然会给1991年的零售物价指数留下一条肥大的尾巴,增加实现1991年控制物价目标的工作难度。问题是,如果在1990年不解决那些急于需要解决的价格难题,又将影响到生产的发展。在这种情况下,根据三年治理整顿目标的要求以及目前市场物价的走势,我们认为,1990年的物价控制目标应以13%

为宜,其中新涨价因素(包括自发性涨价因素)应控制在10%以下。价格调整应以这个总量指标为中心,从严掌握价格调整项目,努力控制商品价格调整所引起的连锁反应及自发性涨价,尽量使市场零售物价的上涨幅度在计划控制总量之下。

2. 在操作上要选择时机,分散作业,避免引起共震。如果1990年的新涨价因素控制在10%,当年的市场物价波动幅度就要比1989年大,价格调整项目也要比1989年多。因此,为减轻其对市场及群众的冲击波,在进行价格调整时,应提高操作技巧,采取"选择时机、分散作业"的方法,对那些严重不合理的、制约社会经济发展的、不直接影响零售商品价格的基础产品价格可以提前进行调整;对那些直接影响到居民生活的商品价格应选择时机、分散作业,避免引起共震。

(三)加强市场物价的管理工作,重点做好一稳、二控、三管理。

1. 稳定城镇职工基本生活费用价格,特别是"菜篮子"商品价格,严禁涨价。这不仅可以稳定市场,制约零售物价总水平上涨,而且还可以保障城镇职工基本生活不因零售物价总水平的大幅度上涨而受到较大的影响。

2. 控制上游产品价格上涨,减轻对零售市场的冲击。要采取措施缩小"双轨制"价差,逐步取消价格"双轨制"。在国家出台价格调整项目的同时,要严格制止搭车涨价、变相涨价的现象,以免造成不合理的商品比价关系在新的价格水平上再现,致使价格调整达不到预期效果。

3. 加强对市场物价的管理。首先,要加强对农村零售物价的管理,改进和完善农业生产资料的专营工作,控制农业生产资料零售价格上涨,保障农民生活和促进农业生产的发展。其次是加强城镇集市贸易价格的管理,稳定主要副食品的零售价格。再次是加强对服务项目价格的管理,采取措施制止巧立名目、超标准收费现象,以保障人民生活。

1989年农副产品收购价格涨势明显趋缓

1989年全国农副产品收购价格总水平比上年上涨15%,比1988年上涨23%的幅度低8个百分点。其价格变动呈如下特点:

(一)粮食和经济作物产品收购价格较大幅度提高,影响总水平上涨12.2个百分点。为了改变近几年粮食生产徘徊不前的局面,促进棉花、油料及糖料生产的发展,1989年国家上调了上述产品的合同收购价,同时扩大了议价收购比重,使粮食、经济作物产品收购价格继续大幅度上涨。据统计,粮食类产品收购价格平均上涨26.9%,直接影响总水平上涨8.6个百分点;经济作物类平均上涨16.7%,影响总水平上涨3.6个百分点,其中棉花上涨22.7%,影响总水平上涨1.7个百分点;食用植物油及油料上涨19.8%,影响总水平上涨0.6个百分点;糖料上涨35.1%,影响总水平上涨0.8个百分点。粮、棉、油及糖料提价是1989年农副产品收购价格继续上涨的重要因素。

(二)竹木材、工业用油漆、禽畜产品、鲜菜和蚕茧蚕丝收购价格涨势明显趋缓,影响总水平上涨3.1个百分点。其中竹木材收购价格上涨5.3%,比1988年涨幅回缩31.5个百分点;工业用油漆上涨7%,禽畜产品上涨10.2%,鲜菜上涨17.3%,蚕茧蚕丝上涨6.7%,上涨幅度都大大低于上年。

(三)干鲜果、干菜、调味品、药材及水产品收购价格明显下降,影响总水平回落1.3个百分点。其中干鲜果下降9.8%,干菜下降5.7%,调味品下降3%,药材下降29.3%,水产品下降0.2%。

(四)土副产品收购价格骤涨42.5%,影响总水平上涨1个百分点。

一、农村工业品零售价格上涨18.7%，工农产品价格剪刀差扩大3.2%

1989年，由于农村日用工业品、农业生产资料零售价格涨势甚猛，全国出现工农产品价格剪刀差扩大趋势的省(区、直辖市)由上年的6个增加到20多个，其中广西1989年工农产品交换综合比价指数(以农副产品收购价格指数为100，下同)为119，即工农产品价格剪刀差比上年扩大19%；北京扩大15%；湖南扩大13.2%；内蒙古扩大12.2%；陕西和四川扩大10.5%；新疆扩大9.6%；天津扩大6.2%。按全国平均计算，1989年农村工业品零售价格指数为118.7，农副产品收购价格指数为115，工农产品交换综合比价指数为103.2，即工农产品价格剪刀差比上年扩大了3.2%。这是继1962年、1963年和1977年之后，工农产品价格剪刀差呈扩大趋势的第五个年份，扩大幅度仅次于1962年的5.1%。

1989年全社会农副产品收购总额3386亿元(包括非农业居民向农民购买的675亿元农副产品)，由于受工农业产品价格剪刀差扩大的影响，换取工业品的能力只相当于1988年的3251亿元，即有135亿元被农村工业品零售价格涨价高于农副产品涨价因素吸收掉了，这使农业生产的比较效益明显下降。

据匡算，1989年全国农村工业品零售价格上涨使农民多支出619亿元，其中因食用工业品涨价多支出123亿元，衣着商品、文化娱乐用品等日用工业品涨价多支出334亿元，农业生产资料涨价多支出162亿元。同期内在全社会农副产品收购总额中由农民出售的农副产品为3230.2亿元，因出售价格比上年上涨而多收入395.8亿元，其中出售给商业(包括个体)、工业和其他部门的农副产品2555.2亿元，收购价格上涨15%而多收入333.3亿元；直接出售给非农业居民的农副产品675亿元，零售价格上涨10.2%，多收入62.5亿元。农民在工农业产品交换的过程中，因价格因素多支和多收相抵后，净增支出223.2亿元，人均多支出26元。

二、收购总量略有减少，部分产品滞销严重

1989年全社会农副产品收购总额为3386亿元，比上年增长12.9%。若剔除价格上涨因素，社会农副产品收购总量比上年略有减少，其中商业部门收购量和上年基本持平；工业和其他部门的收购量比上年减少11.3%。一些地区，出现农民出售农产品困难的局面，主要原因有以下五个方面：

(一)农副产品收购资金不足，给收购工作造成困难。据中国人民银行统计，1989年全国用于农副产品采购的现金支出仅比上年增长2.6%，这和农业增产、收购价格上调对收购资金的需求存在很大差距。特别是一些以农产品为原料的工业企业，因市场疲软，开工不足，资金短缺，农产品收购大幅度减少。湖南省1989

年农业获得全面丰收，由于收购资金偏紧，烤烟、柑桔、湘莲、茶叶、黄花、苎麻、芦苇甚至粮食出现严重滞销局面。在收购中给农民打"白条"的现象仍较普遍。内蒙古部分地区有些牧民手中的"白条"金额近万元，甚至出现用"白条"做黑市买卖的情况。广西百色市阳圩供销社收购"八角"二万公斤，用"白条"结欠款达十万多元。

(二)国际市场需求变化，使外贸收购有所减少。如鲜蛋出口数量比上年下降34.4%，鲜冻虾下降18.5%，大米下降54.8%，玉米下降10.5%，水果下降10.2%，山羊板皮下降34.9%，山羊绒下降24.9%，兔毛下降35.2%。

(三)部分农副产品在近年收购价格持续上涨的刺激下，生产规模盲目扩大，产品相对过剩。如广西、湖北、湖南、云南、青海等地，受药材经销部门库存积压过多、销售款项拖欠严重、收购资金不足的影响，农民出售中药材十分困难，收购量大幅度滑坡。1989年湖北省中药材收购量比上年下降了三分之一。

(四)猪粮比价不合理，养猪无利可图，农民竞相抛售生猪，使经销部门猪肉涨库，无力继续收购。据四川、河北、安徽、甘肃、辽宁、吉林、宁夏、新疆等地反映，许多地区甚至出现大量宰杀母猪和种猪的现象，仔猪价格暴跌，给下一轮生猪生产造成了潜在的危机。如四川省生猪主产区郫县由于大量屠宰母猪，使母猪与存栏猪之比降到历史最低点。

(五)交通不便，运力不足也是造成农副产品出售难的一条重要原因。

在全国大办农业的形势下，农产品出售难的情况继续发展，势必影响农民的生产积极性，造成部分农副产品生产再度大起大落，给农业乃至整个国民经济的协调、稳定发展带来不良影响，应引起有关部门的高度重视。

1989年零售物价上涨率

（和去年同期比较）

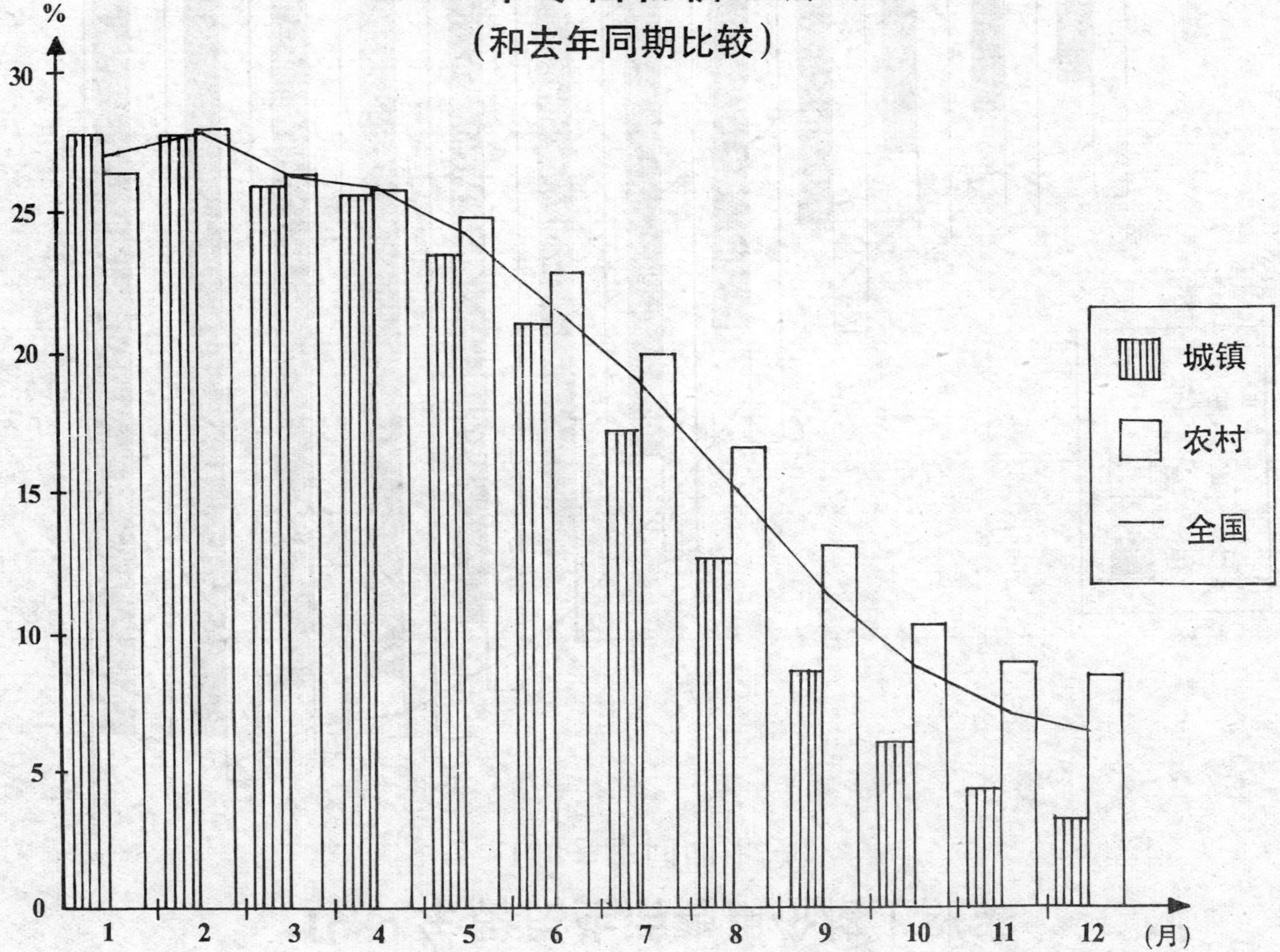

1989年居民生活费用价格上涨率

（和去年同期比较）

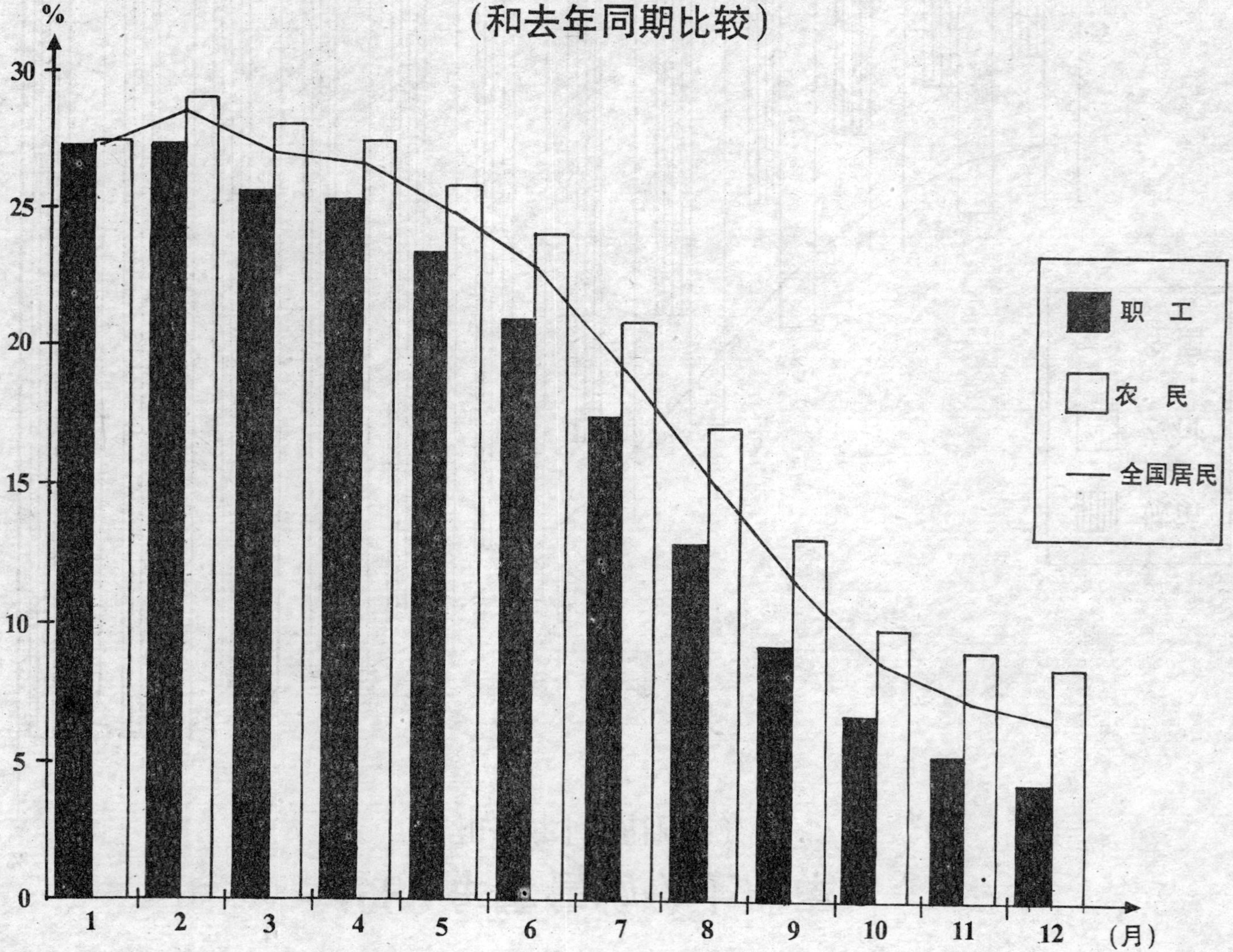

1989 年零售物价分类指数

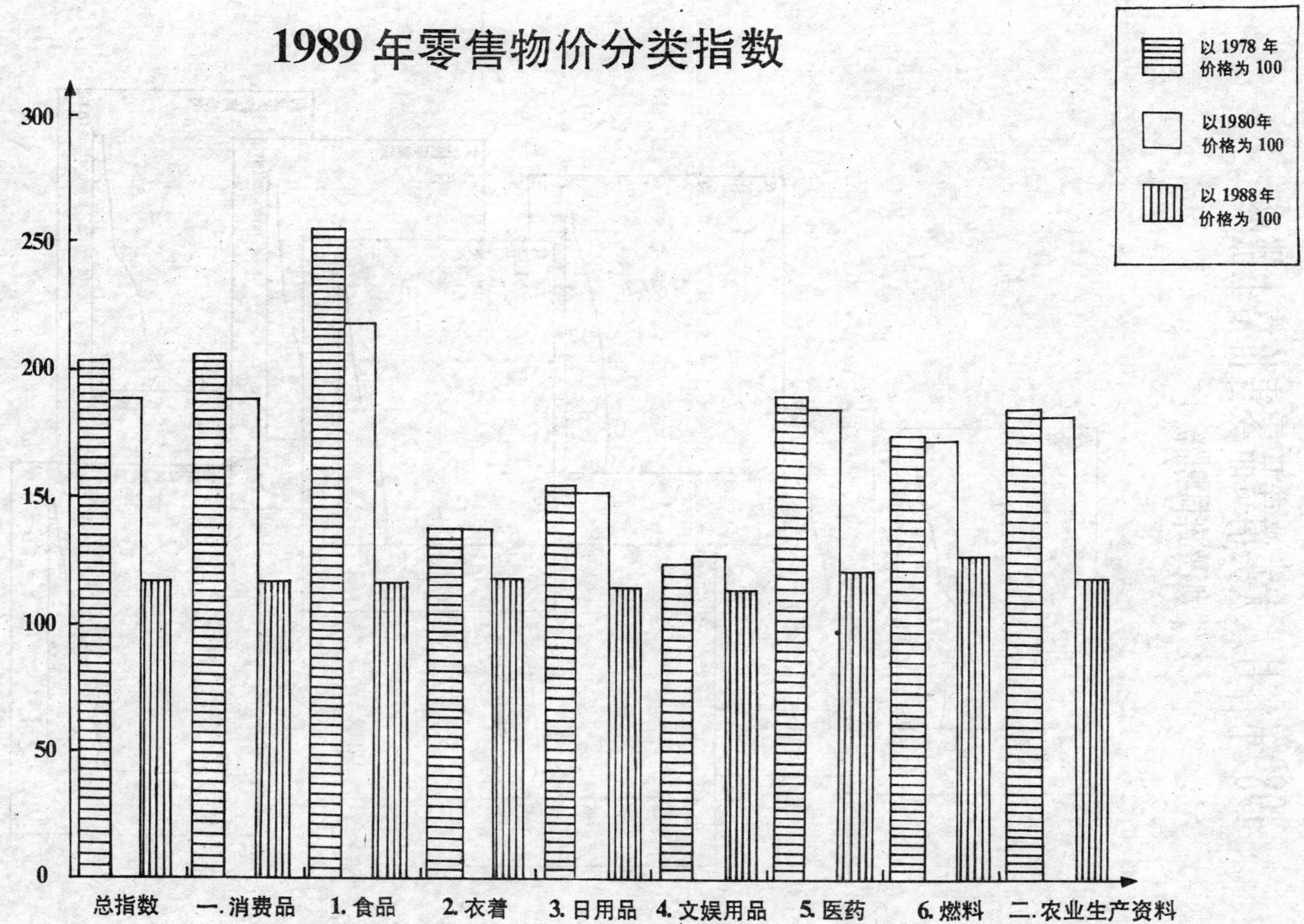

1989年各月八大类消费品零售价格上涨率

（和1988年同期比较）

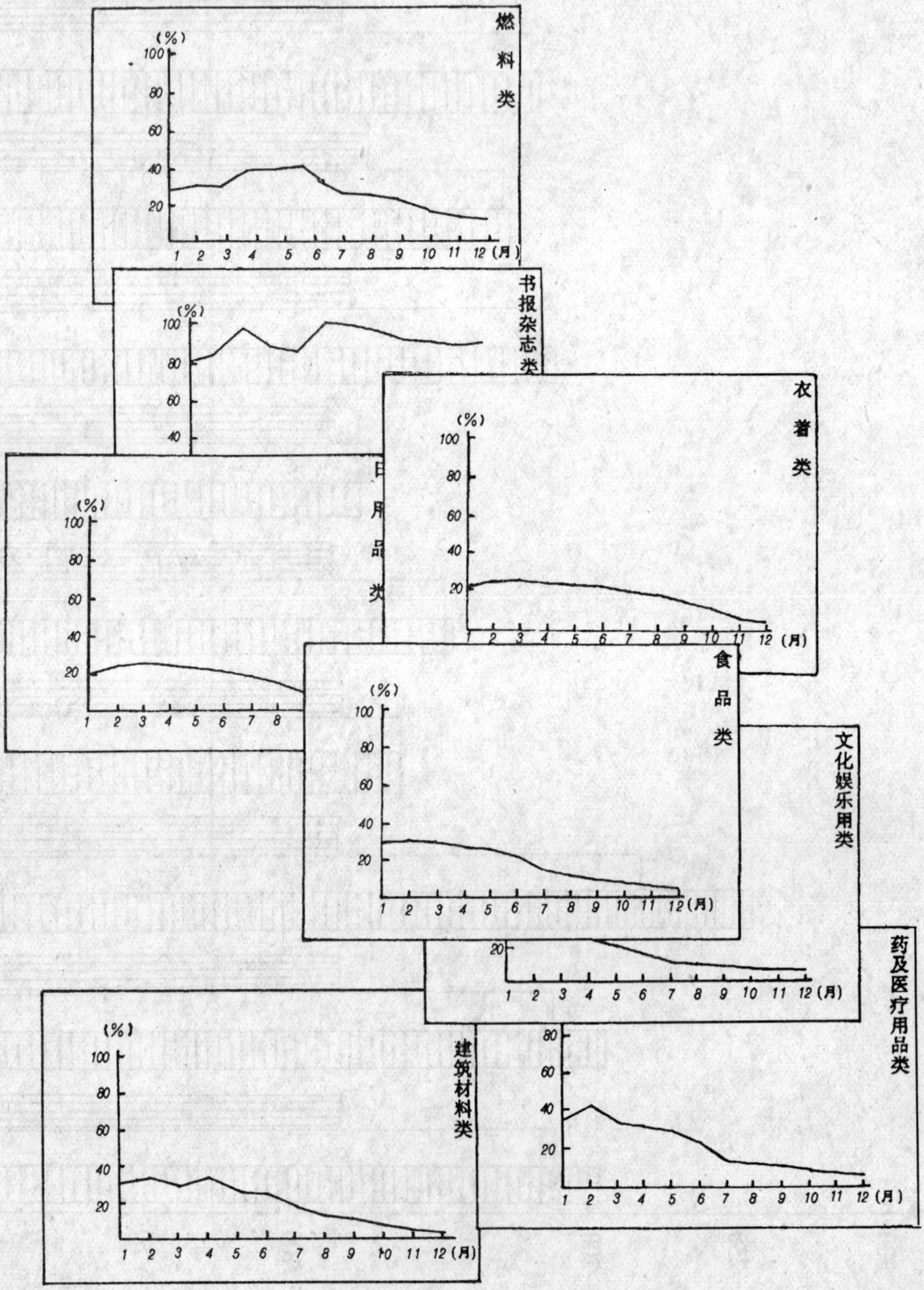

1989年各月全国集市贸易消费品价格指数

全年平均

上涨11.5%

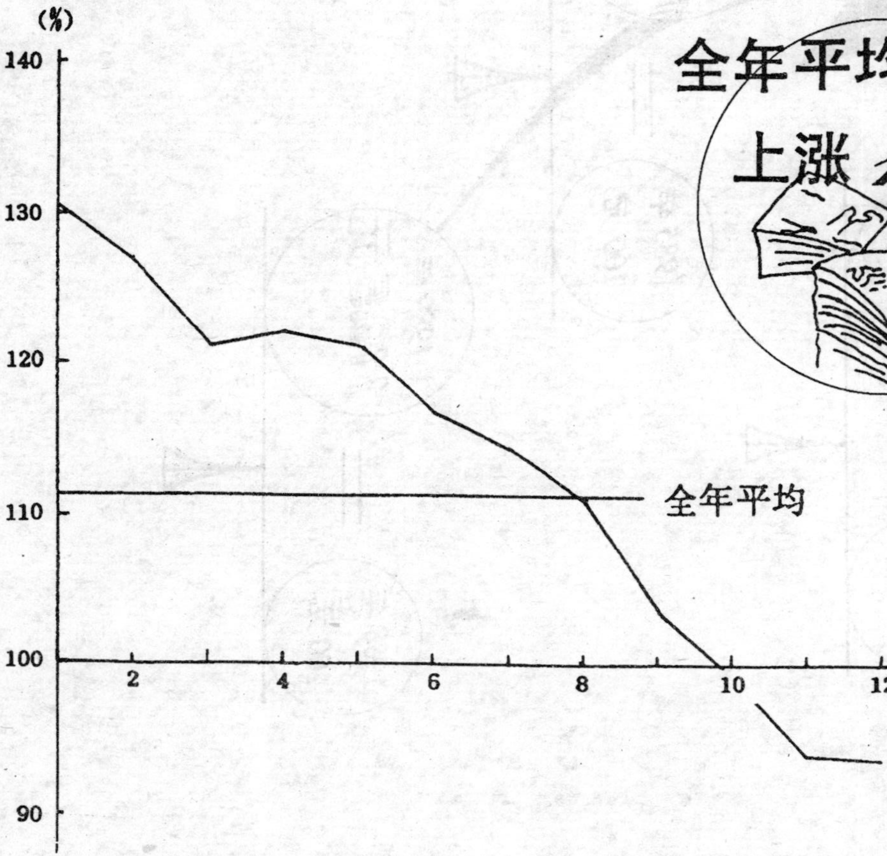

比上年，1989年城镇居民在集市上购买消费品达698亿元，增长17.3%；集市消费品价格上涨幅度大大低于1988年的上涨幅度（28.9%）。

1989年服务项目价格与近几个重要时期的对比

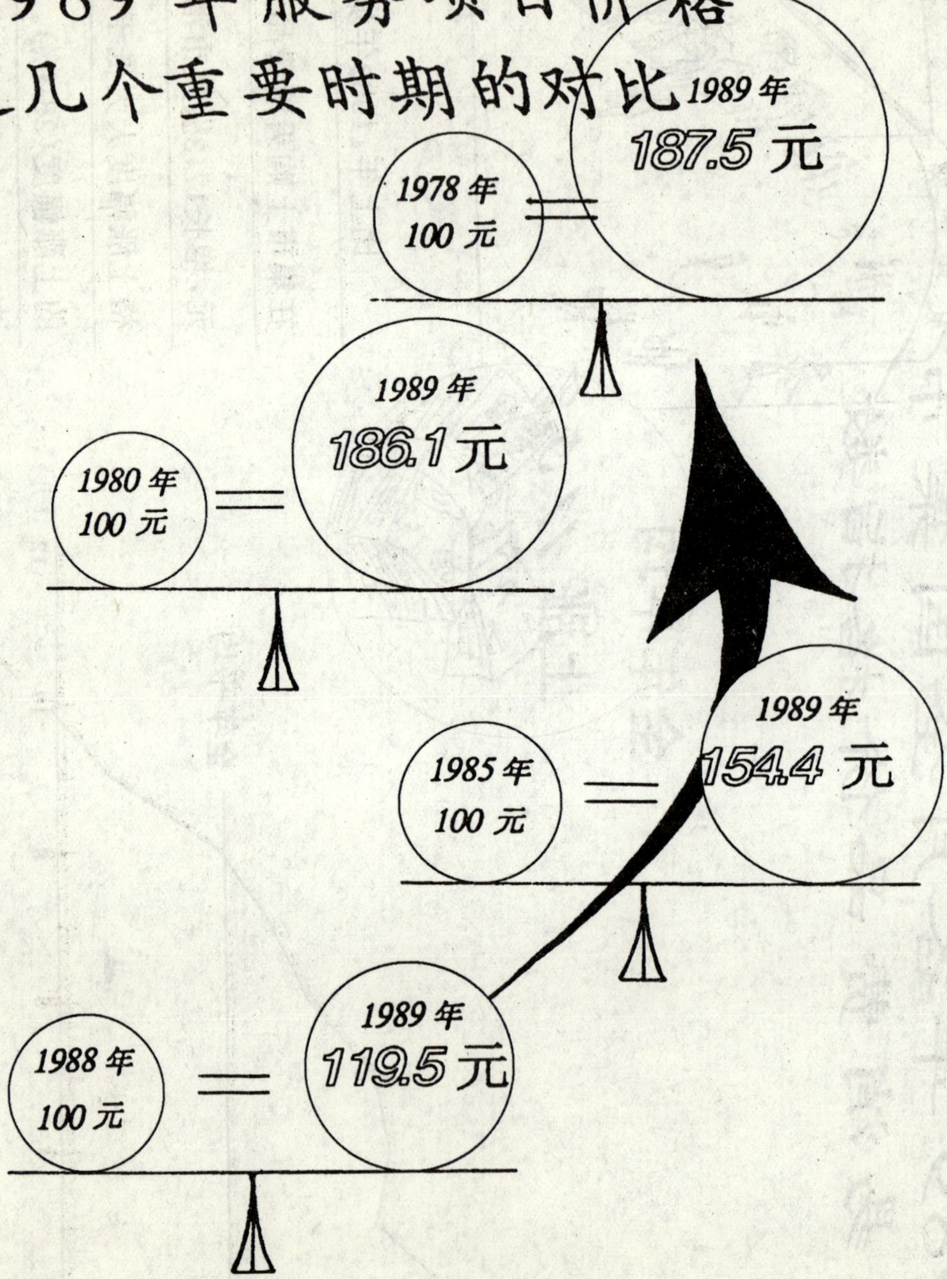

四大类农副产品收购价格指数

（以上年价格为100）

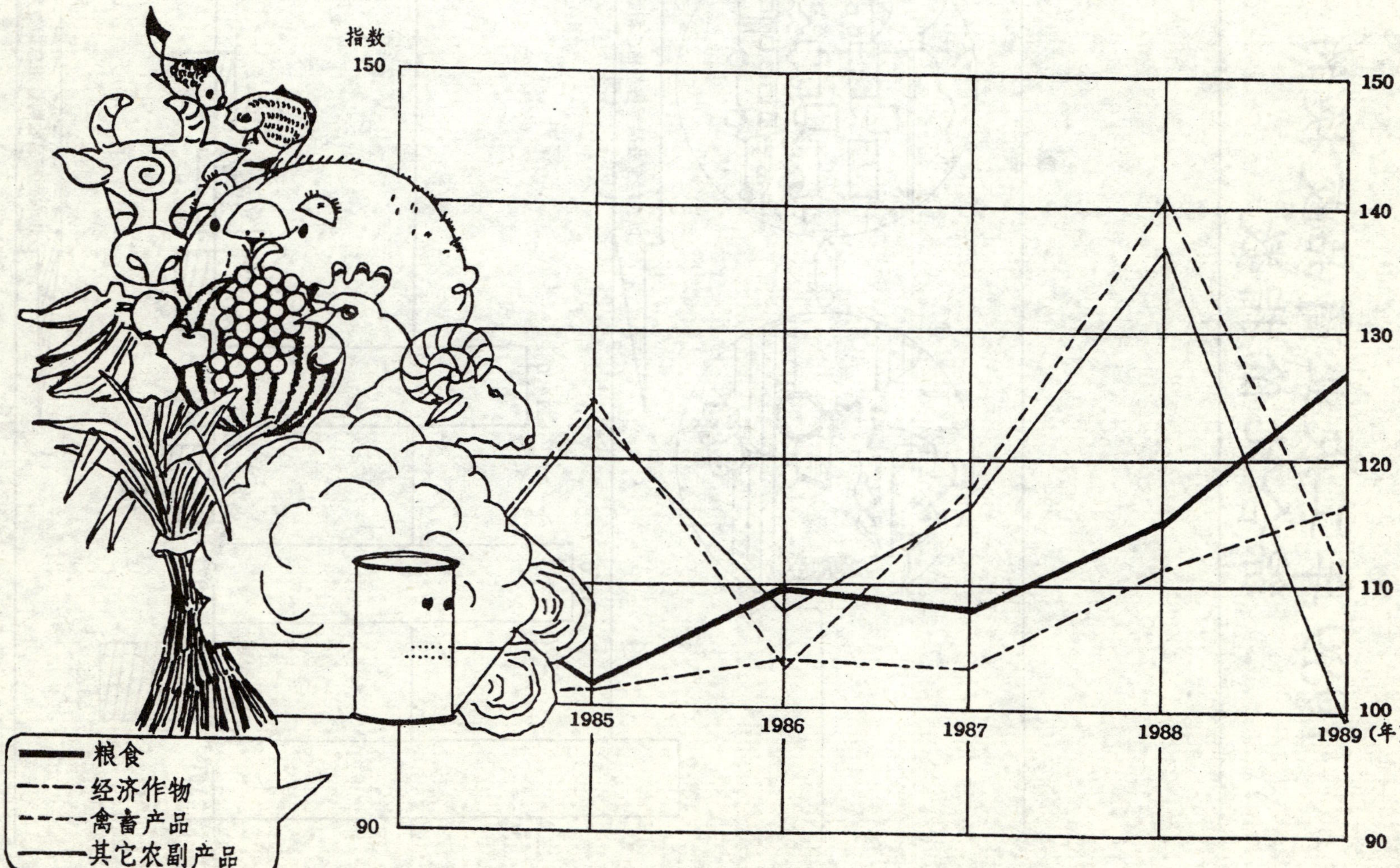

1989年工农业商品交换的综合比价指数

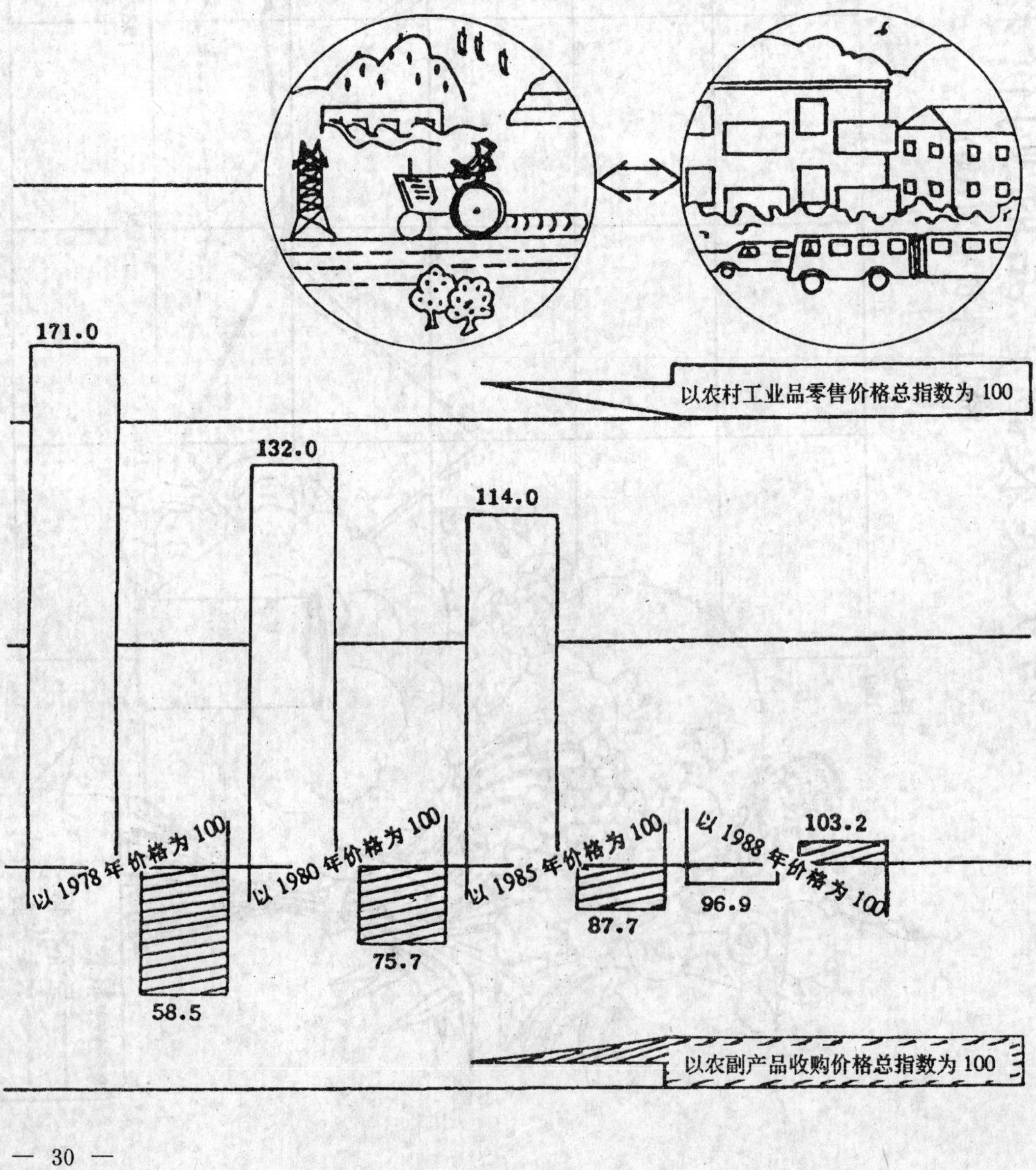

1989年各地区居民生活费用价格上涨率和零售物价上涨率

（和1988年比较）

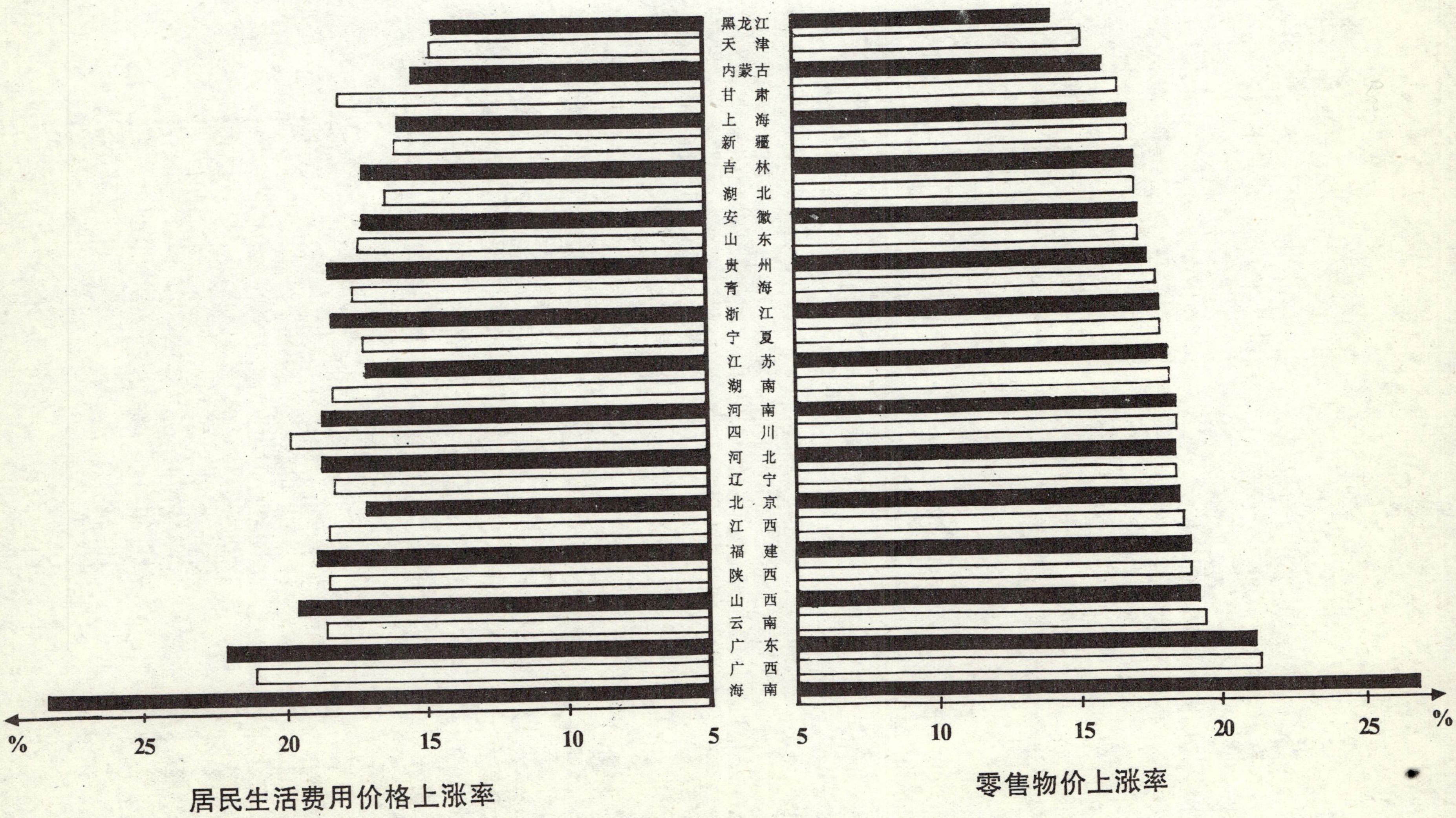

二、综 合 篇

历年各种物价总指数

（以1950年价格为100）

年份	全国零售物价总指数	职工生活费用价格总指数	农副产品收购价格总指数	农村工业品零售价格总指数	工农业商品的综合比价指数	
					以农副产品收购价格总指数为100	以农村工业品零售价格总指数为100
1958	121.6	125.2	149.4	111.4	74.6	134.1
1959	122.7	125.6	152.1	112.4	73.9	135.3
1960	126.5	128.8	157.4	115.5	73.4	136.3
1961	147.0	149.6	201.4	121.2	60.2	166.2
1962	152.6	155.3	200.1	126.6	63.3	158.1
1963	143.6	146.1	194.4	125.3	64.5	155.1
1964	138.3	140.7	189.5	122.9	64.9	154.2
1965	134.6	139.0	187.9	118.4	63.0	158.7
1966	134.2	137.3	195.8	115.0	58.7	170.3
1967	133.2	136.4	195.5	114.1	58.4	171.3
1968	133.3	136.5	195.2	113.8	58.3	171.5
1969	131.8	137.8	194.9	112.1	57.5	173.9
1970	131.5	137.8	195.1	111.9	57.4	174.4
1971	130.5	137.7	198.3	110.2	55.6	179.9
1972	130.2	137.9	201.1	109.6	54.5	183.5
1973	131.0	138.0	202.8	109.6	54.0	185.0
1974	131.7	138.9	204.5	109.6	53.6	186.6
1975	131.9	139.5	208.7	109.6	52.5	190.4
1976	132.3	139.9	209.7	109.7	52.3	191.2
1977	135.0	143.7	209.2	109.8	52.5	190.5
1978	135.9	144.7	217.4	109.8	50.5	198.0
1979	138.6	147.4	265.5	109.9	41.4	241.6
1980	146.9	158.5	284.4	110.8	39.0	256.7
1981	150.4	162.5	301.2	111.9	37.2	269.2
1982	153.3	165.8	307.8	113.7	36.9	270.7
1983	155.6	169.1	321.3	114.8	35.7	279.9
1984	160.0	173.7	334.2	118.4	35.4	282.3
1985	174.1	194.4	362.9	122.2	33.7	297.0
1986	184.5	208.0	386.1	126.1	32.7	306.2
1987	198.0	226.3	432.4	132.2	30.6	327.1
1988	234.6	273.1	531.9	152.3	28.6	349.2
1989	276.4	317.6	611.7	180.8	29.6	338.3

历年各种物价总指数

（以1952年价格为100）

年份	全国零售物价总指数	职工生活费用价格总指数	农副产品收购价格总指数	农村工业品零售价格总指数	工农业商品的综合比价指数：以农副产品收购价格总指数为100	工农业商品的综合比价指数：以农村工业品零售价格总指数为100
1958	108.8	108.4	122.9	101.5	82.6	121.1
1959	109.7	108.7	125.1	102.5	81.9	122.0
1960	113.1	111.5	129.4	105.3	81.4	122.9
1961	131.5	129.5	165.6	110.5	66.7	149.9
1962	136.5	134.5	164.6	115.4	70.1	142.6
1963	128.4	126.5	159.9	114.2	71.4	140.0
1964	123.7	121.8	155.8	112.0	71.9	139.1
1965	120.4	120.3	154.5	107.9	69.8	143.2
1966	120.0	118.9	161.0	104.8	65.1	153.6
1967	119.1	118.1	160.8	104.0	64.7	154.6
1968	119.2	118.2	160.5	103.7	64.6	154.8
1969	117.9	119.3	160.3	102.2	63.8	156.8
1970	117.6	119.3	160.4	102.0	63.6	157.3
1971	116.7	119.2	163.1	100.5	61.6	162.3
1972	116.5	119.4	165.4	99.9	60.4	165.6
1973	117.2	119.5	166.8	99.9	59.9	167.0
1974	117.8	120.3	168.2	99.9	59.4	168.4
1975	118.0	120.8	171.6	99.9	58.2	171.8
1976	118.3	121.1	172.5	100.0	58.0	172.5
1977	120.8	124.4	172.0	100.1	58.2	171.8
1978	121.6	125.3	178.8	100.1	56.0	178.6
1979	124.0	127.7	218.3	100.2	45.9	217.9
1980	131.4	137.2	233.9	101.0	43.2	231.6
1981	134.6	140.6	247.7	102.0	41.2	242.8
1982	137.2	143.4	253.1	103.6	40.9	244.3
1983	139.3	146.3	264.2	104.6	39.6	252.6
1984	143.2	150.3	274.8	107.8	39.2	254.9
1985	155.8	168.2	298.4	111.2	37.3	268.3
1986	165.1	180.0	317.5	114.8	36.2	276.6
1987	177.2	195.8	355.6	120.3	33.8	295.6
1988	210.0	236.3	437.4	138.6	31.7	315.6
1989	247.4	274.8	503.0	164.5	32.7	305.8

历年各种物价总指数

（以1957年价格为100）

年份	全国零售物价总指数	职工生活费用价格总指数	农副产品收购价格总指数	农村工业品零售价格总指数	工农业商品的综合比价指数：以农副产品收购价格总指数为100	工农业商品的综合比价指数：以农村工业品零售价格总指数为100
1958	100.2	98.9	102.2	99.4	97.3	102.8
1959	101.2	99.2	104.0	100.3	96.4	103.7
1960	104.3	101.7	107.7	103.0	95.6	104.6
1961	121.2	118.2	137.8	108.1	78.4	127.5
1962	125.8	122.7	136.9	112.9	82.5	121.3
1963	118.4	115.4	133.0	111.0	83.5	119.8
1964	114.0	111.1	129.6	109.6	84.6	118.2
1965	111.0	109.8	128.5	105.6	82.2	121.7
1966	110.6	108.5	133.9	102.6	76.6	130.5
1967	109.8	107.7	133.7	101.8	76.1	131.3
1968	109.9	107.8	133.5	101.5	76.0	131.5
1969	108.7	108.8	133.3	100.0	75.0	133.3
1970	108.4	108.8	133.4	99.8	74.8	133.7
1971	107.6	108.8	135.6	98.3	72.5	137.9
1972	107.3	108.9	137.6	97.8	71.1	140.7
1973	108.0	109.0	138.7	97.8	70.5	141.8
1974	108.6	109.7	139.9	97.8	69.9	143.0
1975	108.7	110.2	142.7	97.8	68.5	145.9
1976	109.1	110.5	143.4	97.9	68.3	146.5
1977	111.3	113.5	143.1	97.9	68.4	146.2
1978	112.1	114.3	148.7	97.9	65.8	151.9
1979	114.3	116.5	181.6	98.0	54.0	185.3
1980	121.1	125.2	194.5	98.8	50.8	196.9
1981	124.0	128.3	206.0	99.8	48.4	206.4
1982	126.4	130.9	210.5	101.4	48.2	207.6
1983	128.3	133.5	219.8	102.4	46.6	214.6
1984	131.9	137.1	228.6	105.6	46.2	216.5
1985	143.5	153.4	248.3	109.0	43.9	227.8
1986	152.1	164.1	264.2	112.5	42.6	234.8
1987	163.2	178.5	295.9	117.9	39.8	251.0
1988	193.4	215.4	364.0	135.8	37.3	268.0
1989	227.8	250.5	418.6	161.2	38.5	259.7

历年各种物价总指数

（以上年价格为100）

年份	全国零售物价总指数	职工生活费用价格总指数	农副产品收购价格总指数	农村工业品零售价格总指数	工农业商品的综合比价指数：以农副产品收购价格总指数为100	工农业商品的综合比价指数：以农村工业品零售价格总指数为100
1958	100.2	98.9	102.2	99.4	97.3	102.8
1959	100.9	100.3	101.8	100.9	99.1	100.9
1960	103.1	102.5	103.5	102.8	99.3	100.7
1961	116.2	116.1	128.0	104.9	82.0	122.0
1962	103.8	103.8	99.4	104.5	105.1	95.1
1963	94.1	94.1	97.2	99.0	101.9	98.2
1964	96.3	96.3	97.5	98.1	100.6	99.4
1965	97.3	98.8	99.2	96.3	97.1	103.0
1966	99.7	98.8	104.2	97.1	93.2	107.3
1967	99.3	99.4	99.9	99.2	99.3	100.7
1968	100.1	100.1	99.8	99.7	99.9	100.1
1969	98.9	101.0	99.8	98.5	98.7	101.3
1970	99.8	100.0	100.1	99.8	99.7	100.3
1971	99.3	99.9	101.6	98.5	96.9	103.1
1972	99.8	100.2	101.4	99.5	98.1	101.9
1973	100.6	100.1	100.8	100.0	99.2	100.8
1974	100.5	100.7	100.8	100.0	99.2	100.8
1975	100.2	100.4	102.1	100.0	97.9	102.1
1976	100.3	100.3	100.5	100.1	99.6	100.4
1977	102.0	102.7	99.8	100.1	100.3	99.7
1978	100.7	100.7	103.9	100.0	96.2	103.9
1979	102.0	101.9	122.1	100.1	82.0	122.0
1980	106.0	107.5	107.1	100.8	94.1	106.3
1981	102.4	102.5	105.9	101.0	95.4	104.9
1982	101.9	102.0	102.2	101.6	99.4	100.6
1983	101.5	102.0	104.4	101.0	96.7	103.4
1984	102.8	102.7	104.0	103.1	99.1	100.9
1985	108.8	111.9	108.6	103.2	95.0	105.2
1986	106.0	107.0	106.4	103.2	97.0	103.1
1987	107.3	108.8	112.0	104.8	93.6	106.9
1988	118.5	120.7	123.0	115.2	93.7	106.8
1989	117.8	116.3	115.0	118.7	103.2	96.9

1989年各种物价总指数

基　　期	全国零售物价总指数	职工生活费用价格总指数	农副产品收购价格总指数	农村工业品零售价格总指数	工农业商品的综合比价指数	
					以农副产品收购价格总指数为100	以农村工业品零售价格总指数为100
以1930-1936年平均价格为100	645.2		1153.3	457.6	39.7	252.0
以1949年12月价格为100	496.8	540.3				
以1950年价格为100	276.4	317.6	611.7	180.8	29.6	338.3
以1952年价格为100	247.4	274.8	503.0	164.5	32.7	305.8
以1957年价格为100	227.8	250.5	418.6	161.2	38.5	259.7
以1962年价格为100	181.1	204.6	305.8	142.8	46.7	214.1
以1965年价格为100	205.0	228.5	325.6	152.6	46.9	213.4
以1970年价格为100	209.9	230.5	313.5	161.6	51.5	194.0
以1975年价格为100	209.6	227.4	293.3	164.8	56.2	178.0
以1978年价格为100	203.4	219.2	281.2	164.4	58.5	171.0
以1980年价格为100	188.1	200.3	215.2	163.0	75.7	132.0
以1985年价格为100	158.7	163.4	168.6	147.9	87.7	114.0
以上年价格为100	117.8	116.3	115.0	118.7	103.2	96.9

三、消费物价指数篇

1989年全社会零售物价总指数

基　　期	全社会零售物价总指数	其中：消费品价格指数	1.国营商业零售物价指数	2.集市贸易价格指数
以1978年价格为100				
全　　国	203.4	206.1	196.5	232.6
城　　镇	222.4	222.4	206.5	232.6
农　　村	191.5	193.6	191.5	
以1980年价格为100				
全　　国	188.1	188.8	182.1	238.8
城　　镇	202.1	202.1	187.8	238.8
农　　村	179.9	179.0	179.9	
以1985年价格为100				
全　　国	158.7	159.9	156.4	177.9
城　　镇	164.3	164.3	158.7	177.9
农　　村	155.3	156.8	155.3	
以上年价格为100				
全　　国	117.8	117.5	118.3	110.2
城　　镇	116.0	116.0	117.2	110.2
农　　村	118.8	118.6	118.8	

全社会零售物价分类指数

(以1978年价格为100)

	1984年	1985年	1986年	1987年	1988年	1989年
全社会零售物价指数	117.7	128.1	135.8	145.7	172.7	203.4
(一)消 费 品	117.7	128.8	137.2	147.4	175.4	206.1
1.食 品 类	131.9	150.9	162.1	178.5	219.6	255.2
粮 食	111.5	123.6	135.1	143.5	163.7	198.6
副 食 品	145.6	173.6	188.2	214.2	279.3	319.2
# 鲜 菜	163.1	219.4	226.6	266.7	351.2	358.6
肉禽蛋	152.3	185.8	204.6	238.4	326.2	372.8
水产品	177.4	238.2	266.1	311.3	408.1	474.6
烟 酒 茶	119.9	120.7	122.1	126.0	142.4	157.6
其 他 食 品	126.9	146.0	155.8	170.9	205.4	250.4
# 鲜 果	159.5	216.8	239.6	278.9	336.4	388.5
2.衣 着 类	95.8	96.7	99.8	103.3	116.4	137.5
3.日 用 品 类	103.8	106.6	113.1	120.0	134.6	155.2
4.文化娱乐用品类	90.6	92.0	92.9	95.2	108.6	124.1
5.药及医疗用品类	113.5	117.8	120.2	125.7	156.9	190.2
6.燃 料 类	105.6	109.8	114.1	118.2	137.2	174.8
(二)农业生产资料	117.9	123.6	125.0	133.8	155.5	184.9

全社会零售物价分类指数

（以1980年价格为100）

	1984年	1985年	1986年	1987年	1988年	1989年
全社会零售物价指数	108.9	118.5	125.6	134.8	159.7	188.1
(一)消　费　品	107.6	117.7	125.7	135.0	160.7	188.8
1.食　品　类	113.1	129.4	139.0	153.0	188.2	218.7
粮　　　食	103.9	115.2	125.9	133.7	152.6	185.1
副　食　品	114.7	136.8	148.3	168.8	220.1	251.6
#　鲜　菜	136.4	183.5	189.6	223.2	294.0	300.2
肉禽蛋	110.6	134.9	148.5	173.0	236.7	270.5
水产品	126.8	170.2	190.2	222.5	291.7	339.2
烟　酒　茶	118.5	119.3	120.7	124.6	140.8	155.9
其 他 食 品	115.3	132.6	141.5	155.2	186.6	227.5
#　鲜　果	139.1	189.0	208.8	243.0	293.1	338.5
2.衣　着　类	96.3	97.2	100.3	103.8	117.0	138.2
3.日 用 品 类	101.7	104.4	110.8	117.6	131.9	152.1
4.文化娱乐用品类	93.3	94.7	95.6	98.0	111.8	127.8
5.药及医疗用品类	110.7	114.9	117.2	122.6	153.0	185.4
6.燃　料　类	104.7	108.9	113.1	117.2	136.1	173.4
(二)农业生产资料	116.2	121.8	123.1	131.7	153.0	181.9

全社会零售物价分类指数

（以上年价格为100）

	1984年	1985年	1986年	1987年	1988年	1989年
全社会零售物价指数	102.8	108.8	106.0	107.3	118.5	117.8
(一)消 费 品	101.7	109.4	106.5	107.4	119.0	117.5
1.食 品 类	102.6	114.4	107.4	110.1	123.0	116.2
粮 食	99.8	110.9	109.3	106.2	114.1	121.3
副 食 品	104.3	119.3	108.4	113.8	130.4	114.3
# 鲜 菜	107.5	134.5	103.3	117.7	131.7	102.1
肉禽蛋	105.0	122.0	110.1	116.5	136.8	114.3
水产品	111.1	134.3	111.7	117.0	131.1	116.3
烟 酒 茶	99.9	100.7	101.2	103.2	113.0	110.7
其 他 食 品	104.0	115.0	106.7	109.7	120.2	121.9
# 鲜 果	109.5	135.9	110.5	116.4	120.6	115.5
2.衣 着 类	100.0	100.9	103.2	103.5	112.7	118.1
3.日 用 品 类	100.2	102.7	106.1	106.1	112.2	115.3
4.文化娱乐用品类	99.8	101.5	101.0	102.5	114.1	114.3
5.书 报 杂 志 类	100.0	132.5	113.9	101.4	115.2	192.7
6.药及医疗用品类	104.9	103.8	102.0	104.6	124.8	121.2
7.建 筑 材 料 类					121.4	118.7
8.燃 料 类	102.2	104.0	103.9	103.6	116.1	127.4
(二)农业生产资料	108.9	104.8	101.1	107.0	116.2	118.9

1989年全社会零售物价分类指数

	以1985年价格为100			以1988年价格为100		
	全国	城镇	农村	全国	城镇	农村
全社会零售物价指数	158.7	164.3	155.3	117.8	116.0	118.8
(一)消费品	159.9	164.3	156.8	117.5	116.0	118.6
1.食品类	169.0	172.1	166.1	116.2	114.4	118.0
粮食	160.7	147.5	170.9	121.3	116.9	125.0
副食品	183.9	183.7	184.6	114.3	112.6	116.7
#鲜菜	163.5	163.5		102.1	102.1	
肉禽蛋	200.6	196.5	206.3	114.3	114.6	113.8
水产品	199.2	201.3	197.6	116.3	113.4	121.8
烟酒茶	130.6	137.7	127.3	110.7	111.3	110.3
其他食品	171.4	175.8	167.4	121.9	120.5	123.3
#鲜果	179.1	188.9	161.7	115.5	117.4	111.3
2.衣着类	142.2	147.8	139.0	118.1	118.6	117.8
3.日用品类	145.6	145.6	145.9	115.3	114.2	116.1
4.文化娱乐用品类	135.0	141.2	130.0	114.3	115.3	113.5
5.书报杂志类	256.5	252.6	258.8	192.7	193.4	192.1
6.药及医疗用品类	161.4	166.1	160.7	121.2	120.9	121.2
7.建筑材料类				118.7	119.3	118.6
8.燃料类	159.1	143.5	164.3	127.4	119.9	129.7
(二)农业生产资料	149.5		149.5	118.9		118.9

1989年各地区全社会零售物价总指数（1）

	以1950年价格为100			以1952年价格为100			以1957年价格为100		
	全省（区、市）	城镇	农村	全省（区、市）	城镇	农村	全省（区、市）	城镇	农村
全国平均	276.4	359.8	232.8	247.4	314.2	211.0	227.8	289.5	195.9
北京	324.1	324.1		268.3	268.3		235.2	235.2	
天津	263.1	263.1		228.0	228.0		202.8	202.8	
河北	224.7	223.3	225.4	194.4	197.3	195.2	182.1	182.2	185.2
山西	284.6	306.3	268.2	234.0	249.2	222.6	207.1	224.7	192.5
内蒙古	320.6	358.5	267.8	259.2	291.3	213.0	230.6	257.7	195.1
辽宁				254.6	277.3	220.5	227.6	245.2	199.4
吉林	332.9			273.8	313.8	231.4	246.8	268.6	214.6
黑龙江	330.9	412.0	262.4	269.4	335.2	213.5	240.0	298.3	202.2
上海	264.4	264.4		247.3	247.3		227.1	227.1	
江苏	264.8	288.4	253.4	238.7	259.9	228.3	223.8	242.2	216.5
浙江				249.9	279.5	227.7	234.8	263.3	213.5
安徽	245.9	270.0	231.3	232.9	254.1	220.1	215.7	235.8	203.3
福建	277.9	309.6	245.3	264.9	294.3	234.5	251.5	274.8	226.1
江西	272.8			252.5	259.6	240.2	231.2	244.0	216.1
山东	219.3	235.1	200.1	198.1	206.1	184.9	182.2	185.0	172.0
河南				231.6	252.5	210.5	216.3	232.1	197.5
湖北	263.0	298.5	240.9	234.7	270.5	211.7	212.4	245.2	196.2
湖南	316.9	378.5	279.4	307.8	367.8	271.5	269.7	314.6	244.1
广东	287.9	308.7	262.8	293.8	368.7	264.9	285.3	348.3	262.2
广西	346.8	472.4	275.3	316.6	429.2	252.2	285.7	378.7	233.7
海南									
四川	315.3	359.2	289.1	288.9	330.0	264.7	257.9	292.7	238.3
贵州	308.2	408.1		265.7	329.1	231.7	249.7	282.4	221.3
云南				209.7	240.6	189.6	211.8	234.9	196.3
西藏									
陕西	275.5	290.4	248.0	231.5	244.0	210.2	217.2	236.2	192.6
甘肃	272.8	326.0	217.4	219.8	233.4	177.9	216.5	246.3	160.5
青海	227.5	233.5	177.3	188.6	193.6	165.1	210.6	216.7	173.9
宁夏	274.6	329.5	238.5	242.3	286.6	223.2	232.7	258.2	214.5
新疆	180.8	212.2	176.2	175.6	193.7	165.7	194.5	208.4	183.4

1989年各地区全社会零售物价总指数（2）

	以1965年价格为100			以1970年价格为100			以1978年价格为100		
	全省（区、市）	城镇	农村	全省（区、市）	城镇	农村	全省（区、市）	城镇	农村
全国平均	205.0	255.0	178.7	209.9	255.0	185.7	203.4	222.4	191.5
北京	227.4	227.4		230.8	230.8		229.1	229.1	
天津	193.1	193.1		198.8	198.8		196.8	196.8	
河北	192.3	209.4	182.8	194.1	208.1	185.9	197.1	205.3	192.2
山西	189.8	203.8	179.9	198.2	211.8	187.6	199.0	211.5	189.2
内蒙古	210.9	235.7	178.9	207.6	225.7	183.7	194.9	200.1	187.7
辽宁	208.5	225.5	182.0	208.6	224.0	182.9	208.6	222.5	184.6
吉林	215.4	239.0	185.6	212.5	233.9	184.1	210.1	227.6	182.7
黑龙江	217.3	233.8	192.7	214.9	230.5	192.1	209.6	221.2	190.1
上海	210.6	210.6		215.8	215.8		214.1	214.1	
江苏	204.3	218.9	198.2	208.9	222.1	203.7	207.9	217.1	203.8
浙江	220.1	245.0	201.2	224.8	243.6	210.1	227.0	246.5	211.6
安徽	194.0	216.8	181.0	197.0	217.2	184.9	195.6	202.7	188.6
福建	232.5	257.8	205.6	233.6	258.9	207.1	230.8	253.0	208.4
江西	203.2	216.2	188.8	204.2	216.2	191.9	208.0	220.1	192.9
山东	176.5	183.5	168.7	181.7	188.5	173.9	184.7	187.9	177.2
河南	193.3	206.2	177.1	191.3	206.1	182.6	190.9	200.0	184.6
湖北	190.3	212.8	176.5	191.7	211.6	179.2	190.7	207.9	179.3
湖南	236.3	256.8	222.4	235.7	252.9	223.5	236.3	250.6	225.9
广东	262.9	283.4	244.2	266.3	293.9	246.5	266.6	281.7	246.2
广西	239.0	289.2	209.3	237.7	281.6	211.4	232.5	264.0	210.6
海南									
四川	213.8	241.0	198.5	207.5	228.6	196.2	207.0	230.9	195.1
贵州	208.3	227.6	182.3	202.0	224.3	185.5	203.9	233.6	179.9
云南	198.9	217.2	186.6	197.9	215.4	186.5	196.5	212.2	185.7
西藏									
陕西	207.1	227.1	182.7	209.3	226.7	186.0	201.0	210.6	190.9
甘肃	188.8	209.9	170.4	194.0	214.3	176.5	193.5	212.4	176.1
青海	201.9	205.7	175.2	200.3	204.1	172.7	200.3	203.7	172.7
宁夏	218.9	249.4	192.0	212.9	237.2	192.3	197.7	212.1	184.2
新疆	181.0	199.0	171.4	192.0	208.4	181.5	189.8	205.9	181.4

1989年各地区全社会零售物价总指数（3）

	以1980年价格为100			以1985年价格为100			以1988年价格为100		
	全省（区、市）	城镇	农村	全省（区、市）	城镇	农村	全省（区、市）	城镇	农村
全国平均	188.1	202.1	179.9	158.7	164.3	155.3	117.8	116.0	118.8
北京	210.9	210.9		167.6	167.6		118.5	118.5	
天津	184.5	184.5		155.3	155.3		115.1	115.1	
河北	184.8	187.8	183.4	159.4	157.7	160.9	118.4	115.8	120.8
山西	191.4	198.2	186.3	163.2	165.3	161.6	119.1	116.1	121.5
内蒙古	181.3	183.6	177.8	153.0	153.8	151.4	115.9	114.4	118.8
辽宁	194.6	201.2	179.4	163.2	165.0	156.8	118.4	117.1	121.2
吉林	195.1	206.7	173.9	158.8	162.3	149.5	116.9	116.7	117.4
黑龙江	194.9	200.0	180.4	156.0	158.7	147.2	114.0	114.2	113.4
上海	199.2	199.2		164.3	164.3		116.7	116.7	
江苏	194.6	196.6	192.6	167.2	168.6	166.0	118.0	115.7	119.7
浙江	205.4	217.7	195.1	167.0	171.1	162.6	117.8	116.6	118.7
安徽	185.6	189.1	179.9	164.6	163.6	162.5	117.1	115.3	118.6
福建	213.6	230.8	195.0	174.2	180.5	167.7	118.8	118.8	118.8
江西	197.7	203.4	186.9	163.4	167.0	160.1	118.6	117.1	119.5
山东	176.9	179.8	172.0	155.9	160.2	153.3	117.1	115.2	118.4
河南	182.4	187.2	178.7	161.4	160.8	162.3	118.3	114.5	120.5
湖北	179.7	188.6	172.2	156.8	158.4	154.6	117.0	113.9	119.0
湖南	209.0	211.5	204.7	172.3	171.4	172.8	118.1	116.2	119.4
广东	238.5	250.2	225.8	184.5	186.9	182.9	121.0	121.0	120.9
广西	208.2	227.8	195.3	166.5	171.9	162.4	121.3	119.1	123.5
海南							126.8	126.3	127.5
四川	181.6	197.6	174.0	158.5	167.1	154.8	118.3	116.8	119.2
贵州	185.0	193.2	171.0	159.4	172.4	153.1	117.4	116.8	118.1
云南	184.4	194.0	178.7	159.6	162.8	157.6	119.3	118.5	119.6
西藏									
陕西	188.8	194.9	182.9	161.4	165.1	158.9	118.8	117.2	121.5
甘肃	182.5	193.9	170.8	157.1	163.2	149.4	116.4	115.9	116.8
青海	188.6	192.3	170.8	158.4	160.2	152.2	117.7	117.5	118.2
宁夏	184.5	192.7	175.3	156.8	161.4	152.4	117.8	116.6	118.9
新疆	176.1	186.5	170.3	152.9	158.4	149.3	116.7	115.2	118.7

1989年各地区全社会零售物价分类指数（1）

（以1988年价格为100）

	总指数	一、消费品	(一)食品类	1.粮　食	(1)细　粮	(2)粗 粮
全国平均	117.8	117.5	116.2	121.3	120.7	126.3
北　京	118.5	118.5	112.5	109.5	107.8	135.6
天　津	115.1	115.1	111.2	104.9	101.8	148.9
河　北	118.4	118.6	114.7	122.3	122.1	123.3
山　西	119.1	119.7	119.0	140.2	141.7	134.3
内蒙古	115.9	115.5	113.0	116.4	117.2	111.5
辽　宁	118.4	118.2	116.2	119.6	120.7	114.7
吉　林	116.9	117.2	115.8	116.2	114.0	131.3
黑龙江	114.0	114.2	111.9	113.6	114.5	107.5
上　海	116.7	116.7	113.3	102.0	99.0	161.3
江　苏	118.0	116.8	113.4	110.7	107.9	145.9
浙　江	117.8	117.9	116.0	108.5	107.1	148.2
安　徽	117.1	116.4	112.8	105.3	103.9	138.5
福　建	118.8	118.6	121.3	123.9	123.3	134.6
江　西	118.6	118.2	116.5	117.9	115.7	151.8
山　东	117.1	116.9	111.9	110.3	109.4	114.2
河　南	118.3	118.7	113.3	115.9	115.5	120.1
湖　北	117.0	116.2	112.7	108.1	105.7	139.5
湖　南	118.1	116.9	114.8	108.7	105.7	161.9
广　东	121.0	121.1	123.3	133.8	133.5	140.0
广　西	121.3	120.4	119.8	113.3	110.2	137.9
海　南	126.8	126.9	126.3	128.0	127.5	144.9
四　川	118.3	118.6	117.4	114.0	113.1	119.8
贵　州	117.4	116.9	114.1	108.6	104.3	135.6
云　南	119.3	119.0	118.7	121.0	122.3	114.0
西　藏						
陕　西	118.8	118.3	113.4	110.3	109.1	118.5
甘　肃	116.4	116.8	113.8	112.1	109.6	120.9
青　海	117.7	117.7	114.5	114.3	112.8	135.0
宁　夏	117.8	117.7	114.6	108.2	106.9	128.5
新　疆	116.7	117.0	113.1	109.5	107.5	131.8

1989年各地区全社会零售物价分类指数（2）

（以1988年价格为100）

	2.副食品	(1)食用植物油	(2)鲜菜	(3)干菜	(4)肉禽蛋	(5)水产品
全国平均	114.3	121.5	102.1	119.2	114.3	116.3
北京	112.6	129.2	105.1	113.5	113.9	114.5
天津	112.6	133.4	99.0	107.9	116.6	110.9
河北	111.7	128.2	96.8	117.1	111.5	118.6
山西	113.4	120.8	102.0	122.7	112.1	133.8
内蒙古	111.0	104.3	104.4	112.1	113.5	121.0
辽宁	115.0	109.4	111.7	115.1	116.0	118.4
吉林	117.7	106.1	112.4	121.7	122.9	115.6
黑龙江	110.9	108.2	102.2	114.4	114.4	115.6
上海	113.4	131.4	119.1	110.9	111.2	110.6
江苏	113.0	121.6	98.5	129.6	113.9	108.3
浙江	115.6	119.2	109.3	121.5	116.1	114.7
安徽	114.1	110.7	101.6	118.4	115.9	117.4
福建	122.4	134.0	122.1	114.4	125.6	116.3
江西	117.1	123.0	105.1	120.6	117.2	118.5
山东	110.2	115.8	92.3	123.6	111.3	114.7
河南	111.6	127.9	93.2	125.3	111.0	122.6
湖北	113.4	118.5	99.6	118.6	114.4	120.3
湖南	116.8	118.5	105.8	118.9	117.3	122.0
广东	123.2	144.2	128.3	121.1	122.5	119.0
广西	121.5	152.1	116.1	124.1	121.7	115.7
海南	126.0	144.4	117.7	123.3	129.3	127.2
四川	117.0	130.8	115.2	120.2	112.4	132.7
贵州	116.0	107.3	107.7	120.0	118.6	124.6
云南	117.1	117.0	119.7	128.9	113.7	129.5
西藏						
陕西	114.1	122.7	106.4	122.7	111.2	128.1
甘肃	114.3	119.5	108.8	114.7	115.7	142.1
青海	115.2	124.6	106.6	112.5	116.4	127.2
宁夏	114.9	124.0	110.5	114.8	113.4	128.7
新疆	112.7	110.7	93.1	116.8	117.5	114.8

1989年各地区全社会零售物价分类指数（3）

（以1988年价格为100）

	(6)调味品	(7)食　糖	3. 烟酒茶	(1)　烟	(2)　酒	(3)　茶
全国平均	113.3	122.7	110.7	108.9	112.4	112.8
北　京	107.7	113.2	114.6	117.2	115.4	100.0
天　津	104.8	116.5	109.6	108.3	112.1	100.0
河　北	112.0	121.1	107.6	104.7	110.5	103.4
山　西	115.7	111.1	106.5	104.7	109.2	112.3
内蒙古	109.3	118.6	108.9	109.1	108.1	112.3
辽　宁	116.2	118.7	110.7	114.0	108.0	113.4
吉　林	111.3	115.9	110.2	111.6	109.2	105.4
黑龙江	107.3	107.9	108.8	108.3	109.1	109.1
上　海	109.1	120.3	111.5	110.8	112.2	115.1
江　苏	113.6	121.0	110.9	109.6	111.9	118.2
浙　江	111.6	120.5	116.5	115.4	117.8	117.8
安　徽	116.4	114.3	110.4	109.4	110.7	117.4
福　建	116.2	120.4	115.5	115.5	116.0	113.5
江　西	117.7	125.6	109.3	107.1	109.8	122.5
山　东	115.0	114.5	108.3	105.9	108.9	117.7
河　南	114.2	113.5	109.8	109.6	110.1	112.0
湖　北	109.3	119.9	110.2	107.6	113.4	121.7
湖　南	108.4	127.1	110.9	112.1	109.3	107.8
广　东	119.0	123.3	115.6	112.3	126.2	110.2
广　西	114.6	118.6	116.8	112.5	122.1	115.7
海　南	110.2	129.2	126.6	128.4	127.5	108.7
四　川	113.5	137.0	112.2	108.7	116.5	110.6
贵　州	115.6	117.4	106.6	101.7	112.9	110.4
云　南	107.5	129.2	115.8	114.5	119.2	109.9
西　藏						
陕　西	117.6	121.1	105.9	104.0	107.1	116.1
甘　肃	113.3	103.5	111.9	108.1	117.7	110.9
青　海	117.6	110.6	112.2	109.5	113.2	116.9
宁　夏	107.2	114.3	111.9	108.9	113.8	119.9
新　疆	120.5	119.9	112.4	110.4	108.4	126.8

1989年各地区全社会零售物价分类指数（4）

（以1988年价格为100）

	4.其他食品	(1)鲜果	(2)干果	(3)糖果	(4)糕点	(5)奶及奶制品
全国平均	121.9	115.5	128.5	128.4	128.3	112.9
北京	112.5	112.0	129.6	105.7	113.6	100.6
天津	112.0	108.1	129.7	111.1	114.1	102.2
河北	119.7	116.4	131.8	124.1	125.7	110.1
山西	119.9	108.1	128.9	128.5	132.5	108.3
内蒙古	118.9	113.2	126.7	123.9	122.7	112.7
辽宁	121.0	109.8	140.0	130.8	133.5	105.1
吉林	114.3	107.0	137.1	123.3	128.5	106.7
黑龙江	115.1	112.7	136.0	116.4	116.3	107.7
上海	118.4	115.4	134.1	122.0	129.9	101.9
江苏	118.8	109.9	128.4	126.1	127.1	109.4
浙江	121.6	111.0	133.6	130.4	131.5	111.2
安徽	117.8	103.4	125.2	126.2	130.2	114.3
福建	118.4	108.5	123.9	133.0	127.5	115.5
江西	120.5	111.1	125.9	125.9	126.6	114.3
山东	121.7	108.2	128.5	128.9	133.4	117.3
河南	119.5	106.7	121.7	130.1	125.6	110.6
湖北	120.1	104.7	125.5	131.2	126.5	116.4
湖南	116.4	102.5	117.8	125.9	130.1	111.3
广东	122.7	115.0	121.2	129.6	136.3	125.5
广西	119.6	104.3	121.5	125.3	141.6	120.9
海南	125.7	110.5	129.5	134.6	137.3	128.2
四川	127.3	122.1	133.4	133.3	133.1	113.6
贵州	124.9	101.3	127.5	132.3	134.8	113.8
云南	125.8	119.0	140.7	126.7	133.0	116.8
西藏						
陕西	120.6	117.3	122.0	122.5	130.1	111.5
甘肃	117.9	112.3	119.2	118.7	125.4	112.3
青海	114.2	106.2	120.1	119.5	121.2	111.6
宁夏	122.0	122.5	113.6	131.5	124.1	107.1
新疆	119.5	112.2	118.1	132.2	122.9	113.1

1989年各地区全社会零售物价分类指数（5）

（以1988年价格为100）

	(6)罐头	(7)饮料	(二)衣着类	1.棉布	2.棉花化纤混纺布	3.化纤布
全国平均	123.7	114.4	118.1	132.1	121.9	108.9
北京	130.6	110.4	126.2	123.6	117.0	119.8
天津	114.8	114.2	123.4	138.1	117.4	116.8
河北	120.3	108.0	117.3	134.9	123.3	106.6
山西	123.3	109.8	121.0	136.2	126.4	115.5
内蒙古	124.8	119.3	117.4	134.6	117.9	109.4
辽宁	121.5	122.8	122.2	138.6	128.1	113.7
吉林	116.4	114.4	120.5	141.6	120.0	108.2
黑龙江	118.9	107.7	116.7	133.7	118.5	102.0
上海	118.7	118.8	123.8	128.2	159.4	119.9
江苏	126.0	115.5	121.5	129.0	126.2	113.3
浙江	130.0	114.7	118.5	123.5	118.4	105.6
安徽	128.9	113.6	118.6	137.1	127.7	113.7
福建	112.7	112.1	113.2	128.1	117.5	102.3
江西	126.8	114.5	117.4	128.1	123.1	111.7
山东	124.3	118.0	119.4	131.9	126.4	109.5
河南	125.8	114.0	121.4	134.9	130.9	116.7
湖北	131.9	115.0	120.0	137.8	130.5	107.1
湖南	131.8	114.4	121.4	137.5	124.8	108.7
广东	121.5	115.3	119.4	131.6	119.8	108.5
广西	129.4	116.0	120.3	125.6	117.0	116.2
海南	120.5	112.7	125.2	125.4	117.0	107.6
四川	125.3	117.2	118.7	126.5	118.2	109.5
贵州	129.2	119.0	119.1	130.5	123.8	110.3
云南	117.7	113.6	116.0	120.7	119.0	106.9
西藏						
陕西	124.3	121.3	122.6	139.7	124.3	116.3
甘肃	125.2	112.0	118.7	135.0	116.2	108.4
青海	120.2	111.6	120.8	126.4	123.6	115.7
宁夏	132.8	120.1	121.8	134.0	120.4	118.1
新疆	124.1	112.7	118.9	128.3	119.1	111.2

1989年各地区全社会零售物价分类指数（6）

（以1988年价格为100）

	4.呢绒	5.绸缎	6.针纺织品	7.服装	8.鞋	9.其他衣着
全国平均	120.8	119.2	121.8	117.7	112.8	120.3
北京	122.3	117.9	126.6	138.2	110.2	122.7
天津	117.6	120.6	114.3	139.8	118.5	113.4
河北	118.4	115.7	122.5	116.8	111.8	116.1
山西	126.0	121.7	122.4	122.0	113.4	116.7
内蒙古	122.0	113.0	121.8	115.6	112.9	118.5
辽宁	125.1	117.9	121.4	119.4	115.0	123.1
吉林	127.7	122.1	120.2	119.1	116.0	124.9
黑龙江	124.1	115.0	123.3	115.7	112.6	118.7
上海	128.6	139.8	113.3	131.1	119.1	124.7
江苏	128.6	128.2	120.4	124.9	113.0	123.0
浙江	118.1	124.7	118.1	117.8	111.9	127.2
安徽	120.9	119.0	122.1	116.4	108.9	119.8
福建	111.4	115.8	122.4	112.6	109.7	115.0
江西	121.1	116.4	118.3	118.4	110.3	116.9
山东	123.0	121.9	124.1	120.7	112.9	118.2
河南	120.7	121.2	123.1	121.2	115.5	117.1
湖北	120.3	121.2	125.0	121.6	114.8	123.6
湖南	120.9	128.5	129.1	122.1	114.2	122.5
广东	111.6	114.4	123.7	120.5	116.4	119.6
广西	122.0	125.5	124.0	122.0	116.4	120.6
海南	106.4	125.9	131.7	122.2	129.1	149.9
四川	119.3	123.0	124.8	118.3	114.2	122.4
贵州	115.5	124.8	122.7	121.0	113.4	114.8
云南	116.5	111.4	122.0	115.4	111.0	125.7
西藏						
陕西	126.7	120.1	127.0	119.7	115.6	126.6
甘肃	124.4	116.8	124.5	116.1	112.1	125.9
青海	137.4	118.7	119.7	118.0	116.3	119.1
宁夏	131.2	125.8	124.6	119.3	114.9	121.4
新疆	122.2	116.1	125.1	119.7	108.5	123.3

1989年各地区全社会零售物价分类指数（7）

（以1988年价格为100）

	(三)日用品类	1. 一般日用品	2.日用机电消费品	3. 家具	4.日用杂品	(四)文化娱乐用品类
全国平均	115.3	124.1	110.5	111.6	118.0	114.3
北京	121.5	124.1	111.2	132.0	126.6	133.1
天津	116.7	122.5	116.9	107.9	122.9	115.8
河北	116.0	126.4	110.7	113.4	123.0	112.9
山西	113.8	123.2	108.5	112.9	119.8	114.1
内蒙古	115.5	123.8	112.0	109.3	120.0	116.3
辽宁	116.5	126.3	110.5	111.5	125.4	113.9
吉林	115.2	122.9	111.9	109.3	113.3	114.6
黑龙江	114.8	121.1	111.4	109.2	110.9	113.5
上海	108.3	107.5	103.9	121.3	119.7	135.6
江苏	114.6	122.1	111.7	112.0	119.4	122.2
浙江	116.5	123.6	112.2	111.6	120.1	117.0
安徽	115.2	120.6	112.7	110.1	122.7	122.0
福建	112.2	121.7	108.0	108.4	118.2	109.5
江西	116.5	124.1	112.6	115.1	117.6	113.1
山东	116.5	127.6	111.5	113.1	122.7	118.2
河南	116.2	123.6	113.1	110.8	117.5	112.6
湖北	116.2	123.7	110.5	112.4	123.3	113.8
湖南	115.0	122.5	109.3	112.0	118.6	115.4
广东	113.8	125.2	107.5	111.8	118.5	108.6
广西	115.0	126.0	107.6	114.4	118.6	111.7
海南	122.4	128.7	114.7	119.0	128.2	119.3
四川	116.6	122.0	109.2	111.7	125.1	112.2
贵州	116.3	121.9	112.3	107.3	119.3	118.2
云南	116.9	125.1	110.8	110.5	122.9	116.7
西藏						
陕西	116.9	125.0	111.7	114.2	126.4	114.2
甘肃	116.0	123.1	111.5	113.7	123.9	110.4
青海	120.7	125.5	120.1	110.7	122.2	120.9
宁夏	115.3	129.4	109.7	108.5	120.4	112.5
新疆	117.2	123.0	113.9	107.5	121.2	121.1

1989年各地区全社会零售物价分类指数（8）

（以1988年价格为100）

	1.纸张文具	2.文娱用机电消费品	3.其他文娱用品	（五）书报杂志类	（六）药及医疗用品类	1.中药
全国平均	119.2	114.0	110.9	192.7	121.2	120.1
北京	113.2	140.2	104.9	200.9	119.5	122.2
天津	127.5	115.7	113.8	198.0	124.7	129.0
河北	116.0	112.3	113.6	195.0	122.9	125.1
山西	122.1	113.7	112.2	203.6	117.6	115.2
内蒙古	118.7	117.5	108.4	180.2	120.3	117.4
辽宁	122.3	113.1	113.2	170.2	122.8	125.5
吉林	118.6	114.4	112.3	203.7	125.8	128.4
黑龙江	123.0	112.2	111.2	224.0	113.0	112.6
上海	100.8	141.1	113.2	185.7	115.8	115.5
江苏	118.4	124.2	111.3	192.5	117.7	114.0
浙江	115.1	117.8	112.1	210.5	117.9	117.0
安徽	117.1	124.4	108.7	203.4	116.8	111.7
福建	116.0	108.3	107.4	197.8	117.2	111.8
江西	120.1	112.3	108.9	204.6	122.3	122.0
山东	123.1	118.5	112.8	202.7	124.7	125.2
河南	123.4	110.9	110.6	198.7	121.9	117.5
湖北	119.2	112.9	111.2	178.3	123.2	124.8
湖南	128.0	114.2	114.5	204.4	118.1	109.6
广东	125.0	106.1	112.3	221.1	119.2	112.8
广西	122.3	109.2	114.2	202.5	128.0	130.5
海南	128.0	117.1	122.4	228.5	132.4	144.9
四川	119.3	110.8	111.0	172.7	119.9	119.2
贵州	117.9	116.9	114.2	200.3	127.2	127.2
云南	115.2	118.1	109.8	204.5	121.4	118.7
西藏						
陕西	121.7	114.0	111.3	216.7	121.8	117.4
甘肃	113.3	109.7	115.2	191.2	124.8	117.6
青海	118.5	123.3	111.1	203.5	123.5	120.0
宁夏	122.0	111.1	110.4	207.5	121.9	122.6
新疆	119.3	123.8	107.7	197.4	121.9	120.9

1989年各地区全社会零售物价分类指数（9）

（以1988年价格为100）

	2.西药及医疗用品	（七）建筑材料类	（八）燃料类	二、农业生产资料
全国平均	121.9	118.7	127.4	118.9
北京	116.7	112.0	100.0	
天津	120.3	106.8	100.0	
河北	122.0	130.6	160.3	116.7
山西	119.5	124.6	127.7	114.4
内蒙古	122.2	122.1	117.7	119.9
辽宁	121.3	120.9	109.9	120.8
吉林	123.8	121.0	120.8	112.6
黑龙江	113.2	115.2	106.8	111.9
上海	116.9	110.6	100.2	
江苏	120.0	120.2	118.6	123.6
浙江	118.8	121.0	117.0	117.4
安徽	120.8	124.5	107.9	121.7
福建	122.4	110.3	110.1	119.5
江西	122.6	123.6	130.2	121.0
山东	124.4	129.4	116.0	118.2
河南	124.4	128.5	147.7	116.8
湖北	122.4	121.0	117.1	121.5
湖南	124.3	105.7	131.6	124.4
广东	125.7	111.4	136.0	120.0
广西	125.7	120.9	124.3	125.8
海南	119.7	132.8	117.2	124.6
四川	120.4	121.6	119.8	116.2
贵州	127.0	120.0	116.5	119.7
云南	123.1	119.1	120.3	120.4
西藏				
陕西	125.4	130.9	132.5	122.4
甘肃	129.4	120.1	134.5	113.7
青海	126.6	119.2	108.5	116.4
宁夏	121.4	121.7	129.9	118.4
新疆	122.2	110.3	104.7	111.4

1989年各地区城镇全社会零售物价分类指数（1）

（以1988年价格为100）

	总指数	消费品	(一)食品类	1.粮食	(1)细粮	(2)粗粮
全国平均	116.0	116.0	114.4	116.9	116.0	132.0
北京	118.5	118.5	112.5	109.5	107.8	135.6
天津	115.1	115.1	111.2	104.9	101.8	148.9
河北	115.8	115.8	113.1	119.0	117.7	133.6
山西	116.1	116.1	113.2	120.2	119.3	127.3
内蒙古	114.4	114.4	111.5	111.8	112.4	106.1
辽宁	117.1	117.1	115.8	121.1	121.4	117.9
吉林	116.7	116.7	115.4	114.5	112.0	134.1
黑龙江	114.2	114.2	111.8	114.8	115.2	110.6
上海	116.7	116.7	113.3	102.0	99.0	161.3
江苏	115.7	115.7	111.4	106.3	104.4	145.2
浙江	116.6	116.6	113.1	98.6	97.1	144.9
安徽	115.3	115.3	111.9	105.0	104.2	126.6
福建	118.8	118.8	120.8	125.2	124.9	133.5
江西	117.1	117.1	115.0	111.8	110.3	151.1
山东	115.2	115.2	111.3	113.9	111.8	131.2
河南	114.5	114.5	111.0	110.2	109.1	128.4
湖北	113.9	113.9	110.8	103.4	102.6	135.6
湖南	116.2	116.2	114.7	107.1	105.5	138.5
广东	121.1	121.1	122.6	130.8	130.5	141.6
广西	119.1	119.1	119.4	106.9	104.8	135.3
海南	126.3	126.3	125.5	123.0	122.6	139.6
四川	116.8	116.8	115.3	106.2	104.4	134.8
贵州	116.8	116.8	113.7	105.4	103.8	134.8
云南	118.5	118.5	117.9	116.0	115.5	126.9
西藏						
陕西	117.2	117.2	113.2	110.3	109.4	125.4
甘肃	115.9	115.9	112.8	105.0	104.6	110.3
青海	117.5	117.5	113.6	112.3	112.0	119.0
宁夏	116.6	116.6	112.9	106.2	105.3	127.4
新疆	115.2	115.2	110.8	105.0	104.2	129.4

1989年各地区城镇全社会零售物价分类指数（2）

（以1988年价格为100）

	2.副食品	(1)食用植物油	(2)鲜菜	(3)干菜	(4)肉禽蛋	(5)水产品
全国平均	112.6	123.7	102.1	118.9	114.6	113.4
北京	112.6	129.2	105.1	113.5	113.9	114.5
天津	112.6	133.4	99.0	107.9	116.6	110.9
河北	110.2	130.2	96.8	119.0	112.5	110.9
山西	110.7	113.5	102.0	118.1	111.5	131.3
内蒙古	110.0	104.0	104.4	112.8	112.5	115.0
辽宁	114.5	109.6	111.7	117.0	115.9	116.1
吉林	117.8	106.7	112.4	122.7	122.8	115.7
黑龙江	110.6	110.2	102.2	114.8	113.9	114.2
上海	113.4	131.4	119.1	110.9	111.2	110.6
江苏	111.1	123.6	98.5	125.4	113.0	107.7
浙江	113.8	121.8	109.3	122.2	115.9	109.6
安徽	112.3	110.4	101.6	117.9	114.9	113.2
福建	122.3	143.7	122.1	115.7	125.6	113.7
江西	115.8	122.8	105.1	123.7	117.8	115.6
山东	108.3	117.5	92.3	124.8	112.8	110.2
河南	110.2	135.1	93.2	132.8	111.2	114.7
湖北	111.5	114.9	99.6	119.5	114.8	116.6
湖南	116.3	125.0	105.8	122.0	117.9	114.7
广东	123.6	143.0	128.3	119.9	123.0	118.0
广西	121.9	149.7	116.1	134.4	121.6	114.8
海南	126.4	130.1	117.7	120.5	129.5	127.6
四川	115.5	126.5	115.2	124.3	112.8	119.2
贵州	114.9	107.7	107.7	114.7	117.5	122.6
云南	117.2	119.8	119.7	125.7	114.9	120.8
西藏						
陕西	113.5	124.4	106.4	123.8	111.3	126.7
甘肃	114.3	120.9	108.8	114.1	115.1	140.1
青海	114.0	125.7	106.6	114.5	115.2	124.3
宁夏	112.8	114.2	110.5	118.1	112.2	120.3
新疆	110.5	112.5	93.1	113.1	116.1	112.9

1989年各地区城镇全社会零售物价分类指数（3）

（以1988年价格为100）

	(6)调味品	(7)食　糖	3. 烟酒茶	(1)　烟	(2)　酒	(3)　茶
全国平均	112.9	121.3	111.3	110.2	112.6	111.5
北　京	107.7	113.2	114.6	117.2	115.4	100.0
天　津	104.8	116.5	109.6	108.3	112.1	100.0
河　北	108.8	117.1	109.2	106.5	111.8	107.9
山　西	117.5	112.3	105.4	104.1	107.0	109.5
内蒙古	110.0	121.8	109.1	110.1	107.7	111.7
辽　宁	112.7	117.5	111.6	114.8	108.5	112.9
吉　林	110.2	114.3	109.3	109.0	109.7	104.9
黑龙江	108.3	111.6	109.5	109.6	109.5	108.0
上　海	109.1	120.3	111.5	110.8	112.2	115.1
江　苏	113.2	120.5	110.8	109.1	112.5	116.5
浙　江	111.1	121.3	115.2	114.0	116.5	115.8
安　徽	115.6	116.5	111.9	110.5	112.2	121.1
福　建	116.9	120.9	112.5	111.8	114.3	109.1
江　西	115.5	123.2	110.4	110.2	109.5	120.7
山　东	110.3	115.1	108.4	106.0	109.9	111.4
河　南	111.5	114.0	110.5	111.2	109.7	110.9
湖　北	106.6	115.2	111.9	112.4	109.2	118.4
湖　南	111.6	120.1	112.4	112.9	111.8	110.0
广　东	119.0	125.6	113.5	110.8	123.8	108.4
广　西	115.6	117.0	118.5	114.2	124.4	114.9
海　南	108.8	131.1	126.9	127.3	130.6	111.0
四　川	117.2	135.1	112.7	113.7	112.1	110.3
贵　州	115.2	116.5	106.5	102.1	113.3	109.0
云　南	108.6	128.1	119.4	120.9	119.4	107.8
西　藏						
陕　西	119.0	117.9	105.0	103.3	105.9	116.0
甘　肃	113.2	107.6	112.9	111.4	114.6	114.7
青　海	113.3	110.9	113.9	110.4	115.7	121.1
宁　夏	106.2	114.0	112.0	111.0	112.7	116.6
新　疆	124.4	120.6	111.4	111.2	109.6	122.6

1989年各地区城镇全社会零售物价分类指数（4）

（以1988年价格为100）

	4. 其他食品	(1)鲜果	(2)干果	(3)糖果	(4)糕点	(5)奶及奶制品
全国平均	120.5	117.4	129.8	125.0	127.4	112.6
北京	112.5	112.0	129.6	105.7	113.6	100.6
天津	112.0	108.1	129.7	111.1	114.1	102.2
河北	118.5	115.5	130.9	123.2	122.6	110.4
山西	118.5	111.7	129.9	127.9	132.9	106.5
内蒙古	117.9	111.1	126.6	126.5	123.6	112.8
辽宁	119.6	109.5	139.7	129.3	131.3	104.9
吉林	112.9	105.5	137.3	122.2	127.9	106.4
黑龙江	113.6	109.0	135.9	117.3	115.5	107.8
上海	118.4	115.4	134.1	122.0	129.9	101.9
江苏	115.9	108.8	129.4	124.2	125.8	108.3
浙江	116.4	108.1	139.6	123.4	119.9	109.1
安徽	115.6	102.9	125.6	127.6	133.2	115.6
福建	114.3	108.5	124.8	125.6	126.1	113.6
江西	118.9	111.0	126.2	127.7	128.1	113.5
山东	120.1	107.6	129.3	129.7	135.3	119.5
河南	114.9	106.7	126.8	125.9	122.8	110.2
湖北	115.1	104.3	122.2	125.1	128.1	115.6
湖南	114.5	105.7	118.3	123.5	133.2	113.5
广东	121.5	114.9	121.6	126.7	133.5	126.9
广西	115.6	104.7	120.7	122.8	145.9	126.3
海南	119.2	108.4	117.3	129.5	135.4	122.3
四川	124.4	122.1	133.1	132.3	135.5	111.5
贵州	121.1	112.6	126.4	132.7	134.4	114.1
云南	121.8	119.2	134.5	130.3	126.5	112.1
西藏						
陕西	119.7	116.9	122.7	117.6	130.0	110.9
甘肃	117.6	110.4	123.1	124.7	127.1	113.5
青海	113.0	104.4	120.6	120.3	118.9	109.3
宁夏	119.6	116.5	112.1	132.2	127.0	107.2
新疆	117.9	112.3	117.8	129.8	123.3	113.9

1989年各地区城镇全社会零售物价分类指数（5）

（以1988年价格为100）

	(6)罐头	(7)饮料	(二)衣着类	1.棉布	2.棉花化纤混纺布	3.化纤布
全国平均	123.7	114.1	118.6	131.8	123.2	110.6
北京	130.6	110.4	126.2	123.6	117.0	119.8
天津	114.8	114.2	123.4	138.1	117.4	116.8
河北	121.6	110.0	117.4	132.3	125.5	106.0
山西	121.9	110.2	121.1	135.3	132.8	113.3
内蒙古	124.1	120.3	117.4	134.2	114.6	110.9
辽宁	120.7	123.4	122.0	137.6	124.8	114.6
吉林	115.4	115.2	120.2	141.0	121.3	107.4
黑龙江	119.1	107.4	117.1	133.6	118.6	103.0
上海	118.7	118.8	123.8	128.2	159.4	119.9
江苏	124.2	114.3	122.0	128.3	127.3	111.1
浙江	128.9	115.7	120.0	127.2	127.3	105.6
安徽	128.4	115.7	118.9	135.9	130.3	110.6
福建	114.1	114.2	114.6	129.5	120.5	105.1
江西	125.8	117.5	118.2	129.5	123.1	114.4
山东	125.8	118.4	119.8	133.7	127.3	110.6
河南	124.8	115.1	120.4	132.9	128.9	114.8
湖北	129.3	115.4	120.1	135.7	130.0	104.9
湖南	133.1	114.8	121.9	136.5	124.2	111.3
广东	118.8	115.1	120.5	133.3	121.5	114.1
广西	129.0	115.8	120.7	131.8	122.7	117.9
海南	125.3	117.0	123.7	130.9	122.9	106.1
四川	124.7	116.3	120.3	128.4	121.5	108.4
贵州	131.9	121.8	120.2	134.9	132.7	110.3
云南	120.7	116.7	116.7	128.3	119.6	108.5
西藏						
陕西	123.0	122.3	123.1	137.1	129.2	121.2
甘肃	126.2	111.4	119.4	143.9	122.7	102.6
青海	122.4	112.5	121.7	128.4	123.3	119.3
宁夏	132.0	119.3	121.3	132.0	120.8	115.5
新疆	124.2	112.4	119.3	129.3	115.3	110.9

1989年各地区城镇全社会零售物价分类指数（6）

（以1988年价格为100）

	4.呢　绒	5.绸　缎	6.针纺织品	7.服　装	8.鞋	9.其他衣着
全国平均	122.0	121.0	121.4	119.5	112.6	120.4
北　京	122.3	117.9	126.6	138.2	110.2	122.7
天　津	117.6	120.6	114.3	139.8	118.5	113.4
河　北	120.6	116.5	122.3	117.9	111.8	115.8
山　西	128.1	127.6	123.5	123.9	112.7	116.3
内蒙古	122.1	115.7	121.8	116.6	112.9	118.9
辽　宁	124.9	117.8	120.0	119.6	114.7	122.9
吉　林	127.4	123.3	120.0	119.4	116.1	124.7
黑龙江	124.7	115.1	123.9	116.0	112.8	118.8
上　海	128.6	139.8	113.3	131.1	119.1	124.7
江　苏	129.2	128.8	119.6	126.0	113.4	123.0
浙　江	121.1	125.8	118.9	119.5	112.3	125.5
安　徽	121.6	122.8	122.1	119.4	110.5	119.3
福　建	114.3	116.5	122.1	113.0	112.0	113.9
江　西	120.8	120.3	119.8	119.2	110.4	118.2
山　东	123.2	122.7	123.3	120.9	112.6	118.3
河　南	123.6	119.5	123.5	122.3	113.9	116.1
湖　北	124.4	120.7	123.6	121.6	115.8	123.6
湖　南	123.0	127.5	128.8	121.7	115.3	121.7
广　东	114.1	115.3	123.9	120.9	116.4	119.6
广　西	123.6	125.6	123.8	119.9	114.9	121.5
海　南	111.6	128.0	132.1	120.1	125.5	142.3
四　川	121.5	128.7	125.3	120.4	114.0	122.0
贵　州	120.1	122.9	120.4	122.5	113.9	115.9
云　南	120.0	112.9	122.1	112.6	107.4	128.7
西　藏						
陕　西	128.7	119.9	127.0	119.8	115.5	126.5
甘　肃	124.6	122.5	126.1	115.3	112.6	126.9
青　海	140.2	119.6	120.7	119.2	116.0	118.9
宁　夏	129.8	122.3	123.2	121.1	116.3	119.6
新　疆	125.9	118.5	124.8	120.9	109.6	121.7

1989年各地区城镇全社会零售物价分类指数（7）

（以1988年价格为100）

	(三)日用品类	1.一般日用品	2.日用机电消费品	3.家具	4.日用杂品	(四)文化娱乐用品类
全国平均	114.2	122.7	109.6	112.2	119.8	115.3
北京	121.5	124.1	111.2	132.0	126.6	133.1
天津	116.7	122.5	116.9	107.9	122.9	115.8
河北	115.2	125.9	110.8	114.5	120.4	113.1
山西	112.5	124.1	106.7	115.0	119.5	114.5
内蒙古	115.8	122.7	112.7	110.1	119.7	115.8
辽宁	115.6	125.9	110.2	112.0	129.3	113.7
吉林	115.0	122.8	111.3	109.8	115.2	114.3
黑龙江	114.9	121.2	111.3	109.8	112.0	113.2
上海	108.3	107.5	103.9	121.3	119.7	135.6
江苏	114.6	122.0	112.0	111.2	121.2	126.9
浙江	116.1	122.7	112.1	111.6	124.4	119.8
安徽	114.8	120.2	112.5	109.5	125.4	124.7
福建	111.6	120.1	107.6	109.2	121.7	108.5
江西	116.7	124.6	112.7	114.1	120.1	113.0
山东	115.8	127.0	112.0	113.3	120.5	121.1
河南	114.4	122.6	111.7	110.5	118.3	112.0
湖北	112.1	119.0	108.3	112.5	121.5	115.4
湖南	113.1	121.7	108.3	111.4	119.0	115.5
广东	113.4	125.0	106.7	112.1	118.7	109.1
广西	111.7	124.3	104.7	116.1	117.9	111.0
海南	121.3	128.2	114.2	117.9	126.4	121.5
四川	113.6	121.1	108.5	110.4	125.9	113.0
贵州	114.6	121.0	112.6	107.6	119.5	120.0
云南	114.6	122.9	111.0	108.1	120.7	119.7
西藏						
陕西	115.6	123.9	111.3	114.2	123.6	114.0
甘肃	116.0	123.3	111.0	113.5	128.9	111.3
青海	120.3	125.1	119.8	110.4	122.7	123.3
宁夏	117.0	132.2	110.7	108.1	124.8	112.4
新疆	116.1	121.2	113.8	106.9	118.9	123.2

1989年各地区城镇全社会零售物价分类指数（8）

（以1988年价格为100）

	1.纸张文具	2.文娱用机电消费品	3.其他文娱用品	（五）书报杂志类	（六）药及医疗用品类	1.中药
全国平均	118.3	115.9	111.2	193.4	120.9	121.9
北京	113.2	140.2	104.9	200.9	119.5	122.2
天津	127.5	115.7	113.8	198.0	124.7	129.0
河北	115.7	112.7	113.8	196.6	119.3	118.9
山西	126.2	114.1	112.0	216.0	116.3	115.4
内蒙古	117.8	117.0	108.8	180.8	119.5	116.3
辽宁	122.0	113.2	113.4	168.6	123.6	126.2
吉林	118.2	114.3	112.0	203.3	126.7	128.9
黑龙江	123.4	112.1	111.3	225.4	113.5	113.4
上海	100.8	141.1	113.2	185.7	115.8	115.5
江苏	119.9	129.3	113.0	193.9	115.0	111.4
浙江	116.1	120.9	112.1	213.2	120.4	121.7
安徽	117.0	127.4	109.2	203.3	120.7	120.0
福建	117.4	107.8	108.5	196.8	117.1	112.6
江西	119.6	112.6	109.5	205.2	125.5	127.4
山东	123.3	123.2	109.3	200.0	125.8	129.6
河南	121.3	111.5	111.4	200.9	120.9	116.3
湖北	113.6	116.2	112.0	176.4	121.8	125.6
湖南	121.8	115.4	114.3	213.1	117.5	109.2
广东	123.5	107.2	113.2	223.2	118.0	112.4
广西	120.4	109.7	113.8	201.2	124.6	127.5
海南	129.7	120.6	122.0	247.0	132.2	144.2
四川	117.2	113.0	111.2	177.2	121.1	120.1
贵州	115.0	120.8	115.7	208.5	128.7	132.5
云南	116.0	121.3	109.2	199.2	118.3	114.8
西藏						
陕西	123.7	113.9	111.8	219.8	123.0	117.8
甘肃	115.0	110.3	121.2	196.0	121.2	115.3
青海	121.3	125.4	113.1	203.6	123.1	119.2
宁夏	119.6	112.1	110.9	206.3	121.5	122.5
新疆	119.7	126.5	107.1	197.7	119.8	119.0

1989年各地区城镇全社会零售物价分类指数（9）

（以1988年价格为100）

	2.西药及医疗用品	（七）建筑材料类	（八）燃料类
全国平均	120.0	119.3	119.9
北　京	116.7	112.0	100.0
天　津	120.3	106.8	100.0
河　北	119.2	130.6	128.4
山　西	117.0	119.8	118.6
内蒙古	121.6	125.0	117.0
辽　宁	122.1	121.1	109.5
吉　林	124.9	121.5	117.4
黑龙江	113.5	115.0	106.4
上　海	116.9	110.6	100.2
江　苏	117.3	123.5	108.1
浙　江	117.6	122.4	119.6
安　徽	121.3	121.1	107.8
福　建	121.1	115.8	107.6
江　西	123.8	123.9	128.9
山　东	122.6	122.9	113.4
河　南	123.2	130.2	116.4
湖　北	120.1	123.1	117.0
湖　南	124.2	103.4	130.7
广　东	124.3	111.7	134.0
广　西	121.4	120.2	122.0
海　南	119.7	130.2	121.3
四　川	121.9	120.4	124.6
贵　州	125.5	118.5	119.7
云　南	120.5	118.6	136.9
西　藏			
陕　西	126.7	131.1	123.9
甘　肃	125.5	120.4	140.9
青　海	126.1	121.2	109.0
宁　夏	120.9	126.1	118.3
新　疆	120.2	110.5	104.9

1989年各地区农村全社会零售物价分类指数（1）

（以1988年价格为100）

	总指数	一、消费品	（一）食品类	1.粮　　食	(1)细　粮	(2)粗 粮
全国平均	118.8	118.6	118.0	125.0	125.1	124.6
北　　京						
天　　津						
河　　北	120.8	121.9	117.3	125.7	127.8	120.6
山　　西	121.5	123.3	125.3	157.4	165.6	136.6
内 蒙 古	118.8	118.3	118.2	131.8	138.0	117.2
辽　　宁	121.2	120.0	118.2	117.2	119.2	113.5
吉　　林	117.4	119.9	118.3	124.4	124.6	123.4
黑 龙 江	113.4	114.4	112.3	105.8	107.2	103.5
上　　海						
江　　苏	119.7	118.2	116.4	115.8	112.2	146.3
浙　　江	118.7	119.2	119.9	118.6	117.4	151.0
安　　徽	118.6	117.5	114.1	105.7	103.6	148.7
福　　建	118.8	118.5	121.8	122.9	121.9	135.0
江　　西	119.5	119.1	118.8	124.4	121.5	152.4
山　　东	118.4	118.5	112.7	105.0	104.9	105.2
河　　南	120.5	122.2	116.9	129.4	132.4	112.7
湖　　北	119.0	118.1	114.9	113.1	109.4	140.3
湖　　南	119.4	117.6	114.9	109.6	105.8	172.8
广　　东	120.9	121.1	124.9	138.4	138.3	139.1
广　　西	123.5	122.4	120.8	123.9	120.5	139.4
海　　南	127.5	128.1	127.8	143.0	142.5	154.4
四　　川	119.2	120.0	119.9	123.1	125.2	115.1
贵　　州	118.1	117.1	114.5	112.6	104.9	136.6
云　　南	119.6	119.3	119.1	122.7	125.0	113.0
西　　藏						
陕　　西	121.5	121.1	114.3	110.4	107.4	115.0
甘　　肃	116.8	117.7	115.1	123.7	124.4	122.9
青　　海	118.2	118.5	117.7	119.4	115.1	150.6
宁　　夏	118.9	119.1	118.1	112.5	110.5	129.5
新　　疆	118.7	119.7	117.9	116.5	113.3	132.5

1989年各地区农村全社会零售物价分类指数（2）

（以1988年价格为100）

	2.副食品	(1)食用植物油	(2)干菜	(3)肉禽蛋	(4)水产品	(5)调味品
全国平均	116.7	120.0	119.4	113.8	121.8	113.4
北京						
天津						
河北	115.2	125.1	115.0	109.0	136.4	114.3
山西	117.2	127.3	125.6	113.0	144.0	115.0
内蒙古	115.1	104.8	111.2	118.8	152.6	108.1
辽宁	118.0	108.1	110.9	116.8	128.2	119.5
吉林	117.1	103.3	114.4	123.6	115.0	113.2
黑龙江	112.3	103.4	113.4	118.1	121.3	106.0
上海						
江苏	116.6	119.2	137.3	115.4	109.7	113.9
浙江	118.7	117.7	120.6	116.4	129.6	111.9
安徽	117.6	110.9	119.0	117.9	133.5	116.8
福建	122.6	128.1	113.4	125.7	120.6	115.9
江西	119.5	123.1	117.9	115.8	128.7	118.9
山东	113.3	113.6	122.5	109.0	122.9	116.4
河南	114.3	118.8	115.6	110.4	146.6	115.3
湖北	116.3	120.9	117.9	113.5	145.4	110.0
湖南	117.4	107.1	117.6	116.4	137.5	107.8
广东	122.3	146.7	122.4	120.7	121.1	119.0
广西	119.8	169.6	113.7	122.3	142.5	114.3
海南	125.1	150.0	124.1	100.0	108.2	110.5
四川	119.4	134.6	117.8	111.6	164.2	112.4
贵州	117.4	106.9	126.8	120.0	127.2	116.2
云南	117.0	115.3	129.8	112.5	139.1	107.3
西藏						
陕西	116.4	118.3	120.3	111.0	140.5	116.7
甘肃	114.3	116.7	114.9	116.9	151.8	113.3
青海	120.3	121.4	108.1	122.5	136.5	119.8
宁夏	120.0	138.1	111.7	118.2	196.9	107.6
新疆	118.3	108.4	120.4	121.9	122.6	118.1

1989年各地区农村全社会零售物价分类指数（3）

（以1988年价格为100）

	(7)食 糖	3. 烟酒茶	(1) 烟	(2) 酒	(3) 茶	4.其他食品
全国平均	122.9	110.3	108.1	112.3	113.4	123.3
北 京						
天 津						
河 北	122.0	105.7	102.7	109.0	99.0	122.0
山 西	110.9	107.3	105.1	111.2	113.4	121.5
内蒙古	115.9	108.6	106.6	108.9	112.9	121.9
辽 宁	119.2	108.8	111.7	107.2	114.3	128.3
吉 林	118.7	112.3	117.9	108.1	105.9	121.3
黑龙江	104.7	107.0	103.9	108.1	114.4	121.1
上 海						
江 苏	121.3	111.0	110.0	111.6	122.7	123.1
浙 江	120.2	117.3	116.2	118.8	121.1	128.5
安 徽	113.5	109.0	108.3	109.1	113.9	121.6
福 建	120.3	117.6	118.0	117.4	116.1	121.6
江 西	126.4	108.3	104.7	110.1	123.7	123.2
山 东	114.3	108.2	105.8	108.1	124.3	124.3
河 南	113.3	109.3	108.4	110.4	112.9	124.7
湖 北	120.7	109.3	105.2	115.2	125.2	127.2
湖 南	128.3	109.4	111.3	107.1	105.2	119.0
广 东	122.4	121.2	116.8	130.5	114.8	124.5
广 西	119.2	115.0	110.6	120.0	116.6	127.4
海 南	128.9	126.3	129.0	124.4	105.5	129.8
四 川	137.6	111.9	105.5	118.2	110.9	129.5
贵 州	118.5	106.8	101.1	112.4	112.2	129.7
云 南	129.4	114.8	112.1	119.2	110.3	128.8
西 藏						
陕 西	123.9	107.2	105.0	109.2	116.3	125.7
甘 肃	101.9	111.4	105.9	119.3	109.8	118.3
青 海	110.4	109.6	108.0	108.6	113.9	118.8
宁 夏	114.4	111.7	106.6	115.1	121.4	128.6
新 疆	119.5	113.6	109.1	106.6	128.2	123.6

1989年各地区农村全社会零售物价分类指数（4）

（以1988年价格为100）

	(1)鲜果	(2)干果	(3)糖果	(4)糕点	(5)奶及	(6)罐头
全国平均	111.3	127.1	129.4	128.8	113.2	123.8
北京						
天津						
河北	120.8	134.9	124.8	129.2	109.1	118.9
山西	101.2	128.1	128.7	132.3	111.2	125.3
内蒙古	122.0	127.0	120.6	120.8	111.8	126.6
辽宁	114.7	145.2	139.3	138.9	107.2	123.4
吉林	118.6	136.4	126.4	130.6	108.2	119.0
黑龙江	127.7	136.5	114.9	118.3	107.3	118.1
上海						
江苏	113.5	126.3	127.2	128.0	112.6	127.8
浙江	119.5	127.8	133.9	139.1	116.3	130.8
安徽	106.9	124.3	125.4	127.5	112.8	129.3
福建	108.5	123.5	134.1	128.2	117.7	111.7
江西	113.4	125.5	124.8	125.2	116.2	127.9
山东	110.8	125.2	128.3	131.9	112.0	122.4
河南	105.2	110.1	131.5	126.8	111.2	126.4
湖北	115.4	130.0	133.8	125.4	117.8	133.6
湖南	85.9	116.9	126.8	128.3	108.9	130.3
广东	115.2	120.5	132.3	140.4	123.0	123.1
广西	95.6	123.4	126.2	138.4	111.1	129.7
海南	114.9	137.2	135.8	138.2	130.1	118.9
四川		133.6	133.6	132.4	115.2	125.5
贵州	86.9	128.8	131.9	135.3	113.5	125.7
云南	118.0	144.7	125.9	135.8	123.2	116.0
西藏						
陕西	126.2	117.6	136.2	130.6	115.0	127.5
甘肃	120.4	115.5	114.3	123.9	109.5	123.3
青海	121.9	118.7	118.6	123.9	116.9	115.1
宁夏	167.7	115.9	130.5	119.3	106.8	134.9
新疆	110.2	119.1	134.2	122.4	110.7	123.8

1989年各地区农村全社会零售物价分类指数（5）

（以1988年价格为100）

	(7)饮　料	(二)衣着类	1.棉　布	2.棉花化纤混纺布	3.化纤布	4.呢　绒
全国平均	114.8	117.8	132.1	121.7	108.4	119.3
北　京						
天　津						
河　北	104.1	117.3	136.3	122.2	107.0	115.4
山　西	108.9	120.8	136.6	125.3	116.8	121.7
内蒙古	109.5	117.4	134.8	119.1	106.0	121.4
辽　宁	117.5	123.6	146.1	130.6	111.0	126.4
吉　林	109.9	121.6	142.2	119.3	109.6	129.1
黑龙江	109.1	115.4	133.9	118.4	100.0	118.6
上　海						
江　苏	117.6	120.4	129.6	125.7	115.0	126.8
浙　江	113.3	117.0	122.3	117.1	105.6	114.9
安　徽	110.5	118.2	137.7	127.2	115.2	120.2
福　建	108.4	112.1	127.7	116.9	101.6	108.9
江　西	110.4	116.6	127.5	123.1	110.4	121.4
山　东	117.6	119.0	131.0	126.2	109.1	122.5
河　南	112.8	122.2	135.6	131.4	117.5	115.9
湖　北	114.3	120.0	138.2	130.6	107.8	116.9
湖　南	113.1	121.0	137.7	124.9	107.7	119.2
广　东	115.5	117.4	130.2	118.8	104.3	109.7
广　西	116.5	120.0	123.3	116.1	115.7	120.3
海　南	109.5	126.8	119.2	115.3	110.1	101.0
四　川	118.4	118.0	126.2	118.0	109.6	117.8
贵　州	115.3	117.7	124.8	112.4	110.4	109.7
云　南	111.2	115.7	119.6	118.9	106.6	113.7
西　藏						
陕　西	115.6	121.4	141.9	122.0	111.4	118.5
甘　肃	113.4	118.0	132.3	114.5	111.8	123.6
青　海	109.8	117.2	125.0	124.0	107.9	120.4
宁　夏	122.6	122.5	135.4	120.1	121.2	138.1
新　疆	113.6	118.4	128.0	120.9	111.6	114.2

1989年各地区农村全社会零售物价分类指数（6）

（以1988年价格为100）

	5.绸缎	6.针纺织品	7.服装	8.鞋	9.其他	(三)日用品类
全国平均	117.4	122.2	116.0	113.0	120.3	116.1
北京						
天津						
河北	114.5	122.8	114.8	111.9	116.7	117.0
山西	114.0	121.3	119.4	114.2	117.5	115.6
内蒙古	108.6	122.0	112.1	112.7	116.9	114.9
辽宁	119.0	129.3	118.9	116.3	128.5	118.9
吉林	114.9	121.1	117.5	115.6	125.5	116.2
黑龙江	114.0	120.1	114.0	111.7	117.9	114.3
上海						
江苏	124.2	122.7	122.5	112.3	122.9	114.5
浙江	123.7	117.2	114.8	111.5	129.3	116.9
安徽	112.2	122.2	111.9	106.6	120.9	115.6
福建	115.0	122.8	112.0	107.6	116.3	112.9
江西	113.0	116.9	116.7	110.1	114.8	116.2
山东	120.2	125.2	120.3	113.4	118.2	117.5
河南	124.1	122.9	119.9	117.0	118.2	117.8
湖北	122.2	126.1	121.7	114.1	123.7	119.7
湖南	130.4	129.5	122.8	113.3	123.2	117.6
广东	112.8	123.1	119.1	116.5	119.4	114.6
广西	125.5	124.4	123.9	117.3	118.6	118.3
海南	123.4	131.1	124.7	134.0	156.8	125.0
四川	119.5	124.4	117.0	114.3	122.7	118.5
贵州	127.3	125.7	119.0	112.8	113.5	118.5
云南	110.7	121.9	116.8	112.9	123.1	118.4
西藏						
陕西	121.1	126.9	119.3	115.8	127.7	121.3
甘肃	109.6	122.3	117.3	111.4	122.8	116.1
青海	115.7	115.5	112.0	118.1	122.3	122.3
宁夏	132.9	126.4	117.0	113.2	127.1	113.3
新疆	114.1	125.4	117.8	106.9	125.8	118.4

1989年各地区农村全社会零售物价分类指数（7）

（以1988年价格为100）

	1.一般日用品	2.日用机电消费品	3.家具	4.日用杂品	(四)文化娱乐用品类	1.纸张文具
全国平均	125.0	111.1	111.2	117.4	113.5	119.4
北京						
天津						
河北	126.9	110.5	112.0	124.6	112.7	116.2
山西	122.2	111.6	109.0	119.9	113.5	119.2
内蒙古	126.9	110.5	107.8	120.4	118.0	119.8
辽宁	127.3	111.9	109.9	123.8	116.0	122.8
吉林	123.6	115.2	106.5	111.5	115.7	119.0
黑龙江	120.8	111.7	107.1	109.2	115.3	122.1
上海						
江苏	122.2	111.1	112.8	117.5	113.3	117.5
浙江	124.5	112.3	111.7	117.9	114.1	114.8
安徽	121.1	113.0	110.7	120.4	118.1	117.1
福建	123.6	108.4	107.7	116.7	110.2	115.7
江西	123.4	112.5	116.4	116.0	113.1	120.3
山东	128.3	110.6	112.9	123.6	115.2	123.1
河南	124.3	114.7	111.2	117.1	113.2	123.9
湖北	126.3	113.3	112.3	123.9	112.0	120.5
湖南	123.3	111.6	113.0	118.4	114.8	131.4
广东	125.6	109.3	111.2	118.2	107.8	126.0
广西	127.3	111.6	111.5	118.8	112.8	123.0
海南	129.7	116.1	121.0	131.4	114.7	126.4
四川	122.6	110.0	112.9	125.0	111.6	119.7
贵州	123.0	112.0	107.0	119.1	115.8	121.6
云南	126.5	110.7	113.7	123.2	114.7	115.0
西藏						
陕西	127.5	114.0	114.1	129.5	115.0	120.3
甘肃	122.8	112.4	114.0	117.6	108.7	112.4
青海	127.0	121.4	112.4	121.4	114.7	116.4
宁夏	125.5	108.5	109.0	118.0	112.5	122.8
新疆	124.8	114.0	108.0	123.0	118.3	119.0

1989年各地区农村全社会零售物价分类指数（8）

（以1988年价格为100）

	2.文娱用机电消费品	3.其他文娱用品	（五）书报杂志类	（六）药及医疗用品类	1.中药	2.西药及医疗用品
全国平均	112.1	110.6	192.1	121.2	119.7	122.3
北京						
天津						
河北	111.8	113.1	193.0	124.2	127.8	122.8
山西	112.8	112.4	189.7	118.0	115.1	120.2
内蒙古	119.2	106.1	178.3	121.1	118.5	122.8
辽宁	112.1	110.2	175.1	117.7	120.9	115.8
吉林	114.8	113.9	205.9	124.6	127.6	122.2
黑龙江	113.1	110.4	218.9	112.3	111.8	112.8
上海						
江苏	113.5	107.8	190.7	118.2	114.5	120.5
浙江	114.2	112.1	206.5	116.5	113.3	119.2
安徽	119.9	108.0	203.5	115.4	108.7	120.7
福建	108.8	106.8	198.6	117.3	111.4	123.0
江西	111.7	108.4	204.4	120.3	118.8	121.9
山东	112.5	116.0	205.3	124.3	122.7	125.0
河南	110.1	109.5	196.4	122.2	117.8	124.8
湖北	108.5	109.8	181.0	123.5	124.7	122.8
湖南	107.9	114.9	200.4	118.4	109.8	124.4
广东	103.9	110.0	216.0	120.6	113.4	127.3
广西	108.1	114.9	203.4	129.4	131.8	127.3
海南	108.9	123.2	194.2	132.7	145.7	119.6
四川	108.1	110.9	170.8	119.5	119.0	120.0
贵州	111.8	112.2	189.8	125.3	120.5	129.0
云南	115.5	110.1	206.8	122.2	119.7	123.7
西藏						
陕西	114.3	109.1	203.8	120.9	117.1	124.3
甘肃	108.4	103.6	181.8	126.5	118.9	131.1
青海	116.1	106.7	203.0	124.8	121.7	128.3
宁夏	110.1	107.7	211.5	122.0	122.7	121.6
新疆	119.7	108.6	197.2	122.9	122.3	123.1

1989年各地区农村全社会零售物价分类指数（9）

（以1988年价格为100）

	（七）建筑材料类	（八）燃料类	二、农业生产资料	1.小农具	2.半机械化农具	3.机械化农具
全国平均	118.6	129.7	118.9	116.7	117.1	118.7
北京						
天津						
河北	130.6	174.1	116.7	118.1	125.0	121.1
山西	126.1	131.0	114.4	115.3	111.3	119.2
内蒙古	120.5	119.3	119.9	111.8	115.6	116.6
辽宁	120.8	111.6	120.8	115.8	119.2	115.5
吉林	120.6	133.2	112.6	112.6	115.1	116.0
黑龙江	115.4	108.1	111.9	103.9	110.9	113.5
上海						
江苏	120.0	133.5	123.6	123.6	120.6	119.8
浙江	120.8	109.4	117.4	119.8	112.1	116.8
安徽	125.4	107.9	121.7	123.3	120.3	117.3
福建	108.4	112.2	119.5	136.8	121.1	117.0
江西	123.5	131.5	121.0	131.5	121.6	120.2
山东	129.8	116.6	118.2	118.4	123.0	117.0
河南	128.3	161.1	116.8	130.9	119.1	119.9
湖北	120.7	117.2	121.5	116.9	118.0	115.2
湖南	106.0	131.8	124.4	111.3	111.4	126.6
广东	111.2	140.7	120.0	123.7	123.0	120.1
广西	121.2	131.1	125.8	114.9	112.0	115.3
海南	135.9	109.0	124.6	120.3	131.4	140.5
四川	121.7	118.0	116.2	114.7	116.6	120.6
贵州	122.0	112.3	119.7	115.5	113.5	124.8
云南	119.2	115.5	120.4	100.7	107.1	117.1
西藏						
陕西	130.9	144.0	122.4	129.3	119.7	125.3
甘肃	120.1	131.7	113.7	130.4	126.1	117.3
青海	117.3	106.8	116.4	113.3	112.5	117.0
宁夏	121.5	137.0	118.4	117.4	120.6	118.6
新疆	110.2	104.5	111.4	106.5	108.7	107.5

1989年各地区农村全社会零售物价分类指数（10）

（以1988年价格为100）

	4.化 肥	5.农药及农药械	(1)农 药	(2)农药械	6.农 机 用 油	7.其 他
全国平均	117.3	135.8	140.0	107.5	110.4	127.5
北 京						
天 津						
河 北	112.1	141.7	149.9	108.1	115.1	119.5
山 西	110.5	139.5	144.7	109.9	109.7	115.0
内 蒙 古	126.0	140.4	156.6	102.6	116.1	116.8
辽 宁	123.2	136.0	139.3	104.8	104.6	116.7
吉 林	110.0	143.0	146.9	100.8	100.0	117.6
黑 龙 江	115.1	114.9	118.3	101.5	100.0	119.7
上 海						
江 苏	119.4	143.0	146.6	110.8	115.9	128.8
浙 江	116.5	123.0	125.8	110.3	115.5	119.2
安 徽	121.4	149.8	160.1	110.3	102.2	129.5
福 建	116.9	127.9	130.8	112.6	110.2	128.1
江 西	115.9	133.2	139.4	108.1	111.9	130.1
山 东	115.2	126.5	130.3	112.9	119.3	122.4
河 南	112.6	137.4	141.1	106.5	121.8	119.4
湖 北	121.7	135.2	141.4	108.1	116.4	120.1
湖 南	124.0	129.0	130.3	113.6	113.0	140.0
广 东	115.8	132.0	132.7	124.8	125.6	122.3
广 西	126.9	139.7	144.9	110.7	142.1	126.1
海 南	113.2	142.2	146.3	116.2	108.4	129.8
四 川	113.0	136.5	143.4	107.3	107.9	121.5
贵 州	115.6	129.1	138.0	106.7	116.1	139.3
云 南	127.8	142.0	151.6	112.3	99.5	114.0
西 藏						
陕 西	119.7	148.9	158.8	107.5	116.3	122.7
甘 肃	107.5	117.6	126.2	103.7	105.9	113.1
青 海	114.6	125.7	133.9	105.5	107.8	124.2
宁 夏	116.2	125.5	127.8	104.9	110.3	123.8
新 疆	112.1	140.1	148.5	106.1	101.3	115.5

历年国营商业零售物价总指数

（以1950年价格为100）

年份	总指数			消费品	农业生产资料
	全国	城镇	农村		
1957	121.4	124.1	118.9	122.2	110.8
1958	121.6	123.9	119.5	123.0	111.2
1959	122.4	124.2	120.4	123.6	113.9
1960	125.8	127.8	123.7	127.8	114.3
1961	133.4	135.8	131.7	134.3	121.9
1962	139.0	140.1	138.0	139.1	131.7
1963	136.9	138.6	135.0	137.1	128.3
1964	134.1	136.4	132.1	136.3	120.4
1965	132.3	134.5	130.5	134.1	114.7
1966	131.5	134.2	129.5	133.7	111.0
1967	131.4	134.2	129.1	133.5	106.9
1968	131.5	134.3	129.1	133.8	103.9
1969	130.0	133.6	127.7	132.9	103.9
1970	129.9	133.5	127.6	132.7	103.9
1971	128.6	133.2	125.7	132.4	101.7
1972	128.3	133.3	125.2	132.3	99.9
1973	128.4	133.6	125.2	132.4	99.9
1974	128.4	133.6	125.2	132.6	100.1
1975	128.4	133.7	125.1	132.7	100.0
1976	128.5	133.8	125.2	132.7	100.1
1977	128.7	134.0	125.3	132.8	100.2
1978	129.0	134.5	125.4	133.0	100.1
1979	131.7	137.7	127.9	136.1	100.5
1980	138.9	147.9	133.5	145.1	101.5
1981	142.2	152.2	136.3	148.9	103.2
1982	144.6	154.6	138.6	151.4	105.2
1983	146.3	156.5	140.3	152.8	108.4
1984	150.3	159.8	144.5	155.1	118.0
1985	162.0	175.0	154.6	168.0	123.7
1986	171.1	187.1	162.3	178.8	125.1
1987	182.6	201.3	172.5	190.8	133.9
1988	214.2	236.9	202.0	224.2	155.6
1989	253.4	277.6	240.0	264.8	185.0

历年国营商业零售物价总指数

（以上年价格为100）

年份	总指数			消费品	农业生产资料
	全国	城镇	农村		
1957	101.5	100.8	102.2	101.6	99.8
1958	100.3	99.8	100.5	100.2	100.4
1959	100.7	100.2	100.8	100.5	102.4
1960	102.8	102.9	102.7	103.4	100.4
1961	106.2	106.2	106.3	105.1	106.6
1962	104.2	103.2	104.8	103.6	108.0
1963	98.5	98.9	97.8	98.6	97.4
1964	98.0	98.4	97.9	99.4	93.8
1965	98.7	98.6	98.8	98.8	95.3
1966	99.4	99.8	99.2	99.7	96.8
1967	99.9	100.0	99.7	99.9	96.3
1968	100.1	100.1	100.0	100.2	97.2
1969	99.0	99.5	98.9	99.0	100.0
1970	99.9	99.9	99.9	99.8	100.0
1971	99.0	99.8	98.5	99.8	97.9
1972	99.8	100.1	99.6	99.9	98.2
1973	100.1	100.2	100.0	100.1	100.0
1974	100.0	100.0	100.0	100.0	100.0
1975	100.0	100.1	99.9	100.0	99.9
1976	100.1	100.1	100.1	100.1	100.1
1977	100.1	100.1	100.1	100.1	100.1
1978	100.2	100.4	100.1	100.2	99.9
1979	102.1	102.4	102.0	102.3	100.4
1980	105.5	107.4	104.4	106.6	101.0
1981	102.4	102.9	102.1	102.6	101.7
1982	101.7	101.6	101.7	101.7	101.9
1983	101.2	101.2	101.2	100.9	103.0
1984	102.7	102.1	103.0	101.5	108.9
1985	107.8	109.5	107.0	108.3	104.8
1986	105.6	106.9	105.0	106.4	101.1
1987	106.7	107.6	106.3	106.7	107.0
1988	117.3	117.7	117.1	117.5	116.2
1989	118.3	117.2	118.8	118.1	118.9

1989年国营商业零售物价分类指数(1)

	以1950年价格为100			以1952年价格为100		
	全国	城镇	农村	全国	城镇	农村
零售物价总指数	253.4	277.6	240.0	226.9	244.5	217.0
(一)消费品	264.8	277.6	256.1	236.2	244.5	230.6
1.食品类	365.9	371.6	354.7	330.3	333.7	323.0
粮食	287.3	222.5	346.4	256.2	197.6	307.1
副食品	489.2	516.1	461.2	444.1	468.3	418.0
# 鲜菜	555.5	555.5		476.1	476.1	
烟酒茶	237.4	254.1	228.8	212.1	227.2	204.5
其他食品	306.3	318.7	294.2	274.4	285.7	263.1
2.衣着类	155.3	171.5	144.9	139.1	149.4	132.5
3.日用品类	195.9	199.1	195.9	166.7	167.6	166.4
4.文化娱乐用品类	112.5	117.3	108.7	96.9	100.3	94.3
5.药及医疗用品类	122.4	101.9	140.8	99.5	89.0	111.4
6.燃料类	268.2	225.8	294.9	197.3	172.1	209.5
(二)农业生产资料	185.0		185.0	170.5		170.5

1989年国营商业零售物价分类指数（ 2 ）

	以1957年价格为100			以1965年价格为100		
	全　国	城　镇	农　村	全　国	城　镇	农　村
零售物价总指数	209.0	223.4	201.7	192.6	206.3	185.3
(一)消　费　品	216.6	223.4	212.2	197.6	206.3	192.1
1.食　品　类	284.7	287.8	277.9	245.8	252.1	237.3
粮　　食	238.5	186.1	282.0	218.7	175.7	252.0
副　食　品	353.4	369.4	334.9	290.7	305.8	275.5
# 鲜　菜	372.1	372.1		366.0	366.0	
烟　酒　茶	187.0	198.9	180.7	155.5	167.4	149.2
其他食品	268.0	283.7	250.5	242.3	253.8	228.5
2.衣　着　类	139.0	144.9	135.7	136.6	142.9	133.3
3.日用品类	168.7	168.1	169.0	150.2	148.6	152.4
4.文化娱乐用品类	116.7	119.5	115.7	115.3	117.7	114.5
5.药及医疗用品类	106.5	106.5	110.2	123.1	129.8	120.5
6.燃　料　类	177.1	161.3	179.4	167.9	149.5	175.0
(二)农业生产资料	166.5		166.5	160.6		160.6

1989年国营商业零售物价分类指数（3）

	以1970年价格为100			以1975年价格为100		
	全国	城镇	农村	全国	城镇	农村
零售物价总指数	195.1	207.8	188.2	197.3	207.3	192.2
(一)消费品	199.1	207.8	193.8	199.4	207.3	194.5
1.食品类	239.5	247.2	230.0	238.4	244.9	228.8
粮食	198.4	161.0	224.8	198.3	161.0	224.1
副食品	292.7	309.0	275.6	291.9	307.7	275.8
♯鲜菜	348.6	348.6		319.4	319.4	
烟酒茶	157.6	169.2	151.3	156.6	168.3	151.0
其他食品	250.3	263.8	233.7	243.2	256.5	229.0
2.衣着类	137.2	142.6	134.3	137.5	143.3	134.2
3.日用品类	155.2	153.9	156.2	155.2	153.9	156.2
4.文化娱乐用品类	124.9	130.5	120.5	127.0	132.9	122.7
5.药及医疗用品类	190.2	201.7	187.3	192.6	204.9	189.1
6.燃料类	169.2	151.4	176.4	174.4	153.4	183.3
(二)农业生产资料	177.6		177.6	185.0		185.0

1989年国营商业零售物价分类指数（ 4 ）

	以1978年价格为100			以1980年价格为100		
	全 国	城 镇	农 村	全 国	城 镇	农 村
零售物价总指数	196.5	206.5	191.5	182.1	187.8	179.9
(一)消 费 品	198.9	206.5	193.3	182.1	187.8	179.0
1.食 品 类	237.0	243.8	228.4	208.7	211.8	203.3
粮 食	198.5	161.5	224.6	185.9	152.0	207.8
副 食 品	291.4	307.2	275.2	241.0	252.3	229.5
# 鲜 菜	305.1	305.1		271.0	271.0	
烟 酒 茶	156.4	168.0	150.8	154.8	165.5	149.5
其他食品	239.9	251.8	226.4	217.1	227.3	206.9
2.衣 着 类	137.5	143.3	134.3	138.2	144.2	135.0
3.日 用 品 类	155.2	153.8	155.6	152.1	150.2	152.9
4.文化娱乐用品类	124.1	129.4	120.2	127.8	133.4	123.7
5.药及医疗用品类	190.2	202.3	187.1	185.4	196.9	182.8
6.燃 料 类	174.8	153.0	183.0	173.4	152.6	182.4
(二)农业生产资料	184.9		184.9	181.9		181.9

1989年国营商业零售物价分类指数(5)

	以1985年价格为100			以1988年价格为100		
	全国	城镇	农村	全国	城镇	农村
零售物价总指数	156.4	158.7	155.3	118.3	117.2	118.8
(一)消费品	157.5	158.7	156.8	118.1	117.2	118.6
1.食品类	165.3	163.6	166.1	117.1	115.8	118.0
粮食	158.6	138.3	170.9	120.9	115.0	125.0
副食品	181.9	178.5	184.6	116.1	115.3	116.7
#鲜菜	154.6	154.6		102.0	102.0	
肉禽蛋	275.0	257.6	288.8	114.5	115.5	113.8
水产品	267.9	274.2	260.5	120.2	117.7	121.8
烟酒茶	129.8	135.7	127.3	111.0	112.4	110.3
其他食品	169.2	171.9	167.4	122.6	121.4	123.3
#鲜果	201.0	216.9	189.7	113.3	116.1	111.3
2.衣着类	142.2	147.8	139.0	118.1	118.6	117.8
3.日用品类	145.6	145.6	145.9	115.3	114.2	116.1
4.文化娱乐用品类	135.0	141.2	130.0	114.3	115.3	113.5
5.书报杂志类	256.5	252.6	258.8	192.7	193.4	192.1
6.药及医疗用品类	161.4	166.1	160.7	121.2	120.9	121.2
7.建筑材料类				118.7	119.3	118.6
8.燃料类	159.1	143.5	164.3	127.4	119.9	129.7
(二)农业生产资料	149.5		149.5	118.9		118.9

1989年各地区国营商业零售物价总指数（1）

	以1950年价格为100			以1952年价格为100			以1957年价格为100		
	全省（区、市）	城镇	农村	全省（区、市）	城镇	农村	全省（区、市）	城镇	农村
全国平均	253.4	277.6	240.0	226.9	244.5	217.0	209.0	223.4	201.7
北京	310.2	310.2		256.8	256.8		225.2	225.2	
天津	243.6	243.6		211.1	211.1		187.9	187.9	
河北	227.6	227.0	225.4	196.8	199.2	195.2	184.1	184.7	185.2
山西	276.4	286.6	268.2	227.3	233.3	222.6	201.2	210.0	192.5
内蒙古	270.2	274.9	267.9	218.4	222.9	213.1	194.5	195.4	195.4
辽宁				244.4	265.2	220.5	218.0	235.0	199.4
吉林	309.1			254.2	283.0	231.4	229.2	242.3	214.6
黑龙江	306.2	327.4	261.8	249.1	266.4	213.2	222.1	237.1	201.5
上海	246.4	246.4		230.3	230.3		212.7	212.7	
江苏	244.6	237.7	248.4	220.4	214.3	223.7	206.5	199.7	212.1
浙江				228.3	233.8	227.7	214.6	219.6	213.5
安徽	220.6	214.4	231.3	209.3	202.0	220.1	192.9	187.3	203.3
福建				235.0	244.0	228.9	223.0	230.0	218.4
江西	259.4			240.2	239.0	240.2	224.4	226.1	216.1
山东	212.6	224.6	200.1	191.9	197.1	184.9	175.4	179.5	172.0
河南				218.1	209.6	210.5	189.3	193.3	197.5
湖北	247.1	251.7	244.3	220.0	223.6	217.3	199.9	203.0	197.4
湖南	275.0	280.5	269.1	267.3	272.5	261.5	234.3	233.2	235.1
广东	262.5	254.5		256.6	268.3	243.1	249.3	254.7	241.0
广西	295.8	311.8	275.3	269.2	283.2	252.2	244.4	252.3	233.7
海南									
四川	291.3	293.6	289.1	267.4	269.9	264.7	239.1	240.8	238.3
贵州	289.7	327.0		270.9	293.3	233.1	241.1	251.6	221.6
云南				198.0	212.0	186.6	200.1	207.0	193.5
西藏									
陕西	250.4	254.8	248.0	210.8	211.3	210.2	195.6	201.9	192.6
甘肃	240.8	312.3	217.4	193.9	223.7	177.9	191.0	208.5	160.5
青海	208.2	217.3	177.3	168.3	169.5	165.1	192.8	201.5	173.9
宁夏	270.0	280.8	238.5	238.2	244.1	223.2	215.2	220.1	214.5
新疆	156.2	159.2	152.3	146.2	151.3	141.5	159.8	167.8	153.8

1989年各地区国营商业零售物价总指数（2）

	以1965年价格为100			以1970年价格为100			以1978年价格为100		
	全省（区、市）	城镇	农村	全省（区、市）	城镇	农村	全省（区、市）	城镇	农村
全国平均	192.6	206.3	185.3	195.1	207.8	188.2	196.5	206.5	191.5
北京	219.1	219.1		222.5	222.5		221.0	221.0	
天津	178.8	178.8		184.0	184.0		182.2	182.2	
河北	188.4	198.8	182.8	189.9	197.8	185.9	193.3	195.3	192.2
山西	184.9	190.4	179.9	192.6	198.1	187.6	193.2	197.8	189.2
内蒙古	180.5	184.5	178.9	184.0	186.3	183.7	185.9	185.0	187.7
辽宁	205.3	214.7	182.0	200.0	214.7	182.9	200.4	213.8	184.6
吉林	200.1	215.1	185.6	196.9	210.3	184.1	195.4	205.8	182.7
黑龙江	203.7	213.3	192.2	201.9	210.2	191.5	196.9	203.9	189.7
上海	196.5	196.5		201.5	201.5		200.1	200.1	
江苏	191.2	186.4	194.2	195.0	189.4	198.8	195.3	188.5	199.3
浙江	203.8	208.8	201.2	210.1	210.6	210.1	212.5	214.2	211.6
安徽	173.6	172.4	181.0	176.6	172.7	184.9	179.3	174.2	188.6
福建	212.7	221.0	207.5	213.8	222.6	208.1	213.4	221.7	208.3
江西	195.4	201.0	189.9	194.7	199.5	191.9	195.1	198.9	192.9
山东	170.9	175.4	168.7	176.0	180.2	173.9	178.6	179.6	177.2
河南	177.0	178.3	177.1	181.2	179.3	182.6	183.5	177.9	184.6
湖北	179.6	182.6	176.5	181.4	184.4	179.2	181.8	185.2	179.2
湖南	211.3	206.0	214.3	210.5	203.0	215.3	211.0	201.2	217.5
广东	231.3	229.3	226.1	234.6	237.9	227.3	234.9	235.1	223.8
广西	215.8	225.3	209.3	215.5	221.8	211.4	214.4	219.0	210.6
海南									
四川	199.0	201.0	198.5	193.9	193.2	196.2	191.9	190.2	195.1
贵州	197.3	202.8	186.2	195.3	199.9	186.0	189.2	195.8	184.8
云南	187.7	191.4	183.7	186.4	189.4	183.5	185.6	187.0	182.5
西藏									
陕西	186.4	193.7	182.7	189.5	194.6	186.0	192.2	195.6	190.9
甘肃	183.8	198.2	170.4	188.9	202.3	176.5	188.4	200.5	176.1
青海	185.3	191.6	175.2	183.6	190.1	172.7	183.7	189.6	172.7
宁夏	204.6	218.6	192.0	198.9	207.7	192.3	186.6	189.8	184.2
新疆	170.8	177.0	165.5	181.1	185.5	176.3	180.8	185.4	175.9

1989年各地区国营商业零售物价总指数（3）

	以1980年价格为100			以1985年价格为100			以1988年价格为100		
	全省（区、市）	城镇	农村	全省（区、市）	城镇	农村	全省（区、市）	城镇	农村
全国平均	182.1	187.8	179.9	156.4	158.7	155.3	118.3	117.2	118.8
北京	203.6	203.6		163.6	163.6		118.9	118.9	
天津	172.7	172.7		149.9	149.9		115.6	115.6	
河北	180.5	178.0	183.4	156.6	151.2	160.9	119.0	116.4	120.8
山西	185.6	184.2	186.3	159.8	157.3	161.6	119.2	115.9	121.5
内蒙古	174.5	172.3	177.8	149.9	149.0	151.4	116.4	115.0	118.8
辽宁	186.2	190.8	179.4	158.9	160.7	156.8	118.3	117.3	121.2
吉林	184.0	190.8	173.9	156.2	158.8	149.5	118.4	118.5	117.4
黑龙江	184.5	186.6	180.4	152.2	153.9	147.2	114.3	114.7	113.4
上海	188.8	188.8		161.9	161.9		117.5	117.5	
江苏	187.1	180.0	191.3	163.6	160.1	166.0	118.7	117.4	119.7
浙江	193.7	192.0	195.1	161.6	160.4	162.6	118.3	117.7	118.7
安徽	170.0	165.0	179.7	155.8	151.3	162.5	118.2	117.3	118.6
福建	197.0	201.3	194.8	167.0	167.2	167.9	118.7	118.6	118.8
江西	188.4	187.9	186.9	159.4	158.0	160.1	119.1	118.8	119.5
山东	172.0	171.9	172.0	153.8	154.6	153.3	118.3	118.0	118.4
河南	175.8	167.5	178.7	158.4	149.9	162.3	119.0	116.3	120.5
湖北	171.8	170.0	172.1	153.0	149.7	154.6	117.7	115.6	119.0
湖南	196.4	184.0	204.8	166.3	156.8	172.9	118.7	117.6	119.4
广东	221.9	221.9	216.5	182.7	182.0	182.9	121.1	121.3	120.9
广西	194.7	193.2	195.3	160.8	157.5	162.4	122.1	119.1	123.5
海南									
四川	173.6	172.8	174.0	154.4	153.9	154.8	118.8	117.9	119.2
贵州	174.7	176.7	169.7	153.1	154.0	153.1	117.8	117.5	118.1
云南	177.1	176.2	176.3	156.7	154.2	157.6	119.2	117.7	119.6
西藏									
陕西	180.7	180.7	182.9	157.3	157.0	158.9	119.7	118.5	121.5
甘肃	177.3	182.3	170.8	153.7	157.3	149.4	117.0	117.3	116.8
青海	176.7	179.1	170.8	154.0	154.7	152.2	118.2	118.2	118.2
宁夏	174.3	172.8	175.0	151.4	150.1	152.4	118.0	116.7	118.9
新疆	172.7	174.8	169.1	151.2	155.8	146.5	116.9	115.3	118.7

历年集市贸易消费品价格指数（1）

年份	以1950年价格为100	以1952年价格为100	以1957年价格为100	以1962年价格为100	以1965年价格为100	以1970年价格为100
1957	120.9	108.9				
1958	130.4	117.5	107.9			
1959	132.1	119.0	109.3			
1960	151.6	136.6	125.4			
1961	545.9	491.8	451.6			
1962	354.8	319.6	293.5			
1963	267.7	241.2	221.5	75.5		
1964	186.3	167.8	154.1	52.5		
1965	192.3	173.2	159.0	54.2		
1966	194.6	175.3	160.9	54.9	101.2	
1967	197.9	178.2	163.6	55.8	102.9	
1968	197.9	178.2	163.6	55.8	102.9	
1969	197.7	178.1	163.5	55.7	102.8	
1970	197.7	178.1	163.5	55.7	102.8	
1971	215.0	193.8	177.9	60.6	111.8	108.8
1972	232.7	209.6	192.4	65.6	121.0	117.7
1973	245.0	220.7	202.6	69.0	127.4	123.9
1974	249.5	224.8	206.4	70.3	129.8	126.3
1975	259.5	233.8	214.7	73.2	135.0	131.3
1976	269.8	243.1	223.2	76.0	140.4	136.6
1977	263.3	237.2	217.8	74.2	137.0	133.3
1978	246.0	221.6	203.5	69.3	128.0	124.5
1979	234.9	211.6	194.3	66.2	122.2	118.9
1980	239.6	215.8	198.2	67.5	124.6	121.2
1981	253.5	228.3	209.7	71.4	131.8	128.2
1982	261.9	235.8	216.6	73.8	136.1	132.4
1983	272.9	245.7	225.7	76.9	141.8	138.0
1984	271.8	244.7	224.8	76.6	141.2	137.4
1985	318.5	286.8	263.5	89.8	165.5	161.0
1986	344.3	310.0	284.8	97.1	178.9	174.0
1987	400.4	360.5	331.2	112.9	208.1	202.4
1988	521.7	469.7	431.6	147.1	271.2	263.7
1989	578.0	520.4	478.2	163.0	300.5	292.2

历年集市贸易消费品价格指数（2）

年 份	以1975年价格为100	以1978年价格为100	以1980年价格为100	以1985年价格为100	以1988年价格为100	市价高于国营商业价格的百分比
1958					107.9	
1959					101.3	
1960					114.8	
1961					360.1	220.0
1962					65.0	170.0
1963					75.5	129.0
1964					69.6	36.0
1965					103.2	40.0
1966					101.2	41.0
1967					101.7	43.0
1968					100.0	43.0
1969					99.9	42.0
1970					100.0	42.0
1971					108.8	54.0
1972					108.2	67.0
1973					105.3	75.0
1974					101.8	77.0
1975					104.0	84.0
1976	104.0				104.0	90.0
1977	101.5				97.6	79.0
1978	94.8				93.4	69.0
1979	90.5	94.9			94.9	57.0
1980	92.3	96.8			102.0	47.7
1981	97.7	102.4	105.8		105.8	49.1
1982	100.9	105.8	109.3		103.3	47.8
1983	105.1	110.2	113.9		104.2	47.9
1984	104.7	109.8	113.4		99.6	42.7
1985	122.7	128.7	132.9		117.2	27.6
1986	132.6	139.1	143.7	108.1	108.1	16.9
1987	154.2	161.8	167.1	125.7	116.3	16.6
1988	200.9	210.8	217.7	163.8	130.3	17.4
1989	222.6	233.6	241.2	181.5	110.8	11.5

集市贸易价格分类指数

（以1978年价格为100）

	1984年	1985年	1986年	1987年	1988年	1989年
总指数	112.1	131.0	141.1	163.4	215.5	236.4
一、消费品	109.8	128.7	139.1	161.8	210.8	233.6
1.粮食	74.5	75.8	91.4	107.9	134.0	183.0
2.食用植物油	76.7	82.8	90.1	99.6	118.0	159.8
3.鲜菜	127.9	155.5	166.1	198.3	258.0	257.5
4.干菜	103.4	110.3	129.9	147.3	178.4	200.7
5.肉禽蛋	112.2	131.5	140.2	167.4	228.8	260.1
6.水产品	168.3	212.4	227.3	274.6	351.2	392.3
7.鲜果 8.干果	139.3	173.0	192.4	211.8	258.0	270.6
9.日用杂品	114.2	131.6	152.0	172.8	211.3	265.6
10.柴草	133.8	153.5	178.2	207.4	269.4	326.0
11.其他	106.3	116.7	126.9	164.8	231.0	258.0
二、农业生产资料	130.0	150.8	157.0	174.4	249.7	257.2
1.饲料	96.4	103.6	126.9	134.9	171.9	219.0
2.小农具	120.6	137.2	155.9	179.9	217.0	237.0
3.幼禽家畜	125.9	157.5	154.7	184.7	325.1	287.1
4.大牲畜						
5.竹木材	159.9	180.8	197.1	222.7	277.9	336.0

集市贸易价格分类指数

（以1980年价格为100）

	1984年	1985年	1986年	1987年	1988年	1989年
总指数	115.1	134.6	145.0	167.9	221.5	243.0
一、消费品	113.4	132.9	143.7	167.1	217.7	241.2
1.粮食	87.9	89.5	107.9	127.4	158.2	216.1
2.食用植物油	83.7	90.4	98.4	108.7	128.8	174.4
3.鲜菜	124.4	151.3	161.6	193.0	251.1	250.6
4.干菜	105.8	112.9	133.0	150.8	182.6	205.4
5.肉禽蛋	117.6	137.8	146.9	175.4	239.8	272.7
6.水产品	151.2	190.8	204.2	246.7	315.5	352.4
7.鲜果 8.干果	134.8	167.4	186.1	204.9	249.6	261.8
9.日用杂品	119.5	137.7	159.0	180.8	221.1	277.9
10.柴草	127.1	145.8	169.3	197.1	256.0	309.8
11.其他	113.0	124.1	134.9	175.2	245.6	274.3
二、农业生产资料	130.3	151.1	157.3	174.8	250.3	257.8
1.饲料	107.9	116.0	142.1	151.1	191.4	243.8
2.小农具	120.1	136.7	155.3	179.2	216.1	236.0
3.幼禽家畜	129.1	161.5	158.6	189.4	333.3	294.3
4.大牲畜	144.1	152.0	159.0	159.5	196.8	220.8
5.竹木材	137.0	154.9	168.8	190.7	238.0	287.7

集市贸易价格分类指数

（以上年价格为100）

	1984年	1985年	1986年	1987年	1988年	1989年
总指数	100.3	116.9	107.7	115.8	131.9	109.7
一、消费品	99.6	117.2	108.1	116.3	130.3	110.8
1.粮食	89.5	101.8	120.6	118.1	124.2	136.6
2.食用植物油	95.7	108.0	108.8	110.5	118.5	135.4
3.鲜菜	97.1	121.6	106.8	119.4	130.1	99.8
4.干菜	95.6	106.7	117.8	113.4	121.1	112.5
5.肉禽蛋	102.5	117.2	106.6	119.4	136.7	113.7
6.水产品	107.7	126.2	107.0	120.8	127.9	111.7
7.鲜果	106.4	129.2	111.8	108.9	122.2	101.1
8.干果	100.3	104.1	105.3	118.7	119.4	124.9
9.日用杂品	102.6	115.2	115.5	113.7	122.3	125.7
10.柴草	104.1	114.7	116.1	116.4	129.9	121.0
11.其他	102.5	109.8	108.7	129.9	140.2	111.7
二、农业生产资料	106.7	116.0	104.1	111.1	143.2	103.0
1.饲料	98.1	107.5	122.5	106.3	126.7	127.4
2.小农具	103.5	113.8	113.6	115.4	120.6	109.2
3.幼禽家畜	110.5	125.1	98.2	119.4	176.0	88.3
4.大牲畜	101.6	105.5	104.6	100.3	123.4	112.2
5.竹木材	106.4	113.1	109.0	113.0	124.8	120.9

1989年各地区集市贸易价格分类指数（1）

（以1988年价格为100）

	总指数	一消费品	1.粮食	2.食用植物油	3.鲜菜	4.干菜
全国平均	109.7	110.8	136.6	135.4	99.8	112.5
北京	102.7	102.7	114.2	142.6	95.8	101.9
天津	110.0	110.0	163.5	165.9	99.9	109.8
河北	107.7	108.8	151.6	152.8	100.8	118.8
山西	108.6	108.9	147.0	127.5	100.4	119.1
内蒙古	112.3	108.3	140.3	125.5	106.8	117.3
辽宁	113.1	113.6	144.1	131.2	113.7	116.0
吉林	113.9	113.8	144.3	124.5	116.4	116.5
黑龙江	109.5	109.4	137.7	117.9	103.9	113.5
上海	108.9	108.9	142.7		110.5	118.0
江苏	106.6	107.1	137.6	129.0	95.4	120.3
浙江	112.1	112.3	134.8	126.4	108.7	122.2
安徽	107.8	107.9	126.9	146.0	102.1	119.5
福建	116.7	117.1	140.8	127.0	120.8	110.2
江西	112.5	112.5	136.5	131.5	102.2	113.7
山东	104.6	104.6	137.4	151.9	92.9	123.2
河南	108.0	107.9	134.2	148.3	93.7	121.7
湖北	108.0	108.2	134.7	136.7	99.1	118.4
湖南	110.8	112.1	126.4	126.1	107.8	115.0
广东	121.4	121.2	143.3	130.7	125.0	124.8
广西	118.8	119.2	128.0	129.3	118.1	118.7
海南	125.3	126.3	141.8	120.7	118.4	120.5
四川	114.2	114.3	142.1	170.5	115.4	114.1
贵州	111.6	111.5	137.5	135.1	103.9	102.6
云南	119.1	119.5	143.9	151.0	120.4	115.3
西藏						
陕西	111.2	111.7	128.3	121.7	108.6	123.0
甘肃	108.3	109.7	136.5	125.8	107.1	104.1
青海	108.0	107.8	151.1	124.1	104.5	114.8
宁夏	110.7	112.6	149.5	126.6	114.6	112.6
新疆	107.3	107.3	122.8	127.8	94.6	113.8

1989年各地区集市贸易价格分类指数（2）

（以1988年价格为100）

	5.肉禽蛋	6.水产品	7.鲜　果	8.干　果	9.日　用杂　品	10.柴　草
全国平均	113.7	111.7	101.1	124.9	125.7	121.0
北　京	97.5	106.8	107.9	129.7		
天　津	111.3	106.4	107.4	125.5	202.7	
河　北	106.3	107.8	106.4	128.5	132.5	131.5
山　西	106.1	107.4	108.4	125.3	117.9	128.8
内蒙古	105.6	109.1	105.4	132.4	117.2	96.6
辽　宁	111.6	111.6	105.0	137.2	113.2	133.6
吉　林	111.7	108.2	105.9	135.9	111.5	118.6
黑龙江	112.2	107.5	102.6	131.9	110.7	96.7
上　海	114.1	101.8	110.2	118.8	127.8	
江　苏	110.4	104.0	102.0	129.1	129.5	138.7
浙　江	117.9	109.0	104.8	128.2	126.6	104.0
安　徽	107.8	110.2	103.6	124.3	132.9	126.5
福　建	121.3	110.3	102.3	116.1	126.8	128.0
江　西	117.3	115.2	104.7	119.4	133.3	121.2
山　东	105.3	107.9	100.1	130.1	126.7	129.0
河　南	108.1	110.6	102.8	120.9	130.2	111.2
湖　北	111.9	110.6	95.7	125.0	121.2	123.7
湖　南	116.0	110.3	96.6	114.4	119.5	113.7
广　东	122.1	115.3	113.0	128.8	121.4	131.9
广　西	122.0	115.1	101.9	109.1	127.1	118.6
海　南	131.9	129.8	107.7	124.9	122.4	109.4
四　川	112.8	111.6	116.6	132.9	121.8	125.5
贵　州	112.9	120.9	105.8	124.2	112.2	112.0
云　南	113.4	116.8	112.7	124.6	118.2	143.3
西　藏						
陕　西	107.0	110.1	111.7	113.9	131.5	142.3
甘　肃	106.6	117.2	105.1	110.2	130.6	131.1
青　海	109.6	107.1	102.4	121.9	126.5	
宁　夏	107.9	111.1	111.3	108.8	122.7	105.6
新　疆	111.6	102.9	99.5	113.5	114.6	132.8

1989年各地区集市贸易价格分类指数（3）

（以1988年价格为100）

	11.其他	二、农业生产资料	1.饲料	2.小农具	3.幼禽家畜	4.大牲畜	5.竹木材
全国平均	111.7	103.0	127.4	109.2	88.3	112.2	120.9
北京							
天津	105.7						
河北	127.2	104.2	148.8	110.2	68.4	119.1	141.5
山西	139.4	103.1	132.2	123.4	85.2	121.4	
内蒙古	128.6	140.1	149.7	104.0	91.4	111.2	163.9
辽宁	113.0	89.9	149.0	119.8	74.7	114.5	
吉林	119.2	114.2	165.2	136.2	92.3	117.9	
黑龙江	122.9	117.2	152.4	106.7	104.0	125.9	
上海							
江苏	92.8	98.4	150.2	131.3	87.3	190.4	123.4
浙江	100.8	104.2	160.9	112.7	97.8	113.1	124.1
安徽	119.7	103.7	158.7	112.6	85.0	99.9	104.5
福建	113.5	104.0	134.8	135.1	103.7	99.2	80.5
江西	118.6	112.4	126.6	128.8	112.1	103.8	109.8
山东	129.0	103.9	153.6	117.1	77.1	107.5	121.2
河南	133.0	109.0	140.7	126.0	94.9	111.3	109.4
湖北	105.7	101.3	131.6	114.3	88.4	102.0	105.1
湖南	100.4	102.3	111.7	98.5	121.8	107.8	71.0
广东	126.4	126.5	137.6	131.9	118.8	148.2	111.2
广西	112.8	112.2	127.9	109.5	111.2	106.6	103.4
海南	105.5	112.1	118.2	120.4	107.7		
四川	97.2	112.4	135.3	116.3	108.5	116.7	124.0
贵州	107.5	113.9	123.5	107.5	113.4	115.0	106.6
云南	107.2	116.5	129.9	112.8	117.5	121.4	99.1
西藏							
陕西	122.4	99.6	149.5	126.9	70.3	107.1	113.4
甘肃	117.7	87.5	123.7	139.7	65.0	105.7	118.3
青海	107.8	113.1		118.9	98.4	122.0	
宁夏	155.6	89.6	149.4	126.9	78.9	134.6	143.1
新疆	126.5	106.1	134.2	124.8	91.2	106.7	129.0

1989年集市贸易价格指数

	以1988年价格为100			以本年国营商业价格为100		
	平均	城市	县城	平均	城市	县城
总指数	109.7	110.2	109.3	111.5	115.1	109.1
一、消费品	110.8	110.2	111.3	111.5	115.1	109.1
1.粮食	136.6	136.6	136.8	225.1	220.6	228.3
2.食用植物油	135.4	135.5	135.4	163.5	162.4	161.7
3.鲜菜	99.8	100.5	99.2	109.7	118.4	103.1
4.干菜	112.5	114.0	111.4	104.0	110.1	100.8
5.肉禽蛋	113.7	113.6	113.8	111.6	117.3	107.8
6.水产品	111.7	111.5	111.6	109.8	113.4	108.2
7.鲜果	101.1	102.5	99.7	91.9	96.8	87.2
8.干果	124.9	125.7	124.3	95.8	96.4	95.4
9.日用杂品	125.7	136.2	119.9	105.5	120.5	95.9
10.柴草	121.0	120.2	121.4	125.8	135.6	119.8
11.其他	111.7	113.3	110.8	117.0	106.3	119.9
二、农业生产资料	103.0		103.0			
1.饲料	127.4		127.4			
2.小农具	109.2		109.2			
3.幼禽家畜	88.3		88.3			
4.大牲畜	112.2		112.2			
5.竹木材	120.9		120.9			

1989年各地区集市贸易价格指数

	以1988年价格为100			以本年国营商业价格为100		
	平 均	城 市	县 城	平 均	城 市	县 城
全国平均	109.7	110.2	109.3	111.5	115.1	109.1
北 京	102.7	102.7		118.4	118.4	
天 津	110.0	110.0		124.5	124.5	
河 北	107.7	108.3	106.8	118.6	121.0	109.3
山 西	108.6	110.3	107.5	114.1	116.1	112.7
内蒙古	112.3	108.3	118.0	101.7	109.3	88.9
辽 宁	113.1	113.7	112.2	112.3	114.6	108.8
吉 林	113.9	115.2	110.3	113.4	115.6	107.6
黑龙江	109.5	108.9	110.9	114.7	115.4	113.0
上 海	108.9	108.9		120.0	120.0	
江 苏	106.6	107.6	105.4	115.1	117.2	112.2
浙 江	112.1	112.4	111.7	115.7	121.1	109.6
安 徽	107.8	108.0	107.6	107.2	111.2	101.6
福 建	116.7	117.2	116.0	108.4	111.3	104.6
江 西	112.5	112.2	112.8	104.6	108.0	100.3
山 东	104.6	102.7	106.3	104.7	100.9	108.4
河 南	108.0	107.1	109.8	115.8	116.0	115.4
湖 北	108.0	109.5	106.8	112.7	111.9	113.4
湖 南	110.8	110.1	111.3	108.9	109.2	108.7
广 东	121.4	120.5	122.8	104.5	105.2	103.3
广 西	118.8	116.3	120.4	105.3	107.6	104.0
海 南	125.3	133.4	122.2	110.0	109.2	110.4
四 川	114.2	114.1	114.7	110.5	107.5	125.4
贵 州	111.6	113.5	108.9	128.2	124.3	133.5
云 南	119.1	117.6	119.6	128.4	125.8	129.3
西 藏						
陕 西	111.2	112.0	107.7	116.0	115.9	116.7
甘 肃	108.3	112.9	102.4	112.4	106.1	127.1
青 海	108.0	107.6	108.2	121.9	136.5	114.8
宁 夏	110.7	112.0	109.3	120.2	127.6	111.6
新 疆	107.3	106.8	107.6	117.1	119.5	115.8

1989年各地区居民生活费用价格指数（1）

（以1988年价格为100）

	居民生活费用	一、消费品	二、服务项目	1.房租	2.水电费	3.交通费
全国平均	118.0	117.5	123.9	106.8	105.8	123.2
北京	117.2	118.5	104.6	100.0	100.0	108.1
天津	114.7	115.1	109.4	100.0	100.0	112.5
河北	118.7	118.6	120.9	104.7	103.2	132.3
山西	119.5	119.7	117.4	106.5	102.4	120.1
内蒙古	115.3	115.5	113.6	106.2	102.0	114.4
辽宁	118.2	118.2	118.1	100.5	104.3	112.4
吉林	117.2	117.2	118.1	104.9	101.9	115.7
黑龙江	114.6	114.2	118.4	100.6	106.0	112.8
上海	115.9	116.7	108.1	100.0	100.0	102.5
江苏	117.1	116.8	121.4	101.7	100.5	117.8
浙江	118.2	117.9	121.9	105.3	104.8	137.4
安徽	117.2	116.4	120.5	107.8	102.0	122.3
福建	118.9	118.6	120.6	103.7	103.3	127.6
江西	118.5	118.2	121.5	104.7	105.4	124.4
山东	117.3	116.9	124.8	104.8	106.0	113.2
河南	118.7	118.7	118.6	108.0	104.3	112.8
湖北	116.3	116.2	116.5	105.5	101.9	119.2
湖南	118.2	116.9	131.3	116.7	102.0	118.2
广东	122.1	121.1	130.7	127.0	117.2	122.0
广西	121.1	120.4	127.9	107.9	101.6	124.8
海南	128.4	126.9	141.0	111.7	116.9	110.9
四川	119.8	118.6	131.4	105.0	103.8	122.0
贵州	118.3	116.9	133.8	113.7	102.1	117.8
云南	118.6	119.0	113.8	104.2	102.3	123.2
西藏						
陕西	118.5	118.3	120.9	121.5	101.8	125.3
甘肃	117.9	116.8	129.6	106.4	100.6	117.5
青海	117.5	117.7	115.3	100.7	100.3	133.2
宁夏	117.2	117.7	112.2	103.6	100.2	113.9
新疆	116.0	117.0	108.8	104.1	96.4	107.8

1989年各地区居民生活费用价格指数(2)

(以1988年价格为100)

	4.邮电费	5.医疗保健费	6.学杂保育费	7.文娱费	8.修理及其他服务费
全国平均	104.9	120.9	146.5	127.3	119.0
北京	100.0	100.0	100.0	105.8	114.8
天津	105.9	103.4	100.0	159.2	122.4
河北	102.1	129.8	134.2	128.2	116.9
山西	100.2	101.5	134.2	112.6	118.1
内蒙古	103.8	104.0	125.2	115.4	111.2
辽宁	102.0	126.7	134.0	130.1	121.7
吉林	100.0	113.9	136.1	130.5	119.4
黑龙江	100.3	107.8	143.5	117.1	118.0
上海	100.0	100.0	142.7	112.9	107.6
江苏	111.5	120.0	140.2	119.2	124.0
浙江	119.4	129.3	133.6	119.3	121.4
安徽	107.9	111.4	139.4	128.2	115.5
福建	104.1	119.4	130.1	138.7	121.8
江西	112.6	138.7	130.0	119.3	119.4
山东	119.0	136.3	145.1	129.4	120.0
河南	102.3	126.2	125.6	131.0	119.0
湖北	101.9	110.6	124.9	131.6	116.3
湖南	103.0	115.7	152.5	129.5	128.4
广东	100.4	129.3	145.7	132.9	131.7
广西	114.4	122.9	143.0	147.0	126.0
海南	102.0	132.1	171.1	130.5	134.8
四川	107.6	113.6	172.4	122.4	120.8
贵州	100.6	120.1	179.4	134.7	123.5
云南	100.0	103.9	119.0	114.7	116.7
西藏					
陕西	100.3	104.7	126.6	120.9	126.1
甘肃	100.0	105.2	188.2	126.4	113.7
青海	100.0	122.9	111.1	121.7	114.3
宁夏	100.0	103.3	112.8	112.6	122.1
新疆	100.4	104.5	115.9	141.7	110.3

1989年各地区职工生活费用价格总指数（1）

	以1950年价格为100		以1952年价格为100		以1957年价格为100	
	全社会	国营商业	全社会	国营商业	全社会	国营商业
全国平均	317.6	272.5	274.8	235.9	250.5	216.0
北京	304.1	292.0	255.0	245.1	225.0	215.7
天津	252.2	234.2	218.4	203.0	196.5	182.4
河北	225.0	226.6	197.7	199.3	184.4	185.3
山西	296.9	279.3	243.0	228.6	218.9	205.7
内蒙古	346.7	226.1	282.6	217.2	248.5	190.5
辽宁			266.0	254.8	241.7	231.1
吉林			302.7	275.4	261.6	238.1
黑龙江	401.4	326.8	318.1	259.0	287.2	233.9
上海	246.5	231.2	231.5	217.0	214.4	201.4
江苏	286.4	236.4	258.0	212.9	235.1	195.8
浙江			275.4	226.8	259.2	213.5
安徽			248.5	204.2	230.2	189.4
福建	305.1		290.0	242.6	272.2	228.1
江西					239.2	222.4
山东	239.6	219.2	211.7	193.7	196.0	179.5
河南			247.4	217.0	226.8	199.2
湖北	294.9	258.4	259.5	226.9	230.1	201.2
湖南	369.0	281.3	359.2	273.4	301.1	229.1
广东	328.4	255.7	323.5	272.6	311.2	257.5
广西	464.9	314.1	421.0	285.1	374.5	255.5
海南						
四川	354.0	299.2	318.2	269.8	282.7	239.4
贵州	407.5	332.1	334.0	297.3	299.6	253.1
云南			233.9	206.9	229.3	202.9
西藏						
陕西	273.1	241.4	236.7	207.1	229.1	201.6
甘肃	348.1	265.8	250.9	204.9	251.6	200.1
青海	233.7	214.2	182.4	175.1	216.9	198.5
宁夏	326.4	281.6	287.6	248.2	254.8	219.8
新疆	200.5	149.8	184.5	142.8	200.0	159.3

1989年各地区职工生活费用价格总指数（2）

	以1965年价格为100		以1970年价格为100		以1978年价格为100	
	全社会	国营商业	全社会	国营商业	全社会	国营商业
全国平均	228.5	202.3	230.5	204.9	219.2	204.0
北　京	218.6	211.3	221.4	214.0	219.9	212.2
天　津	187.5	174.6	193.0	179.3	191.1	178.1
河　北	207.7	196.1	207.3	197.4	204.4	195.1
山　西	201.7	189.9	210.2	197.7	210.2	197.7
内蒙古	230.8	181.7	222.2	184.6	198.9	183.5
辽　宁	222.7	213.5	222.7	213.5	220.2	211.6
吉　林	232.8	211.9	226.3	208.6	222.1	203.0
黑龙江	228.6	211.8	227.7	209.1	219.0	203.0
上　海	200.9	188.4	206.3	193.8	205.0	192.5
江　苏	214.5	184.5	218.4	188.5	214.8	188.5
浙　江	245.5	205.6	248.9	208.1	241.0	211.3
安　徽	212.8	175.4	214.7	176.4	203.5	177.7
福　建	253.2	219.7	255.3	221.5	249.6	220.5
江　西	213.5	199.0	212.1	197.4	217.6	198.6
山　东	191.7	175.4	196.9	178.0	196.6	179.9
河　南	205.2	179.9	205.7	180.3	199.5	179.6
湖　北	208.3	183.2	209.1	183.9	206.4	185.3
湖　南	250.0	205.0	246.8	202.8	251.1	206.1
广　东	289.6	229.8	286.2	237.5	285.6	235.6
广　西	287.4	228.4	279.7	224.8	264.3	222.2
海　南						
四　川	237.8	202.8	227.1	196.5	229.5	193.8
贵　州	241.7	206.2	235.2	200.5	226.6	198.1
云　南	211.3	187.0	211.6	187.4	207.5	184.0
西　藏						
陕　西	219.3	188.4	221.4	192.8	207.6	195.0
甘　肃	215.1	195.8	220.8	201.0	219.1	199.5
青　海	206.0	188.5	204.3	186.7	204.0	186.5
宁　夏	246.0	216.4	233.6	205.5	209.5	189.1
新　疆	189.0	173.4	198.8	182.2	195.3	181.8

1989年各地区职工生活费用价格总指数（3）

	以1980年价格为100		以1985年价格为100		以1988年价格为100	
	全社会	国营商业	全社会	国营商业	全社会	国营商业
全国平均	200.3	187.6	163.4	158.5	116.3	117.4
北　京	203.8	197.5	163.7	160.2	117.2	117.6
天　津	180.0	169.3	153.0	147.8	114.7	115.1
河　北	187.5	178.4	157.3	151.5	115.9	116.6
山　西	197.2	184.3	163.9	156.5	116.3	116.1
内蒙古	183.2	173.2	153.0	148.5	114.2	114.7
辽　宁	199.8	189.9	164.7	160.3	117.2	117.3
吉　林	203.2	189.4	160.9	159.8	116.9	119.0
黑龙江	198.9	186.5	158.0	153.3	114.6	115.0
上　海	191.8	182.7	159.9	157.6	115.9	116.6
江　苏	195.5	180.2	167.3	159.2	116.0	117.6
浙　江	216.0	191.7	169.8	160.1	116.8	117.9
安　徽	191.0	167.5	165.5	151.6	115.7	118.4
福　建	228.7	201.3	178.4	166.4	118.8	118.7
江　西	201.7	181.0	165.8	157.5	117.2	118.8
山　东	185.8	172.3	159.9	154.6	115.7	118.4
河　南	187.5	169.7	160.7	150.8	114.9	116.5
湖　北	188.4	170.8	158.4	150.7	114.1	115.3
湖　南	214.1	189.4	172.9	160.3	117.3	119.0
广　东	249.4	223.9	186.4	182.0	121.9	122.5
广　西	228.1	196.9	172.7	159.9	119.7	119.9
海　南						
四　川	198.6	177.3	167.0	155.4	117.8	119.1
贵　州	202.6	179.3	167.2	155.8	117.9	118.9
云　南	190.3	174.0	160.8	152.7	117.9	117.1
西　藏						
陕　西	194.5	181.9	164.4	156.9	117.6	118.8
甘　肃	200.6	188.4	165.3	159.9	118.2	119.6
青　海	189.1	176.2	159.5	153.8	117.3	117.8
宁　夏	190.8	172.6	159.3	148.9	116.2	116.3
新　疆	182.5	172.4	155.3	153.0	114.5	114.6

1989年各地区职工生活费用价格指数（1）

（以1988年价格为100）

	职工生活费用	一、消费品	二、服务项目	1.房租	2.水电费	3.交通费
全国平均	116.3	116.0	119.5	104.6	106.2	121.6
北京	117.2	118.5	104.6	100.0	100.0	108.1
天津	114.7	115.1	109.4	100.0	100.0	112.5
河北	115.9	115.8	117.8	102.6	101.6	125.2
山西	116.3	116.1	117.9	102.6	103.4	119.7
内蒙古	114.2	114.4	112.2	105.2	102.1	113.9
辽宁	117.2	117.1	117.4	100.4	105.1	111.0
吉林	116.9	116.7	118.1	104.9	102.6	115.7
黑龙江	114.6	114.2	118.6	100.4	105.2	112.9
上海	115.9	116.7	108.1	100.0	100.0	102.5
江苏	116.0	115.7	119.8	100.9	100.5	120.7
浙江	116.8	116.6	119.1	101.6	106.6	125.8
安徽	115.7	115.3	120.1	108.5	101.2	123.5
福建	118.8	118.8	118.8	105.2	102.8	123.3
江西	117.2	117.1	118.5	104.1	104.0	123.7
山东	115.7	115.2	122.6	102.3	102.2	114.0
河南	114.9	114.5	118.3	104.8	103.9	113.7
湖北	114.1	113.9	112.8	102.9	101.5	120.1
湖南	117.3	116.2	128.3	112.6	103.3	118.0
广东	121.9	121.1	129.1	127.1	115.5	121.7
广西	119.7	119.1	125.7	104.8	101.4	129.1
海南	127.6	126.3	141.3	108.7	116.0	114.2
四川	117.8	116.8	126.2	101.6	106.1	121.5
贵州	117.9	116.8	129.8	105.1	101.4	118.5
云南	117.9	118.5	112.1	102.3	101.8	118.0
西藏						
陕西	117.6	117.2	121.2	121.1	101.2	122.7
甘肃	118.2	115.9	140.2	105.9	101.1	122.1
青海	117.3	117.5	114.7	101.3	100.6	130.8
宁夏	116.2	116.6	111.5	103.5	100.4	109.4
新疆	114.5	115.2	109.3	102.5	98.9	108.5

1989年各地区职工生活费用价格指数（2）

（以1988年价格为100）

	4.邮电费	5.医疗保健费	6.学杂保育费	7.文娱费	8.修理及其他服务费
全国平均	104.1	117.7	138.3	125.0	118.2
北京	100.0	100.0	100.0	105.8	114.8
天津	105.9	103.4	100.0	159.2	122.4
河北	100.7	127.7	133.5	126.1	115.3
山西	100.3	102.3	139.1	108.5	119.5
内蒙古	104.6	103.7	121.6	115.0	111.4
辽宁	102.3	128.9	132.0	129.7	121.2
吉林	100.0	112.6	135.7	129.5	119.0
黑龙江	100.4	108.0	142.4	118.1	118.0
上海	100.0	100.0	142.7	112.9	107.6
江苏	111.3	113.5	149.9	118.2	123.8
浙江	118.9	136.3	133.8	118.9	121.3
安徽	104.0	111.7	137.8	135.4	114.7
福建	105.4	121.0	126.5	140.3	123.8
江西	114.9	139.7	126.5	120.7	119.6
山东	121.0	149.5	146.4	126.0	117.9
河南	101.1	125.5	130.1	126.0	117.3
湖北	101.5	103.6	120.4	130.9	114.2
湖南	105.6	120.9	141.6	133.4	131.6
广东	100.3	126.8	143.9	132.6	131.4
广西	116.1	126.1	142.7	140.4	125.4
海南	104.4	135.7	170.1	136.0	140.7
四川	107.8	111.7	164.6	125.6	120.4
贵州	100.9	128.8	179.6	127.6	123.3
云南	100.0	103.9	117.3	110.1	117.9
西藏					
陕西	100.5	97.3	126.0	119.6	127.7
甘肃	100.0	107.5	225.5	132.2	114.1
青海	100.0	121.6	110.0	119.0	115.8
宁夏	100.0	101.4	113.2	109.2	121.9
新疆	100.9	101.9	118.6	133.0	109.6

1989年各地区农民生活费用价格指数（1）

（以1988年价格为100）

	农民生活费用	一、消费品	二、服务项目	1.房租	2.水电费	3.交通费
全国平均	119.3	118.6	127.7	112.5	105.4	124.4
北京						
天津						
河北	122.2	121.9	125.7	110.9	105.5	137.3
山西	122.9	123.3	116.6	121.1	100.6	120.5
内蒙古	118.3	118.3	117.7	112.9	101.5	116.0
辽宁	120.1	120.0	122.7	107.4	100.0	117.9
吉林	119.3	119.9	118.3	104.1	100.0	115.7
黑龙江	114.6	114.4	117.3	102.0	109.0	112.3
上海						
江苏	118.5	118.2	123.4	113.4	100.5	115.1
浙江	119.6	119.2	124.2	111.4	102.8	144.7
安徽	118.8	117.5	121.2	106.2	103.4	121.2
福建	118.9	118.5	122.2	101.9	103.9	130.6
江西	119.7	119.1	125.3	109.1	107.2	125.1
山东	118.9	118.5	127.9	120.4	111.6	112.0
河南	122.0	122.2	119.0	115.1	104.8	112.1
湖北	118.2	118.1	119.6	115.3	102.5	118.3
湖南	119.1	117.6	133.8	134.3	100.0	118.3
广东	122.4	121.1	133.6	126.4	121.4	122.4
广西	123.3	122.4	131.1	121.7	102.3	120.5
海南	129.8	128.1	140.7	125.9	119.0	108.3
四川	121.3	120.0	136.4	115.6	100.0	122.7
贵州	118.8	117.1	139.0	124.7	103.0	116.8
云南	119.0	119.3	114.9	109.1	102.7	126.5
西藏						
陕西	121.0	121.1	120.0	125.5	103.8	134.9
甘肃	117.6	117.7	116.4	108.3	100.0	114.2
青海	118.0	118.5	116.0	100.3	100.0	135.6
宁夏	118.5	119.1	113.0	104.5	100.0	119.0
新疆	118.3	119.7	108.2	107.5	94.3	106.8

1989年各地区农民生活费用价格指数（2）

（以1988年价格为100）

	4.邮电费	5.医疗保健费	6.学杂保育费	7.文娱费	8.修理及其他服务费
全国平均	105.2	121.6	151.9	129.1	120.3
北京					
天津					
河北	103.3	131.1	135.3	131.5	120.5
山西	100.2	101.0	129.1	119.1	114.4
内蒙古	102.8	104.3	132.5	116.3	108.5
辽宁	100.7	119.8	146.9	136.0	127.8
吉林	100.0	116.4	138.0	139.9	122.3
黑龙江	100.0	107.3	151.6	113.2	117.9
上海					
江苏	111.9	121.4	134.5	124.4	124.6
浙江	119.6	127.7	133.3	119.7	121.4
安徽	110.9	111.3	142.2	121.9	117.9
福建	103.1	118.9	132.4	137.9	118.6
江西	110.5	138.3	133.2	117.9	119.1
山东	117.1	130.7	143.4	134.6	123.5
河南	103.2	126.4	121.4	138.8	121.5
湖北	102.1	112.4	126.8	132.4	119.4
湖南	101.7	114.3	160.0	126.8	122.1
广东	100.5	130.4	148.2	133.7	132.9
广西	111.8	121.4	143.3	158.4	127.5
海南	100.0	131.3	172.2	119.5	124.7
四川	107.5	114.0	177.4	119.9	121.5
贵州	100.2	108.9	179.1	143.8	123.7
云南	100.0	103.9	119.8	116.8	115.8
西藏					
陕西	100.0	109.2	128.0	124.5	118.4
甘肃	100.0	103.1	140.4	120.4	112.8
青海	100.0	124.0	112.4	125.3	109.0
宁夏	100.0	104.2	112.5	120.1	122.3
新疆	100.0	105.7	109.4	148.7	111.5

四、农副产品收购价格指数篇

农副产品收购价格分类指数

（以1978年价格为100）

	1985年	1986年	1987年	1988年	1989年
总　指　数	166.8	177.5	198.8	244.5	281.2
一.粮　食　类	201.7	221.7	239.4	274.4	348.2
二.经 济 作 物 类	153.2	158.7	163.9	182.4	212.9
1.食用植物油及油料	145.9	152.6	161.8	193.7	232.1
2.棉　　花	155.7	154.9	162.2	176.1	216.1
3.　麻	122.5	144.3	106.9	82.6	95.1
4.烟　　叶	125.6	125.9	133.3	142.8	136.4
5.糖　　料	142.7	149.5	165.2	191.8	259.1
6.茶　　叶	122.6	140.1	157.8	206.2	190.9
三.竹 木 材 类	288.5	331.5	398.8	545.2	573.6
四.工业用油漆类	118.2	118.0	122.6	155.6	166.5
五.禽 畜 产 品 类	168.9	174.0	205.1	287.6	316.9
1.肉　　畜	163.9	171.3	203.8	303.9	333.1
2.禽　　蛋	169.4	189.9	234.9	278.8	322.3
3.皮　　张	191.7	224.3	252.6	309.4	315.3
4.鬃　　毛	223.6	183.6	208.2	280.2	307.9
六.蚕 茧 蚕 丝 类	129.2	138.8	172.1	323.2	344.6
七.干 鲜 果 类	187.4	202.4	221.0	308.5	278.3
1.瓜　　果	208.1	218.5	230.1	314.8	283.3
2.干　　果	175.2	199.2	235.1	419.9	383.8
八.干鲜菜及调味品类	157.6	165.2	197.4	241.2	244.3
1.鲜　　菜	193.4	195.7	247.0	323.3	379.2
2.干菜及调味品	146.7	167.1	189.7	217.6	206.5
九.药 材 类	145.9	113.7	127.1	206.0	145.6
十.土 副 产 品 类	122.9	138.8	160.3	190.9	272.0
十一.水 产 品 类	277.3	306.1	375.9	504.8	503.8

农副产品收购价格分类指数

（以1980年价格为100）

	1985年	1986年	1987年	1988年	1989年
总　指　数	127.6	135.8	152.1	187.1	215.2
一.粮　食　类	143.2	157.4	170.0	194.8	247.2
二.经 济 作 物 类	112.0	116.0	119.8	133.3	155.6
1.食用植物油及油料	89.7	93.8	99.4	119.0	142.6
2.棉　　花	106.1	105.6	110.6	120.1	147.4
3.　麻	109.8	129.3	95.8	74.1	85.3
4.烟　　叶	120.1	120.3	127.4	136.4	130.3
5.糖　　料	114.2	119.7	132.3	153.6	207.5
6.茶　　叶	110.9	126.8	142.8	186.6	172.8
三.竹 木 材 类	216.5	248.8	299.3	409.1	430.4
四.工业用油漆类	101.8	101.6	105.6	134.0	143.4
五.禽 畜 产 品 类	132.3	136.3	160.7	225.3	248.3
1.肉　　畜	127.5	133.2	158.5	236.3	259.0
2.禽　　蛋	139.0	155.8	192.7	228.7	264.4
3.皮　　张	152.2	178.1	200.5	245.6	250.3
4.鬃　　毛	196.7	161.5	183.1	246.5	270.9
六.蚕 茧 蚕 丝 类	106.1	114.0	141.4	265.5	283.3
七.干　鲜　果　类	173.7	187.6	204.9	286.0	258.0
1.瓜　　果	195.3	205.1	216.0	295.5	266.0
2.干　　果	140.6	159.9	188.7	337.0	308.0
八.干鲜菜及调味品类	135.2	141.7	169.3	206.9	209.6
1.鲜　　菜	161.8	163.7	206.6	270.4	317.2
2.干菜及调味品	127.8	145.6	165.3	189.6	179.9
九.药 材 类	142.1	110.7	123.8	200.7	141.9
十.土 副 产 品 类	114.7	129.5	149.6	178.2	253.9
十一.水 产 品 类	209.9	231.7	284.5	382.1	381.3

农副产品收购价格分类指数

（以上年价格为100）

	1985年	1986年	1987年	1988年	1989年
总　指　数	108.6	106.4	112.0	123.0	115.0
一.粮　食　类	101.8	109.9	108.0	114.6	126.9
二.经济作物类	101.5	103.6	103.3	111.3	116.7
1.食用植物油及油料	104.3	104.6	106.0	119.7	119.8
2.棉　　花	97.7	99.5	104.7	108.6	122.7
3.　　麻	109.5	117.8	74.1	77.3	115.1
4.烟　　叶	102.4	100.2	105.9	107.1	95.5
5.糖　　料	102.1	104.8	110.5	116.1	135.1
6.茶　　叶	113.5	114.3	112.6	130.7	92.6
三.竹木材类	155.5	114.9	120.3	136.7	105.2
四.工业用油漆类	101.6	99.8	103.9	126.9	107.0
五.禽畜产品类	124.1	103.0	117.9	140.2	110.2
1.肉　　畜	122.6	104.5	119.0	149.1	109.6
2.禽　　蛋	115.1	112.1	123.7	118.7	115.6
3.皮　　张	139.4	117.0	112.6	122.5	101.9
4.鬃　　毛	169.0	82.1	113.4	134.6	109.9
六.蚕茧蚕丝类	105.5	107.4	124.0	187.8	106.7
七.干鲜果类	124.7	108.0	109.2	139.6	90.2
1.瓜　　果	131.6	105.0	105.3	136.8	90.0
2.干　　果	113.5	113.7	118.0	178.6	91.4
八.干鲜菜及调味品类	122.2	104.8	119.5	122.2	101.3
1.鲜　　菜	150.4	101.2	126.2	130.9	117.3
2.干菜及调味品	114.1	113.9	113.5	114.7	94.9
九.药材类	122.7	77.9	111.8	162.1	70.7
十.土副产品类	108.1	112.9	115.5	119.1	142.5
十一.水产品类	151.3	110.4	122.8	134.3	99.8

1989年农副产品收购价格分类指数

（按4个大类分组）

	总指数	粮　食	经济作物	禽畜产品	其它农副产品
以1930-1936年平均价格为100	1153.3	1484.0	815.3	1487.0	1237.1
以1950年价格为100	611.7	901.4	385.5	643.5	778.0
以1952年价格为100	503.0	745.9	345.2	616.3	511.5
以1957年价格为100	418.6	637.7	307.4	442.7	369.5
以1962年价格为100	305.8	403.8	261.6	336.7	262.4
以1965年价格为100	325.6	450.0	251.8	335.0	309.7
以1970年价格为100	313.5	397.5	248.1	331.4	305.0
以1975年价格为100	293.3	363.3	226.6	320.5	291.5
以1978年价格为100	281.2	348.2	212.9	316.9	277.9
以1980年价格为100	215.2	247.2	155.6	248.3	239.8
以1985年价格为100	168.6	172.6	139.0	187.6	169.6
以1988年价格为100	115.0	126.9	116.7	110.2	99.1

1989年农副产品收购价格分类指数(1)

(按11个类分组)

	以1950年价格为100	以1952年价格为100	以1957年价格为100	以1962年价格为100	以1965年价格为100
总　指　数	611.7	503.0	418.6	305.8	325.6
一.粮　食　类	901.4	745.9	637.7	403.8	450.0
二.经 济 作 物 类	385.5	345.2	307.4	261.6	251.8
1.食用植物油及油料	745.4	688.9	444.0	302.0	302.1
2.棉　　花	300.0	264.7	269.9	269.6	244.2
3.　麻	178.9	136.6	127.8	109.6	105.7
4.烟　　叶	240.7	206.7	194.2	138.5	138.4
5.糖　　料	392.7	450.3	381.3	305.2	290.2
6.茶　　叶	630.9	408.0	261.0	228.9	207.3
三.竹 木 材 类	993.8	863.6	938.9	754.8	701.9
四.工业用油漆类	457.9	440.7	346.8	214.6	213.0
五.禽 畜 产 品 类	643.5	616.3	442.7	336.7	335.0
1.肉　　畜	666.9	649.6	466.9	356.1	345.0
2.禽　　蛋	700.9	669.4	459.6	267.2	371.5
3.皮　　张	575.5	420.5	382.9	351.8	353.2
4.鬃　　毛	575.5	421.6	402.0	352.2	342.0
六.蚕 茧 蚕 丝 类	608.4	524.6	494.8	401.6	371.3
七.干 鲜 果 类	570.9	436.8	356.2	276.4	311.7
1.瓜　　果	460.1	341.4	307.7		286.7
2.干　　果	1169.0	929.2	664.8		604.3
八.干鲜菜及调味品类	633.5	354.1	267.1	200.8	269.4
1.鲜　　菜	653.0	543.7	409.6	302.6	415.6
2.干菜及调味品	881.4	304.9	230.6	174.5	239.1
九.药 材 类	396.1	289.7	178.2	124.8	133.3
十.土 副 产 品 类	953.8	537.7	407.0	256.9	311.6
十一.水 产 品 类	920.2	876.1	636.9	457.1	524.8

1989年农副产品收购价格分类指数(2)

(按11个类分组)

	以1970年价格为100	以1975年价格为100	以1978年价格为100	以1980年价格为100	以1985年价格为100	以1988年价格为100
总指数	313.5	293.3	281.2	215.2	168.6	115.0
一.粮食类	397.5	363.3	348.2	247.2	172.6	126.9
二.经济作物类	248.1	226.6	212.9	155.6	139.0	116.7
1.食用植物油及油料	302.0	242.2	232.1	142.6	159.0	119.8
2.棉花	243.9	236.4	216.1	147.4	138.9	122.7
3.麻	102.4	97.0	95.1	85.3	77.7	115.1
4.烟叶	138.4	137.0	136.4	130.3	108.5	95.5
5.糖料	290.3	259.4	259.1	207.5	181.6	135.1
6.茶叶	201.6	195.0	190.9	172.8	155.8	92.6
三.竹木材类	664.7	581.1	573.6	430.4	198.7	105.2
四.工业用油漆类	213.1	183.2	166.5	143.4	140.8	107.0
五.禽畜产品类	331.4	320.5	316.9	248.3	187.6	110.2
1.肉畜	345.0	334.5	333.1	259.0	203.3	109.6
2.禽蛋	344.3	328.1	322.3	264.4	190.3	115.6
3.皮张	348.0	320.8	315.3	250.3	164.4	101.9
4.鬃毛	351.0	314.2	307.9	270.9	137.7	109.9
六.蚕茧蚕丝类	355.5	344.9	344.6	283.3	266.9	106.7
七.干鲜果类	329.7	308.8	278.3	258.0	148.5	90.2
1.瓜果		296.1	283.3	266.0	136.2	90.0
2.干果		495.8	383.8	308.0	219.1	91.4
八.干鲜菜及调味品类	266.9	251.9	244.3	209.6	155.0	101.3
1.鲜菜	410.8	380.1	379.2	317.2	196.1	117.3
2.干菜及调味品	228.7	225.0	206.5	179.9	140.7	94.9
九.药材类	136.2	150.7	145.6	141.9	99.8	70.7
十.土副产品类	308.7	290.0	272.0	253.9	221.3	142.5
十一.水产品类	544.8	516.1	503.8	381.3	181.7	99.8

1989年各地区农副产品收购价格分类指数(1)

(以1988年价格为100)

	总指数	一.粮食类	二.经济作物类	1.食用植物油及油料	2.棉花	3.麻	4.烟叶
全国平均	115.0	126.9	116.7	119.8	122.7	115.1	95.5
北京	106.8	113.5	121.4	121.4			
天津	108.7	130.7	126.7	119.6	135.3		
河北	119.0	134.9	130.5	130.3	131.9		100.1
山西	121.0	149.2	122.1	116.2	126.5	146.9	93.7
内蒙古	105.1	119.4	117.9	118.6			
辽宁	116.5	123.3	118.6	119.9	121.7		100.9
吉林	118.7	128.2	107.6	106.7		100.0	100.0
黑龙江	115.1	117.9	109.9	110.2		114.5	100.0
上海							
江苏	115.8	126.7	120.9	103.7	129.5	100.2	98.4
浙江	113.6	141.2	121.0	140.3	159.5	122.2	112.0
安徽	116.8	126.8	113.9	128.7	113.9	109.2	99.5
福建	116.7	121.2	121.2	120.9		104.4	129.8
江西	115.3	125.5	119.3	115.6	118.9	110.0	142.7
山东	112.4	131.3	117.5	125.6	115.9	140.2	100.1
河南	118.1	129.1	115.8	118.2	117.6	120.3	107.8
湖北	118.9	129.1	118.7	120.6	124.7	108.1	103.4
湖南	106.8	130.2	82.5	116.8	130.0	90.6	53.6
广东	125.3	131.4	145.5	139.7		115.0	123.2
广西	103.7	92.7	105.4	127.3		115.6	100.8
四川	108.2	141.0	109.9	112.9	120.3	116.2	93.8
贵州	112.5	117.7	113.4	116.6		49.5	112.4
云南	112.4	131.9	109.9	125.0	250.0	101.6	100.0
西藏							
陕西	111.0	115.2	113.1	118.7	134.1		
甘肃	110.2	117.5	106.1	108.2	133.8	94.2	100.0
青海	110.7	128.8	109.0	109.0			
宁夏	110.8	133.7	112.3	112.6		111.0	
新疆	108.2	111.3	115.2	109.3	115.2		100.0

1989年各地区农副产品收购价格分类指数(2)

(以1988年价格为100)

	5.糖料	6.茶叶	三.竹木材类	1.木材	2.竹材	四.工业用油漆类	1.工业用油脂油料
全国平均	135.1	92.6	105.2	105.0	107.0	107.0	108.1
北京							
天津						107.8	107.8
河北	109.0					151.9	151.9
山西	107.1		114.8	114.8		118.9	118.9
内蒙古	115.6		100.0	100.0		100.9	100.9
辽宁	106.3		95.7	95.7		242.7	242.7
吉林	119.5		141.2	141.2		99.4	99.4
黑龙江	116.7		125.0	125.0		141.4	141.4
上海						84.4	84.4
江苏	128.6	103.3	125.6	124.1	132.3	148.9	148.9
浙江	95.2	99.2	80.8	79.7	85.4	109.0	109.0
安徽		81.1	109.9	104.6	120.7	98.9	98.9
福建	166.1	90.8	106.1	106.2	105.0	105.2	94.3
江西	120.1	116.8	113.0	113.3	109.4	101.0	101.0
山东	117.8		139.7	139.7			
河南		84.4	128.6	128.6		92.0	116.5
湖北		123.7	103.2	103.4	100.0	118.5	122.6
湖南	120.0	95.7	87.0	87.0	87.1	108.7	108.9
广东	158.1	113.3	119.9	118.5	133.8	102.2	102.2
广西	110.5	59.0	117.4	119.6	105.3	101.3	101.7
四川	140.8	98.2	92.3	91.8	127.9	97.8	102.5
贵州	148.6	122.2	92.0	91.7	99.9	114.0	111.7
云南	152.4	96.0	93.3	93.3		100.8	112.9
西藏							
陕西	107.0	98.2	105.1	105.1		85.8	113.1
甘肃	105.2	81.0				98.6	
青海							
宁夏	112.1						
新疆	161.2		118.0	118.0			

1989年各地区农副产品收购价格分类指数(3)

(以1988年价格为100)

	2.工业用漆胶	五.禽畜产品类	1.肉畜	2.禽蛋	3.皮张	4.鬃毛	5.其它畜产品
全国平均	89.9	110.2	109.6	115.6	101.9	109.9	113.5
北　京		108.9	113.6	106.7	127.8	106.1	96.3
天　津		103.7	104.7	102.8	103.0	107.5	148.2
河　北		101.2	99.7	108.5	108.3	95.4	159.8
山　西		100.4	96.4	103.8	96.8	88.6	115.6
内蒙古		93.9	89.3	115.0	82.9	101.1	108.5
辽　宁		115.2	116.7	93.2	128.5	112.0	111.0
吉　林		113.4	117.6	114.3	110.7	102.0	100.1
黑龙江		111.2	117.9	100.8	114.9	94.8	107.9
上　海		126.2	137.6	111.7	106.7	282.7	126.2
江　苏		111.3	104.9	122.5	88.8	129.4	129.4
浙　江							
安　徽		106.6	100.4	119.5	106.7	131.0	111.6
福　建	129.0	121.9	123.3	120.6	104.6	121.0	104.6
江　西		110.4	111.2	107.8	101.4	119.5	91.6
山　东		104.1	101.3	113.4	150.7	111.1	119.2
河　南	63.1	104.6	103.1	118.1	99.4	117.9	109.5
湖　北	87.0	108.2	108.1	107.3	99.4	132.0	103.0
湖　南	102.4	110.6	110.6	108.9	113.0	114.7	
广　东		123.7	120.4	129.1	119.1	112.2	141.2
广　西	74.2	128.4	140.0	121.3	103.6	79.8	
四　川	87.0	109.4	109.1	115.2	104.3	125.9	109.7
贵　州	129.9	103.1	103.9	86.7	90.4	105.0	98.7
云　南	88.8	110.6	106.1	136.4	121.8	91.7	158.8
西　藏							
陕　西	74.8	107.5	105.3	120.4	139.1	122.7	106.5
甘　肃	98.6	106.9	113.2	120.5	80.9	94.9	86.6
青　海		104.0	106.4	116.2	97.5	97.8	101.9
宁　夏		92.0	100.2	103.3	84.0	80.2	96.1
新　疆		103.1	100.2	111.1	105.6	102.4	120.3

1989年各地区农副产品收购价格分类指数(4)

(以1988年价格为100)

	六.蚕茧蚕丝类	七.干鲜果类	1.瓜果	2.干果	八.干鲜菜及调味品类	1.鲜菜	2.干菜
全国平均	106.7	90.2	90.0	91.4	101.3	117.3	94.3
北京		101.6	100.4	112.3	91.5		
天津		107.0	99.9	135.4	103.2	103.2	
河北	108.0	98.6	98.8	96.6	97.6	101.6	89.5
山西	97.7	94.0	90.1	98.6	95.4	108.0	90.9
内蒙古	148.4	85.0	37.5	90.8	97.6	96.1	103.5
辽宁	131.0	112.9	112.8	113.4	112.9	112.9	113.0
吉林	94.4	114.9	43.8	118.1	99.3	105.4	91.1
黑龙江	115.4	108.5	64.9	109.8	99.9	101.1	97.9
上海	127.5	74.1	74.1		104.6	111.0	89.9
江苏	107.6	70.7	82.6	48.6	98.9	97.7	102.4
浙江	91.0	77.0	78.1	74.9	117.8	121.8	102.2
安徽	75.1	95.8	109.2	85.3	79.3	80.3	78.8
福建	108.0	93.8	93.3	95.0	109.1	131.9	97.3
江西		98.9	97.0	104.8	103.4	107.5	87.4
山东	128.0	74.3	72.1	92.7	90.6	86.2	123.1
河南	86.0	98.0	97.9	98.3	87.8	82.6	88.9
湖北	89.4	79.2	77.9	82.3	87.0	95.5	84.3
湖南	78.4	78.5	77.5	90.2	98.6	100.4	97.9
广东	276.1	109.9	114.0	85.7	117.7	131.1	104.3
广西	107.8	97.0	97.7	91.6	97.1	100.4	97.3
四川	117.9	56.4	56.2	106.1	84.9	114.2	79.3
贵州	168.5	124.2	124.3	118.2	73.1	68.4	74.1
云南	140.1	115.3	109.7	117.9	88.7	99.2	92.1
西藏							
陕西	132.8	84.1	76.4	86.9	86.9	94.0	89.5
甘肃	98.4	107.1	107.2	106.3	89.9	99.9	82.1
青海		152.7	152.7		130.9	133.6	92.8
宁夏		65.8	87.5	50.0	106.7	108.8	90.6
新疆	111.7	112.9	127.9	92.2	101.0	102.1	93.2

1989年各地区农副产品收购价格分类指数(5)

(以1988年价格为100)

	3.调味品	九.药材类	十.土副产品类	十一.水产品类	1.海水鲜品	2.淡水鲜品	3.其他水产品
全国平均	97.0	70.7	142.5	99.8	92.7	109.8	98.6
北京			115.4	105.7		105.7	
天津		86.0	103.6	83.2	79.3	94.0	
河北	83.1	84.6	136.6	98.1	97.1	111.5	84.3
山西	77.3	81.6	104.1	105.7		105.7	
内蒙古	176.0	145.5	132.4	119.5		119.5	
辽宁		102.5	121.6	94.7	84.1	127.7	93.1
吉林		66.7	108.5	101.9		101.9	
黑龙江		90.1	109.1	99.5		99.5	
上海		133.3	107.8	119.3	121.1	94.2	
江苏	90.7	98.2	99.5	104.5	99.4	119.5	86.0
浙江	146.8	57.4	117.3	94.1	104.6	81.9	64.4
安徽		71.0	121.1	113.2		113.2	
福建		66.9	135.4	108.9	104.0	117.3	112.6
江西							
山东	86.9	105.1	124.4	87.7	82.8	107.8	95.6
河南	120.9	71.3	123.3				
湖北		83.3	139.0	94.4		94.4	
湖南		83.2	115.9	114.5		114.5	
广东	96.0	82.9	105.6	111.4	110.6	111.0	114.4
广西	95.4	49.8	108.4	125.3		125.3	
四川	91.8	40.5	141.7	99.4		99.4	
贵州	93.8	102.7	92.1				
云南	69.0	106.2	127.2	116.7		116.7	
西藏							
陕西	73.5	88.5	139.0	91.6		91.6	
甘肃	90.6	117.7	129.3				
青海	82.5	82.9	117.9	132.6		132.6	
宁夏		63.0	102.4	91.1		91.1	
新疆		77.8	105.3	109.2		109.2	

五、工农业商品交换比价篇

1989年各地区农副产品与工业品交换的综合比价指数

（以1950年价格为100）

	农副产品收购价格总指数	农村工业品零售价格总指数	农副产品与工业品交换的综合比价指数	
			以农副产品收购价格总指数为100	以农村工业品零售价格总指数为100
全国平均	611.7	180.8	29.6	338.3
北　京	481.0	212.9	44.3	225.9
天　津				
河　北	448.7	199.0	44.4	225.5
山　西	634.3	212.2	33.5	299.0
内蒙古	842.3	216.5	25.7	389.1
辽　宁	562.9	212.1	37.7	265.4
吉　林	773.9	226.8	29.3	341.2
黑龙江	769.6	234.6	30.5	328.0
上　海				
江　苏	454.2	182.4	40.2	249.0
浙　江	605.4	188.4	31.1	321.3
安　徽	623.4	175.9	28.2	354.4
福　建	600.5	177.2	29.5	338.9
江　西	694.3	199.4	28.7	348.2
山　东	485.9	165.5	34.1	293.6
河　南	504.8	183.3	36.3	275.4
湖　北	638.6	176.2	27.6	362.4
湖　南	574.7	213.3	37.1	269.4
广　东	628.9	190.5	30.3	330.1
广　西	716.5	211.3	29.5	339.1
四　川	898.1	194.2	21.6	462.5
贵　州	818.2	156.8	19.2	521.8
云　南	505.5	154.2	30.5	327.8
西　藏				
陕　西	474.3	199.3	42.0	238.0
甘　肃	568.6	163.9	28.8	346.9
青　海	537.3	146.1	27.2	367.8
宁　夏	718.8	181.0	25.2	397.1
新　疆	553.1	112.6	20.4	491.2

1989年各地区农副产品与工业品交换的综合比价指数

（以1952年价格为100）

	农副产品收购价格总指数	农村工业品零售价格总指数	农副产品与工业品交换的综合比价指数	
			以农副产品收购价格总指数为100	以农村工业品零售价格总指数为100
全国平均	503.0	164.5	32.7	305.8
北　京	388.3	179.9	46.3	215.8
天　津				
河　北	367.5	172.8	47.0	212.7
山　西	522.0	179.0	34.3	291.6
内蒙古	591.5	175.1	29.6	337.8
辽　宁	495.8	173.0	34.9	286.6
吉　林	582.7	186.7	32.0	312.1
黑龙江	584.7	191.0	32.7	306.1
上　海	322.0	155.9	48.4	206.5
江　苏	436.6	180.1	41.3	242.4
浙　江	488.5	172.7	35.4	282.9
安　徽	490.7	169.8	34.6	289.0
福　建	596.3	164.9	27.7	361.6
江　西	578.1	183.8	31.8	314.5
山　东	406.6	146.6	36.1	277.4
河　南	474.1	165.9	35.0	285.8
湖　北	529.7	163.6	30.9	323.8
湖　南	518.2	204.3	39.4	253.6
广　东	646.3	187.1	28.9	345.4
广　西	513.5	193.4	37.7	265.5
四　川	598.8	167.1	27.9	358.3
贵　州	726.8	146.0	20.1	497.8
云　南	519.7	143.4	27.6	362.4
西　藏				
陕　西	411.0	164.3	40.0	250.2
甘　肃	367.4	148.7	40.4	247.1
青　海	334.8	146.3	43.7	228.8
宁　夏	471.9	172.7	36.6	273.2
新　疆	450.1	109.9	24.4	409.6

1989年各地区农副产品与工业品交换的综合比价指数

（以1957年价格为100）

	农副产品收购价格总指数	农村工业品零售价格总指数	农副产品与工业品交换的综合比价指数	
			以农副产品收购价格总指数为100	以农村工业品零售价格总指数为100
全国平均	418.6	161.2	38.5	259.7
北　京	319.1	170.6	53.5	187.1
天　津				
河　北	390.2	164.2	42.1	237.6
山　西	418.3	163.9	39.2	255.2
内蒙古	473.8	160.9	34.0	294.5
辽　宁	377.0	177.8	47.1	212.0
吉　林	466.3	177.9	38.2	262.1
黑龙江	424.5	177.7	41.9	238.9
上　海	295.8	166.8	56.4	177.3
江　苏	373.1	180.6	48.4	206.6
浙　江	423.5	170.1	40.2	249.0
安　徽	403.4	169.0	41.9	238.7
福　建	508.1	175.0	34.4	209.3
江　西	483.6	173.8	35.9	278.3
山　东	339.8	141.1	41.5	240.8
河　南	388.0	166.9	43.0	232.5
湖　北	439.2	158.6	36.1	276.9
湖　南	423.5	200.2	47.3	211.5
广　东	488.7	195.7	40.0	249.7
广　西	426.6	200.9	47.1	212.3
四　川	468.0	166.1	35.5	281.8
贵　州	425.1	141.2	33.2	301.1
云　南	425.7	151.0	35.7	280.4
西　藏				
陕　西	352.4	164.4	46.7	214.4
甘　肃	328.9	150.7	45.8	218.2
青　海	329.3	140.6	42.7	234.2
宁　夏	433.8	156.1	36.0	277.9
新　疆	355.3	128.8	36.3	275.9

1989年各地区农副产品与工业品交换的综合比价指数

（以1965年价格为100）

	农副产品收购价格总指数	农村工业品零售价格总指数	农副产品与工业品交换的综合比价指数	
			以农副产品收购价格总指数为100	以农村工业品零售价格总指数为100
全国平均	325.6	152.6	46.9	213.4
北京	286.4	165.8	57.9	172.7
天津	278.6	153.0	54.9	182.1
河北	309.3	157.9	51.1	195.9
山西	332.8	156.8	47.1	212.2
内蒙古	354.9	152.9	43.1	232.1
辽宁	318.2	164.8	51.8	193.1
吉林	317.0	161.4	50.9	196.4
黑龙江	319.2	165.5	51.8	192.9
上海	266.5	163.5	61.4	163.0
江苏	299.5	168.3	56.2	178.0
浙江	351.7	159.1	45.2	221.1
安徽	328.4	156.5	47.7	209.8
福建	406.3	164.8	40.6	246.5
江西	367.1	163.9	44.6	224.0
山东	292.6	146.2	50.0	200.1
河南	293.8	160.5	54.6	183.1
湖北	310.9	154.5	49.7	201.2
湖南	324.1	184.0	56.8	176.1
广东	386.8	187.3	48.4	206.5
广西	322.1	180.0	55.9	178.9
四川	301.4	158.7	52.7	189.9
贵州	274.6	133.5	48.6	205.7
云南	294.7	152.9	51.9	192.7
西藏				
陕西	298.4	161.6	54.2	184.7
甘肃	295.1	153.6	52.0	192.1
青海	324.9	143.4	44.1	226.6
宁夏	345.8	156.6	45.3	220.8
新疆	300.8	141.3	47.0	212.9

1989年各地区农副产品与工业品交换的综合比价指数

（以1970年价格为100）

	农副产品收购价格总指数	农村工业品零售价格总指数	农副产品与工业品交换的综合比价指数	
			以农副产品收购价格总指数为100	以农村工业品零售价格总指数为100
全国平均	313.5	161.6	51.5	194.0
北京	286.2	176.1	61.5	162.5
天津	285.9	159.6	55.8	179.1
河北	301.0	164.1	54.5	183.4
山西	316.7	162.5	51.3	194.9
内蒙古	340.3	160.3	47.1	212.3
辽宁	297.2	170.7	57.4	174.1
吉林	293.0	165.3	56.4	177.3
黑龙江	284.4	169.2	59.5	168.1
上海	258.8	168.4	65.1	153.7
江苏	287.0	174.9	60.9	164.1
浙江	338.5	167.5	49.5	202.1
安徽	316.4	165.1	52.2	191.6
福建	394.8	176.9	44.8	223.2
江西	342.1	170.0	49.7	201.2
山东	287.5	153.8	53.5	186.9
河南	279.8	169.3	60.5	165.3
湖北	289.2	162.9	56.3	177.5
湖南	304.1	193.7	63.4	157.0
广东	384.4	193.6	50.4	198.6
广西	309.3	190.3	61.5	162.5
四川	291.4	165.1	56.7	176.5
贵州	264.3	152.1	57.5	173.8
云南	276.7	161.7	58.4	171.1
西藏				
陕西	276.1	172.6	62.5	160.0
甘肃	284.6	160.7	56.4	177.1
青海	311.8	147.5	47.3	211.4
宁夏	330.8	156.4	47.3	211.5
新疆	295.7	155.4	52.6	190.3

1989年各地区农副产品与工业品交换的综合比价指数

（以1978年价格为100）

	农副产品收购价格总指数	农村工业品零售价格总指数	农副产品与工业品交换的综合比价指数	
			以农副产品收购价格总指数为100	以农村工业品零售价格总指数为100
全国平均	281.2	164.4	58.5	171.0
北　京	260.0	178.7	68.7	145.5
天　津	266.1	161.3	60.6	165.0
河　北	276.1	170.6	61.8	161.8
山　西	291.2	165.5	56.8	176.0
内蒙古	312.1	163.1	52.3	191.4
辽　宁	271.3	172.1	63.4	157.6
吉　林	246.8	166.3	67.4	148.4
黑龙江	257.2	166.5	64.7	154.5
上　海	238.4	172.0	72.1	138.6
江　苏	267.2	175.5	65.7	152.3
浙　江	316.5	171.3	54.1	184.8
安　徽	301.2	168.8	56.0	178.4
福　建	365.5	176.4	48.3	207.2
江　西	321.0	171.6	53.5	187.1
山　东	270.7	158.7	58.8	170.1
河　南	251.8	173.2	68.8	145.4
湖　北	271.6	164.9	60.7	164.7
湖　南	291.5	197.1	67.6	147.9
广　东	355.4	194.8	54.8	182.4
广　西	281.8	192.8	68.4	146.2
四　川	261.7	164.8	63.0	158.8
贵　州	249.3	159.6	64.0	156.2
云　南	270.5	161.6	59.7	167.4
西　藏				
陕　西	253.3	177.9	70.2	142.4
甘　肃	253.0	160.4	63.3	157.7
青　海	237.1	151.2	63.8	156.8
宁　夏	304.1	164.3	54.0	185.1
新　疆	270.1	156.0	57.8	173.1

1989年各地区农副产品与工业品交换的综合比价指数

（以1980年价格为100）

	农副产品收购价格总指数	农村工业品零售价格总指数	农副产品与工业品交换的综合比价指数	
			以农副产品收购价格总指数为100	以农村工业品零售价格总指数为100
全国平均	215.2	163.0	75.7	132.0
北　京	225.0	176.8	78.6	127.3
天　津	206.1	158.4	76.9	130.1
河　北	196.2	169.4	86.3	115.8
山　西	225.1	165.5	73.5	136.0
内蒙古	232.1	163.0	70.2	142.4
辽　宁	210.3	170.4	81.0	123.4
吉　林	191.9	164.2	85.6	116.9
黑龙江	190.5	164.4	86.3	115.9
上　海	191.8	171.7	89.5	111.7
江　苏	205.8	173.7	84.4	118.5
浙　江	233.6	170.2	72.9	137.3
安　徽	213.9	166.3	77.7	128.6
福　建	271.9	174.6	64.2	155.7
江　西	228.5	171.0	74.8	133.6
山　东	192.0	158.1	82.3	121.4
河　南	193.2	173.4	89.8	111.4
湖　北	207.7	164.1	79.0	126.6
湖　南	206.2	194.4	94.3	106.1
广　东	264.8	191.8	72.4	138.1
广　西	215.7	190.0	88.1	113.5
四　川	200.3	163.9	81.8	122.2
贵　州	189.2	158.4	83.7	119.4
云　南	218.6	162.8	74.5	134.3
西　藏				
陕　西	193.9	176.2	90.9	110.0
甘　肃	195.5	158.9	81.2	123.0
青　海	201.4	152.2	75.6	132.3
宁　夏	245.3	163.0	66.4	150.5
新　疆	217.9	153.0	70.2	142.4

1989年各地区农副产品与工业品交换的综合比价指数

（以1985年价格为100）

	农副产品收购价格总指数	农村工业品零售价格总指数	农副产品与工业品交换的综合比价指数	
			以农副产品收购价格总指数为100	以农村工业品零售价格总指数为100
全国平均	168.6	147.9	87.7	114.0
北京	165.1	161.5	97.8	102.2
天津	163.8	152.3	93.0	107.6
河北	153.2	154.0	100.5	99.5
山西	182.3	152.4	83.6	119.6
内蒙古	177.2	146.9	82.9	120.6
辽宁	161.8	153.4	94.7	105.5
吉林	150.6	145.1	96.3	103.8
黑龙江	147.4	141.6	96.1	104.1
上海	142.2	160.0	112.5	88.9
江苏	171.7	156.2	91.0	109.9
浙江	181.2	154.7	85.4	117.1
安徽	178.6	157.8	88.4	113.2
福建	189.2	153.1	80.9	123.6
江西	180.3	151.4	84.0	119.1
山东	158.0	147.7	93.5	107.0
河南	158.4	158.8	100.3	99.7
湖北	164.5	152.4	92.6	107.9
湖南	153.2	169.6	110.7	90.3
广东	200.5	171.8	85.7	116.7
广西	157.2	169.3	107.7	92.9
四川	165.1	149.6	90.6	110.4
贵州	148.3	148.6	100.2	99.8
云南	147.9	150.1	101.5	98.5
西藏				
陕西	161.0	157.3	97.7	102.4
甘肃	157.4	144.5	91.8	108.9
青海	176.7	139.1	78.7	127.0
宁夏	171.3	149.9	87.5	114.3
新疆	161.1	139.5	86.6	115.5

1989年各地区农副产品与工业品交换的综合比价指数

（以上年价格为100）

	农副产品收购价格总指数	农村工业品零售价格总指数	农副产品与工业品交换的综合比价指数	
			以农副产品收购价格总指数为100	以农村工业品零售价格总指数为100
全国平均	115.0	118.7	103.2	96.9
北　京	106.8	122.8	115.0	87.0
天　津	108.7	115.4	106.2	94.2
河　北	119.0	120.9	101.6	98.4
山　西	121.0	118.7	98.1	102.0
内蒙古	105.1	117.9	112.2	89.1
辽　宁	116.5	120.4	103.3	96.8
吉　林	118.7	117.1	98.7	101.4
黑龙江	115.1	112.9	98.1	101.9
上　海	124.7	115.8	92.9	107.7
江　苏	115.8	120.7	104.2	95.9
浙　江	113.6	118.7	104.5	95.7
安　徽	116.8	119.4	102.2	97.8
福　建	116.7	117.2	100.4	99.6
江　西	115.3	119.3	103.5	96.6
山　东	112.4	117.9	106.5	93.9
河　南	118.1	120.6	102.1	97.9
湖　北	118.9	119.4	100.4	99.6
湖　南	106.8	120.9	113.2	88.3
广　东	125.3	119.5	95.4	104.9
广　西	103.7	123.4	119.0	84.0
四　川	108.2	119.3	110.3	90.7
贵　州	112.5	117.3	104.3	95.9
云　南	112.4	119.7	106.5	93.9
西　藏				
陕　西	111.0	122.7	110.5	90.5
甘　肃	110.2	116.3	105.5	94.7
青　海	110.7	117.1	105.8	94.5
宁　夏	110.8	118.6	107.0	93.4
新　疆	108.2	118.6	109.6	91.2

1989年主要农副产品交换工业品的数量(1)

	每百公斤农副产品交换工业品的数量				
	食盐（公斤）	白糖（公斤）	卷烟（盒）	白酒（公斤）	白棉布（米）
小麦	186.03	25.07	96.78	24.37	30.19
稻谷	175.92	23.71	91.52	23.05	28.55
玉米	141.53	19.08	73.63	18.54	22.97
大豆	306.42	41.30	159.41	40.14	49.73
皮棉	1313.75	177.07	683.45	172.11	213.23
烤烟	577.69	77.86	300.53	75.68	93.76
黄红麻(熟麻)	425.19	57.31	221.20	55.70	69.01
大麻	678.03	91.39	352.73	88.82	110.05
苎麻	648.81	87.45	337.53	85.00	105.31
花生果	402.42	54.24	209.35	52.72	65.32
油菜籽	365.25	49.23	190.01	47.85	59.28
芝麻	1008.50	135.93	524.65	132.12	163.69
甘蔗	35.53	4.79	18.48	4.65	5.77
甜菜	39.92	5.38	20.77	5.23	6.48
毛茶	1793.28	241.70	932.92	234.93	291.06
肥猪	988.33	133.21	514.16	129.48	160.41
鸡蛋	1135.53	153.05	590.74	148.76	184.31
绵羊毛	2535.92	341.79	1319.26	332.22	411.60
桑蚕茧	2686.47	362.09	1397.59	351.94	436.04
桐油	1116.86	150.53	581.02	146.31	181.28
生漆	4994.72	673.19	2598.41	654.33	810.69

注：本表是根据农副产品收购综合平均价格和农村工业品国营商业零售价格计算的.

1989年主要农副产品交换工业品的数量(2)

	每百公斤农副产品交换工业品的数量				
	棉花化纤混纺布（米）	肥皂（条）	火柴（包）	煤油（公斤）	化肥（公斤）
小麦	12.25	79.73	104.80	83.50	156.11
稻谷	11.58	75.39	99.11	78.97	147.62
玉米	9.32	60.65	79.73	63.53	118.76
大豆	20.18	131.32	172.63	137.54	257.13
皮棉	86.51	563.04	740.14	589.71	693.45
烤烟	38.04	247.58	325.46	259.31	484.78
黄红麻(熟麻)	28.00	182.23	239.55	190.86	356.81
大麻	44.65	290.58	381.99	304.35	568.97
苎麻	42.72	278.06	365.52	291.23	544.45
花生果	26.50	172.46	226.71	180.64	337.69
油菜籽	24.05	156.54	205.77	163.95	306.5
芝麻	66.41	432.21	568.17	452.69	846.29
甘蔗	2.34	15.23	20.02	15.95	29.81
甜菜	2.63	17.11	22.49	17.92	33.50
毛茶	118.09	768.55	1010.30	804.96	1504.85
肥猪	65.08	423.57	556.81	443.64	829.37
鸡蛋	74.77	486.65	639.73	509.71	952.89
绵羊毛	166.99	1086.82	1428.69	1138.32	2128.04
桑蚕茧	176.90	1151.35	1513.51	1205.90	2254.38
桐油	73.54	478.65	629.22	501.33	937.23
生漆	328.90	2140.60	2813.93	2242.02	4191.38

1989年其他农副产品交换粮食的数量

	每百公斤其他农副产品交换粮食的数量			
	小麦（公斤）	稻谷（公斤）	玉米（公斤）	大豆（公斤）
皮棉	706	747	928	429
烤烟	311	328	408	189
黄红麻(熟麻)	229	242	300	139
大麻	364	385	479	221
苎麻	349	369	458	212
花生果	216	229	284	131
油菜籽	196	208	258	119
芝麻	542	573	713	329
甘蔗	19	20	25	12
甜菜	21	23	28	13
毛茶	964	1019	1267	585
肥猪	531	562	698	323
鸡蛋	610	645	802	371
绵羊毛	1363	1442	1792	828
桑蚕茧	1444	1527	1898	877
桐油	600	635	789	364
生漆	2685	2839	3529	1630

六、商品零售和收购价格篇

主要商品零售价格（1）

价格单位：元

品名	规格等级牌号	计量单位	全社会零售价格		国营商业零售价格	
			1988年	1989年	1988年	1989年
普通面粉		公斤	0.554	0.636	0.550	0.635
富强粉	富强粉	公斤	0.679	0.745	0.676	0.742
粳米	标二	公斤	0.721	0.987	0.674	0.915
籼米	标二	公斤	0.548	0.653	0.532	0.629
挂面	富强粉	公斤	0.839	0.977	0.817	0.963
黄豆	中等	公斤	0.987	1.374	0.896	1.242
玉米面	一等	公斤	0.284	0.294	0.273	0.282
花生油	二级	公斤	3.393	4.143	3.351	4.095
菜籽油	二级	公斤	2.761	3.261	2.757	3.212
芝麻油	小磨香油	公斤	5.700	8.522	5.548	7.973
粉条	薯类原料	公斤	2.329	2.604	2.365	2.665
黄花菜	甲级	公斤	6.332	6.940	6.286	6.871
黑木耳	甲级	公斤	46.124	48.061	46.236	48.224
海带	盐干一级	公斤	2.569	3.977	2.549	3.961
猪肉	去骨统肉	公斤	5.215	5.919	5.045	5.751
牛肉	去骨统肉	公斤	5.523	6.942	5.225	6.557
羊肉	去骨统肉	公斤	5.999	6.989	5.708	6.690
白条鸡	开膛	公斤	6.073	6.711	5.914	6.393
酱猪肉	中等	公斤	7.797	8.959	7.849	9.026
鸡蛋	新鲜完整	公斤	4.567	5.170	4.318	4.918
鸭蛋	新鲜完整	公斤	4.270	4.791	4.135	4.565
鲜黄花鱼	中等	公斤	9.327	9.999	8.990	9.377
鲜带鱼	中等	公斤	5.728	6.782	5.699	6.668
鲢鱼	中等	公斤	3.917	4.223	3.731	3.988
苹果	一级	公斤	2.585	3.012	2.535	2.943
梨	一级	公斤	2.298	2.709	2.355	2.769
桔子	一级	公斤	3.241	3.594	3.252	3.525
广柑	一级	公斤	2.910	3.745	2.953	3.801
红枣	干枣一级	公斤	3.533	4.381	3.469	4.336
核桃	一级	公斤	3.920	4.414	3.899	4.386
黑瓜子	一级熟货	公斤	5.717	7.169	5.732	7.217

主要商品零售价格（2）

价格单位：元

品名	规格等级牌号	计量单位	国营商业零售价格	
			1988年	1989年
食盐	精盐	500克	0.214	0.240
酱油	二级	公斤	0.516	0.592
醋	二级	公斤	0.602	0.700
味精	含麸酸钠80%	50克	0.846	0.893
白砂糖	机制一级	公斤	2.116	2.598
过虑嘴烟	甲级	盒	1.257	1.490
乙级纸烟		盒	0.625	0.674
散装粮食白酒		公斤	2.480	2.820
瓶装大曲酒	60-65度,500克瓶装	瓶	3.906	4.445
啤酒	熟12度瓶装	瓶	1.176	1.320
花茶	茉莉烘青三级	公斤	16.756	18.817
绿茶	炒青三级	公斤	14.597	17.020
水果糖	玻璃纸中等	公斤	4.321	5.704
奶糖	中等	公斤	5.021	6.231
蛋糕	普通	公斤	3.665	4.687
饼干	中等	公斤	2.729	3.512
鲜牛奶	瓶装消毒	公斤	0.900	1.022
奶粉	500克袋装全脂	袋	4.712	5.235
麦乳精	500克袋装	袋	3.511	4.041
猪肉罐头	390克午参肉	瓶	3.012	3.563
鱼罐头	280克瓶装	瓶	2.760	3.395
白细布	79.5 * 78	米	1.760	2.248
色平布	80G 64 * 63	米	1.946	2.613
浅花布	85G 72 * 69	米	2.001	2.755
涤棉细布	100 * 92	米	2.975	3.811
涤棉色卡	133 * 72	米	4.848	5.503
中长纤维布	99 * 56	米	6.328	6.879
大衣呢	纯毛	米	46.901	55.203
混纺哔达呢	97 * 257	米	23.902	28.563
毛涤纶	52 * 288	米	25.078	29.692
线绨被面		条	14.169	16.181
软缎被面		条	24.410	31.977
汗衫	95cm 一等	件	2.704	3.374
背心	95cm 一等	件	2.028	2.608

主要商品零售价格（3）

价格单位：元

品名	规格等级牌号	计量单位	国营商业零售价格	
			1988年	1989年
棉毛衫	男衫 95 cm	件	5.131	6.142
运动裤	腈纶 95 cm	条	7.369	9.300
毛巾	21支中档印花	条	1.540	1.759
提花枕巾	21 支 腈纶	条	4.116	4.676
弹力锦纶袜	235 克 男袜	双	2.256	2.531
锦纶丝袜	210 克 女袜	双	2.224	2.666
双人床单	印花	条	21.348	27.326
的确良衬衫	长袖男衫	件	10.161	13.474
塑料底布鞋	25号	双	5.036	5.847
旅游男鞋	25号	双	15.264	16.546
合成革女凉鞋	23.5号	双	14.799	15.909
牛皮光面男鞋	25.5号 一级	双	31.664	35.622
纯毛线	国毛 中粗	公斤	71.794	89.024
混纺毛线	毛腈 混纺	公斤	47.943	58.539
絮棉	六级	公斤	4.862	6.214
搪瓷面盆	36 cm 一级	个	6.727	10.508
搪瓷口杯	10 cm 一级	个	2.648	3.996
玻璃杯	印花 一级	个	0.659	0.737
铁壳暖水瓶	彩花5磅 一级	个	9.222	12.035
高压锅	24cm 一级	个	57.668	76.525
铝锅	22cm 一级	个	8.621	11.992
牙膏	中号	支	0.717	0.852
肥皂	一级	条	0.692	0.824
普通香皂	100 克 一级	块	0.698	0.799
洗衣粉	500克袋装一级	袋	1.476	1.756
卫生纸	中等 卷纸	卷	0.470	0.563
火柴	普通 10 盒装	包	0.435	0.608
手电筒	铁皮 一级	个	2.774	3.650
电灯泡	220V40W 一级	个	0.480	0.621
日光灯管	220V20w 一级	支	3.816	4.263
铁柄尼龙伞	55 cm 折叠	把	12.735	14.467
缝纫机	一级	架	203.748	250.202
自行车	26 型 一级	辆	261.307	291.096
洗衣机	普通双缸一级	台	475.011	533.437
机械手表	19 钻 一级	只	51.387	51.284

主要商品零售价格（4）

价格单位：元

品名	规格等级牌号	计量单位	国营商业零售价格	
			1988年	1989年
闹钟	NI 型 一级	个	17.913	19.149
电风扇	落地扇	台	231.474	264.806
大衣柜	135*58*185一级	个	276.196	303.816
木床	192*150*70双人	张	181.933	204.675
细瓷饭碗	16 cm 一级	个	0.793	0.911
铁锅	炒菜锅 正品	口	4.362	5.313
菜刀	中号 正品	把	3.333	4.000
凉席	双人 甲级	领	9.501	10.812
信纸	18 K 100 页	本	0.767	0.963
小学生作业本	32 K	本	0.126	0.159
塑料皮日记本	36 K 100 页	本	1.743	2.069
铅笔	HB 带橡皮	支	0.105	0.127
铱金笔	普通	支	2.915	3.253
墨水	57 毫升	瓶	0.421	0.509
彩色电视机	45cm	台	2159.310	2817.899
晶体管收音机	6 管 2 波段	台	28.985	30.231
黑白电视机	35cm	台	500.803	573.920
收录机	双卡收录两用	架	523.040	525.655
照相机	海鸥 135	架	321.168	342.365
扑克	一级	付	1.044	1.189
羽毛球拍	铁杆	付	12.388	13.590
胶卷	135彩色21锭36张	卷	15.014	17.761
盒式录音磁带	空白	盒	3.792	3.963
牛黄解毒片	小瓶	瓶	0.540	0.648
银翘解毒丸	十丸	盒	1.271	1.480
青霉素针剂	40 万 单位	支	0.248	0.288
黄连素片	0.1克 *100片	百片	3.650	4.708
复方阿斯匹林	0.42克*100片	百片	1.450	2.003
维生素C片	0.1克 *100片	百片	1.153	1.425
咳嗽糖浆	100 毫升	瓶	0.901	1.096
原煤	民用	百公斤	4.351	5.826
蜂窝煤	民用	百公斤	5.327	6.685
煤油	灯用	公斤	0.808	0.836
液化石油气		公斤	1.167	1.583

主要商品零售混合平均价格（1）

价格单位:元

	计量单位	1988年	1989年
粮食(贸易粮)	万公斤	4893.8	5570.2
#牌价	万公斤	3797.9	3903.6
食用植物油	万公斤	26724.6	33647.7
#牌价	万公斤	18018.0	18934.2
猪肉	百公斤	495.6	540.2
牛肉	百公斤	553.2	641.4
羊肉	百公斤	558.5	637.3
家禽	百公斤	571.9	626.2
鲜蛋	百公斤	436.2	486.7
鲜菜	百公斤	48.1	50.6
水产品(混合品)	吨	5264.6	6019.2
食盐	吨	365.2	397.7
食糖	吨	2296.8	2549.7
卷烟	箱	1945.9	2136.8
酒	吨	3977.2	4410.2
茶叶	百公斤	1387.2	1659.6
棉布	百米	243.5	316.3
棉花化纤混纺布	百米	370.6	463.2
#涤棉混纺布	百米	373.0	454.1
化纤布	百米	753.1	886.0
呢绒	百米	3641.1	4070.1
绸缎	百米	881.5	1057.9
毛线	百公斤	4804.9	5683.7
毛巾	百条	182.3	200.5
线袜	百双	146.6	166.9
锦纶袜	百双	226.0	247.5
汗衫背心	百件	242.2	297.5
棉毛衫裤	百件	550.9	677.6
卫生衫裤	百件	931.5	981.1
床褥单	百条	1833.6	2368.2
絮棉	百公斤	512.4	687.0
胶鞋	百双	808.0	995.8
皮鞋	百双	2600.1	2937.5
布鞋	百双	551.7	626.4

主要商品零售混合平均价格（2）

价格单位:元

	计量单位	1988年	1989年
塑料鞋	百双	389.2	448.4
火柴	件	51.9	57.1
肥皂	箱	43.2	48.6
香皂	百块	87.0	105.5
洗衣粉	百公斤	282.2	343.2
搪瓷口杯	百个	242.9	347.1
搪瓷面盆	百个	731.0	988.5
铝锅	百个	1378.3	1675.9
暖水瓶	百个	1029.1	1342.6
电灯泡	百个	63.2	74.6
手电筒	百个	308.6	393.1
手电池	百个	39.0	48.0
钟	个	46.7	53.9
手表	只	65.8	68.4
缝纫机	架	206.4	246.8
自行车	辆	239.4	271.3
电子管收音机	台	73.2	56.5
晶体管收音机	台	30.0	28.9
电视机	台	1253.6	1534.6
录音机	台	454.5	415.0
电风扇	台	192.0	244.8
洗衣机	台	454.9	504.0
电冰箱	台	1828.1	1972.2
机制薄纸	吨	3427.1	3919.8
土纸	吨	2222.6	2735.3
金笔	百支	2170.3	2392.2
铱金笔	百支	316.0	338.0
铅笔	万支	1018.4	1251.4
煤炭	吨	63.5	65.3
煤油	吨	828.8	857.8
化学肥料	标准吨	539.9	636.8
化学农药	标准吨	7876.6	10441.1
农用动力机械	马力	202.1	250.5
木材	立方米	637.2	661.9

主要农副产品收购混合平均价格(1)

价格单位:元

	计量单位	1989年	1988年
粮食(贸易粮)	万公斤	7499.5	5637.2
食用植物油	万公斤	43178.4	36756.7
皮棉	百公斤	495.1	400.2
棉短绒	百公斤	202.5	158.3
黄红麻(熟麻)	百公斤	161.9	131.5
大麻	百公斤	231.5	182.2
苎麻	百公斤	252.6	220.5
烤烟	百公斤	241.5	297.0
晒烟	百公斤	378.8	369.1
茶叶	百公斤	647.8	782.2
甘蔗	吨	131.1	103.8
甜菜	吨	138.2	121.1
非食用植物油	万公斤	45377.0	44131.9
桐油	万公斤	41329.9	34923.9
木材	立方米	294.3	281.5
毛竹	百 根	273.4	306.7
棕片	百公斤	149.9	127.2
苇席	百 领	721.3	608.6
生漆	百公斤	2008.8	2171.4

主要农副产品收购混合平均价格(2)

价格单位:元

	计量单位	1989年	1988年
蜂蜜	百公斤	313.7	255.8
肥猪	百公斤	359.3	323.3
菜牛	百公斤	529.1	448.0
菜羊	百公斤	452.0	394.1
家禽	百公斤	562.8	519.5
鲜蛋	百公斤	416.8	365.8
苹果	吨	1371.9	1269.0
柑橘	吨	1204.3	1980.3
鲜菜	百公斤	27.1	30.8
柞蚕茧	百公斤	357.1	416.4
桑蚕茧	百公斤	964.0	958.3
绵羊毛	百公斤	907.1	1078.7
山羊毛	百公斤	489.8	513.4
牛皮	张	81.2	63.9
绵羊皮	张	26.6	29.2
山羊板皮	张	17.1	16.3
山羊绒	百公斤	18268.9	12883.5
猪鬃	箱	1048.6	961.5
水产品	吨	4655.2	4264.0

29个大中城市主要商品零售价格

城市	普通面粉(元/公斤)			富强粉(元/公斤)		
	规格等级牌号	1988年	1989年	规格等级牌号	1988年	1989年
北京	标准粉	0.370	0.370	富强粉	0.500	0.500
天津	普通粉(或标准粉)	0.370	0.370	富强粉	0.500	0.500
石家庄	普通粉(或标准粉)	0.402	0.379	富强粉	0.500	0.500
太原	普通粉(或标准粉)	0.431	0.422	富强粉	0.570	0.542
呼和浩特	标准粉	0.423	0.375			
沈阳	普通粉(或标准粉)	0.412	0.449	富强粉	0.544	0.541
长春	标准粉	0.551	0.680	富强粉	0.608	0.740
哈尔滨	普通粉(或标准粉)	0.425	0.516	富强粉	0.520	0.520
上海	普通粉(或标准粉)	0.340	0.340	富强粉	0.440	0.440
南京	付号粉	0.388	0.387	富强粉	0.404	0.404
杭州	普通粉(或标准粉)	0.521	0.462	富强粉	0.553	0.526
合肥	普通粉	0.351	0.340	富强粉	0.440	0.440
福州	普通粉(或标准粉)	0.546	0.660	富强粉	0.733	0.760
南昌	普通粉(或标准粉)	0.415	0.440	富强粉	0.480	0.480
济南	普通粉(特二粉)	0.449	0.449	富强粉	0.500	0.500
郑州	标准粉	0.419	0.398	富强粉	0.500	0.500
武汉	普通粉(或标准粉)	0.400	0.400			
长沙	普通粉(或标准粉)	0.462	0.483	富强粉	0.462	0.465
广州	普通粉(或标准粉)	0.520	0.656	富强粉	0.896	1.017
南宁	普通粉(或标准粉)	0.340	0.340	富强粉	0.500	0.500
海口	普通粉(或标准粉)	0.362	0.380	富强粉	0.785	1.076
成都	普通粉(或标准粉)	0.340	0.346	特制粉	0.460	0.460
贵阳	黔一粉	0.490	0.477	富强粉	0.500	0.500
昆明	普通一级	0.444	0.470	富强粉	0.510	0.519
西安	普通粉(或标准粉)	0.377	0.386	富强粉	0.470	0.538
兰州	普通粉(或标准粉)	0.422	0.384	富强粉	0.520	0.520
西宁	普通粉(标准粉)	0.440	0.433			
银川	普通粉(或标准粉)	0.390	0.392	富强粉	0.500	0.500
乌鲁木齐	普通粉(或标准粉)	0.424	0.450	富强粉	0.560	0.560

29个大中城市主要商品零售价格

城市	粳米(元/公斤) 规格等级牌号	1988年	1989年	籼米(元/公斤) 规格等级牌号	1988年	1989年
北京	标二	0.863	1.190	标二	0.314	0.314
天津	二等	0.370	0.370	二等	0.304	0.304
石家庄	标二	0.911	1.856	标二	0.588	1.048
太原	标二	1.032	1.823	标二	0.387	0.398
呼和浩特	标二	1.050	1.633	标二	0.482	0.364
沈阳	标一	0.445	0.485			
长春	标一东北大米	0.868	0.988			
哈尔滨	标二	0.498	0.628			
上海	标一白	0.377	0.372	标一白	0.300	0.298
南京	标一	0.305	0.321	标一	0.298	0.299
杭州	标二	0.373	0.408	标二	0.408	0.318
合肥	标二	0.355	0.348	标二	0.318	0.300
福州	标二	0.843	0.681	标二	0.517	0.666
南昌				标二	0.299	0.305
济南	标二	0.927	1.202			
郑州	标二	1.295	1.931	标二	0.564	0.671
武汉	标二	0.503	0.465	标二	0.330	0.336
长沙				标二	0.321	0.329
广州				标二	0.582	0.689
南宁				标二	0.327	0.338
海口				标二	0.421	0.552
成都				标二	0.300	0.319
贵阳				标二	0.390	0.376
昆明	上等	0.350	0.403			
西安	标二	0.796	1.118	标二	0.608	0.805
兰州	标二	0.894	1.609	标二	0.652	0.819
西宁				标二	0.407	0.502
银川	标二	0.398	0.403			
乌鲁木齐	标二	0.955	1.130	标二	0.599	0.634

29个大中城市主要商品零售价格

城市	江米(糯米)(元/公斤)			挂面(元/公斤)		
	规格等级牌号	1988年	1989年	规格等级牌号	1988年	1989年
北京	标二	1.061	2.075	富强粉	0.720	0.720
天津				富强粉细条	0.760	0.760
石家庄	标二	1.261	2.460	富强粉	0.660	0.713
太原	标二	1.108	2.294	富强粉	0.700	0.700
呼和浩特	标二	1.302	2.398	富强粉	0.758	0.800
沈阳	标二	1.024	1.955	上白粉	0.720	0.720
长春	标二	1.471	2.296	富强粉	0.848	0.953
哈尔滨				富强粉	0.520	0.520
上海	标一白元	0.457	0.442	富强粉，粗	0.680	0.680
南京	标一	0.407	0.483	富强粉	0.607	0.640
杭州	标二	0.554	0.568	富强粉	0.675	0.777
合肥	标二	0.564	1.009	富强粉	0.680	0.680
福州	标二	0.771	1.102	富强粉	0.918	1.135
南昌	标二	0.376	0.380	富强粉	0.800	0.800
济南	标二	1.529	2.453	富强粉	0.740	0.790
郑州	标二	1.115	1.963	富强粉	0.640	0.643
武汉	标二	0.829	0.881	富强粉	0.540	0.540
长沙	标二	0.642	0.726	富强粉	0.580	0.583
广州	标二	1.458	3.252	富强粉 波纹面	1.286	1.440
南宁	标二	0.685	0.884	富强粉	0.680	0.680
海口	标二	1.733	2.848	富强粉	0.954	0.991
成都	中等	0.729	1.697	上白粉	0.620	0.620
贵阳	标二	0.894	1.006			
昆明	上等	1.442	2.187	碱一级	0.640	0.640
西安	标二	0.932	1.136	富强粉	0.660	0.811
兰州	标二	1.019	1.962	富强粉	0.680	0.680
西宁	标二	0.557	1.835	优质粉	0.522	0.580
银川	标二	0.953	2.040	富强粉	0.697	0.720
乌鲁木齐	标二	1.409	1.653	富强粉	0.960	0.960

29个大中城市主要商品零售价格

城市	玉米面(元/公斤)			小米(元/公斤)		
	规格等级牌号	1988年	1989年	规格等级牌号	1988年	1989年
北京	二等	0.234	0.234	二等	1.110	1.457
天津	二等	0.234	0.236	二等	1.229	1.823
石家庄	一等	0.234	0.232	一等	0.575	1.567
太原	一等	0.236	0.224	一等	0.484	0.606
呼和浩特	一等	0.226	0.226	一等	0.363	0.315
沈阳	一等	0.239	0.205	一等	1.309	1.981
长春	粗	0.197	0.198	二等	0.697	2.413
哈尔滨	一等	0.199	0.240	一等	1.318	2.091
上海						
南京						
杭州						
合肥						
福州						
南昌						
济南	一等	0.490	0.357	一等	1.063	1.547
郑州	一等	0.218	0.218	一等	1.065	1.265
武汉						
长沙						
广州						
南宁	一等	0.360	0.360			
海口						
成都						
贵阳				一等	2.014	3.758
昆明	中等	0.229	0.339			
西安	一等	0.216	0.216	一等	1.455	1.845
兰州	一等	0.282	0.324	一等	0.909	1.528
西宁				一等	0.898	1.143
银川				一等	0.878	1.189
乌鲁木齐	一等	0.301	0.302	一等	1.132	1.123

29个大中城市主要商品零售价格

城市	黄豆(元/公斤)			绿豆(元/公斤)		
	规格等级牌号	1988年	1989年	规格等级牌号	1988年	1989年
北京	二等	1.144	1.759	二等	1.285	0.977
天津	二等	0.874	2.083	二等	1.386	1.950
石家庄	一等	0.565	0.480	一等	2.304	3.282
太原	一等	0.853	1.759	一等	2.751	3.257
呼和浩特	一等	0.571	0.357	一等	2.028	3.333
沈阳	一等	1.386	1.740	一等	2.990	4.097
长春	二等	1.170	1.712	二等	3.345	4.212
哈尔滨	一等	0.887	1.053	一等	2.833	3.677
上海	二级,中粒	1.673	2.408	二级,明绿豆	2.678	3.564
南京	中等	1.327	1.864	中等	2.888	3.432
杭州	一等	1.204	1.410	一等	1.883	3.009
合肥	一等	0.942	1.659	一等	1.774	2.567
福州	一等	1.228	1.600	一等	3.077	2.470
南昌	一等	1.265	1.800	一等	2.717	3.138
济南	一等	1.318	2.030	一等	2.580	3.115
郑州	一等	1.117	1.789	一等	2.671	2.844
武汉	一等	1.514	2.010	一等	2.719	3.292
长沙	一等	0.857	1.138	一等	2.761	3.212
广州	中等	1.853	2.862	中等	3.172	4.419
南宁	一等	1.481	2.266	一等	2.229	3.384
海口	一等	1.258	2.077	一等	2.599	3.261
成都	中等	1.582	2.427	中等	2.669	3.442
贵阳	一等	1.182	1.670	一等	2.711	3.526
昆明	一等	1.627	2.100	一等	2.092	2.823
西安	一等	1.404	1.943	一等	2.473	2.962
兰州	一等	1.025	0.858	一等	1.672	2.605
西宁				一等	0.964	0.566
银川	一等	1.002	1.458	一等	1.480	1.050
乌鲁木齐	一等	1.258	1.598	一等	1.748	2.800

29个大中城市主要商品零售价格

城市	红小豆(元/公斤)			花生油(元/公斤)		
	规格等级牌号	1988年	1989年	规格等级牌号	1988年	1989年
北京	二等	1.283	2.860	二级	2.332	3.064
天津	二等	1.534	3.368	二级	3.851	6.362
石家庄	一等	0.748	1.327	二级	2.157	2.063
太原	一等	0.636	1.854			
呼和浩特	一等	0.951	1.129			
沈阳	一等	1.706	3.403			
长春	二等	1.471	3.253			
哈尔滨	一等	1.409	2.524			
上海	一级,红	1.785	3.316	二级	1.760	1.760
南京	中等	1.803	3.188			
杭州	一等	1.575	2.938	二级	3.366	7.846
合肥	一等	1.597	1.346			
福州	一等	1.700	4.278	二级	3.402	4.993
南昌	一等	1.230	1.988	二级	4.059	6.160
济南	一等	1.719	3.046	二级	2.381	2.248
郑州	一等	1.072	2.321	二级	3.292	5.826
武汉	一等	1.485	2.618			
长沙						
广州	中等	2.257	4.077	纯净	5.010	6.324
南宁				二级	4.367	6.582
海口	一等	2.384	3.539	二级	2.710	3.292
成都	中等	1.606	2.514			
贵阳						
昆明						
西安	一等	0.987	1.327			
兰州	一等	0.721	0.901			
西宁	一等	0.905	1.437			
银川	一等	1.365	1.930			
乌鲁木齐	一等	1.421	1.607			

29个大中城市主要商品零售价格

城市	芝麻油(元/公斤)			菜籽油(元/公斤)		
	规格等级牌号	1988年	1989年	规格等级牌号	1988年	1989年
北京	香油	6.241	10.227	二级	2.826	3.240
天津	香油	6.582	10.820	精炼植物油二级	2.246	2.773
石家庄	香油	5.460	7.500	二级	3.675	2.165
太原	香油	5.084	7.224	二级	2.471	2.145
呼和浩特	香油	7.429	12.448	二级	3.162	3.303
沈阳	香油	6.473	12.383			
长春	混等	6.956	12.447			
哈尔滨	香油	6.568	13.419			
上海		6.831	9.262		1.823	2.203
南京	香油	6.068	9.933	二级	2.639	3.036
杭州	香油	6.220	10.707	二级	2.457	3.001
合肥	二级	2.001	2.100	二级	1.994	2.023
福州	香油	6.622	14.376	二级	3.265	4.258
南昌	香油	3.445	10.370	二级	2.991	4.469
济南	香油	7.716	13.517			
郑州	小磨香油	4.766	6.687	二级	2.926	3.341
武汉	香油	2.956	3.310	二级	2.460	2.508
长沙	香油	8.333	9.869	二级	2.297	2.352
广州	塑料10克瓶装折算	12.091	19.430			
南宁	香油	6.124	9.697	二级	3.808	6.112
海口	香油	2.353	2.796			
成都	散装	7.426	15.518	散装	2.013	2.733
贵阳	100克10瓶	12.484	19.225	二级	1.944	2.136
昆明	小磨香油	6.713	8.493	二级	1.973	2.473
西安	香油	6.104	11.799	二级	3.572	3.462
兰州	小磨香油	6.230	10.171	二级	2.541	3.173
西宁	香油	3.400	8.345	二级	2.342	2.431
银川	香油	6.330	10.328	二级	1.865	1.780
乌鲁木齐	香油	6.397	8.649	二级	2.799	3.224

29个大中城市主要商品零售价格

城市	卫生油(元/公斤)			豆油(元/公斤)		
	规格等级牌号	1988年	1989年	规格等级牌号	1988年	1989年
北京				二级	4.084	5.873
天津				二级	3.487	3.582
石家庄	棉子精炼	3.593	5.360	二级	2.633	2.581
太原	棉子精炼	3.323	5.034	二级	1.675	2.015
呼和浩特						
沈阳				一级	2.910	3.020
长春				二等	2.875	3.039
哈尔滨				二级	2.607	2.998
上海					2.069	2.889
南京	棉子精炼	3.609	4.929	二级	2.955	4.108
杭州				二级	2.009	4.864
合肥				二级	2.166	1.680
福州				二级	2.511	4.255
南昌	棉子精炼	3.492	4.417	二级	3.046	5.600
济南				二级	4.382	5.188
郑州				二级	3.707	4.765
武汉	棉子精炼	3.856	4.876	二级	4.188	5.570
长沙						
广州						
南宁				二级	4.359	6.418
海口						
成都						
贵阳						
昆明						
西安				二级	2.427	3.069
兰州				二级	1.813	1.800
西宁						
银川						
乌鲁木齐	棉子精炼	3.052	3.717	二级	2.300	3.043

29个大中城市主要商品零售价格

城市	豆腐(元/公斤)			腐竹(元/公斤)		
	规格等级牌号	1988年	1989年	规格等级牌号	1988年	1989年
北京	北豆腐	0.340	0.352	一等	7.396	8.492
天津	水豆腐	0.242	0.351	本地产500克袋装	4.800	5.433
石家庄	水豆腐	0.625	0.814	一等	6.771	7.509
太原	水豆腐	0.553	0.679	一等	4.933	5.916
呼和浩特	水豆腐	0.423	0.406	一等	5.068	5.963
沈阳	水豆腐	0.374	0.450	一等	6.986	9.177
长春	1.8x1.8x1.25寸	0.589	0.721	一等	6.702	8.753
哈尔滨	水豆腐	0.414	0.600	一等	6.933	9.150
上海		0.530	0.573			
南京	水豆腐	0.382	0.493	一等	5.600	7.727
杭州	水豆腐	0.239	0.252	一等	5.080	5.000
合肥	水豆腐	0.512	0.661	一等	5.299	5.263
福州	水豆腐	0.676	0.775	一等	6.319	7.749
南昌	水豆腐	0.491	0.657	一等	5.979	7.959
济南	水豆腐	0.501	0.654	一等	4.918	6.408
郑州	水豆腐	0.576	0.929	许昌一等	4.998	6.999
武汉	水豆腐	0.515	0.608	一等	7.070	11.070
长沙	水豆腐	0.743	1.076	一等	6.914	9.381
广州	水豆腐	0.476	0.715	支竹一等	7.113	9.453
南宁	水豆腐	0.539	0.904	一等	7.562	12.550
海口	水豆腐	0.868	1.320	一等	8.391	9.886
成都	黄豆制水豆腐	0.422	0.599	中等	3.423	4.511
贵阳	白铁豆腐	0.571	0.883			
昆明	园豆腐(黄豆制)	0.593	0.910			
西安	水豆腐	0.530	0.727	一等	4.567	5.765
兰州	水豆腐	0.720	0.937	一等	6.080	8.038
西宁	水豆腐	0.609	0.804	一级	5.740	6.701
银川	水豆腐	0.380	0.464	一等	5.029	6.290
乌鲁木齐	水豆腐	0.744	0.725	一等	5.902	7.172

29个大中城市主要商品零售价格

城市	粉条(元/公斤)			粉丝(元/公斤)		
	规格等级牌号	1988年	1989年	规格等级牌号	1988年	1989年
北京	薯类原料	2.059	2.409	豆类原料	3.178	3.799
天津	薯类原料散装	2.400	2.409	豆薯混合	4.580	4.580
石家庄	薯类原料	1.887	2.377	豆薯混合原料	4.765	5.420
太原	薯类原料	2.183	2.521	豆薯混合原料	4.527	5.635
呼和浩特	豆薯原料	2.497	2.715	豆薯混合原料	4.884	5.949
沈阳	薯类原料	2.299	2.512	豆薯混合原料	5.547	6.529
长春	土豆粉	2.690	2.830	绿豆一等	5.521	6.591
哈尔滨	薯类原料	2.571	2.701	豆类原料	5.569	6.678
上海				纯蚕豆，一级	4.067	5.703
南京				豆薯混合原料	3.232	4.480
杭州				豆薯混合原料	3.493	4.730
合肥				豆薯混合原料	1.992	2.509
福州				豆薯混合原料	5.301	6.137
南昌	薯类原料	1.905	2.001	豆薯混合原料	4.018	5.648
济南	薯类原料	1.903	2.472	豆薯混合原料	5.122	5.922
郑州	省内薯类原料	1.890	2.142	北京豆薯混合原料	5.310	6.087
武汉				豆薯混合原料	3.650	4.564
长沙	薯类原料	2.235	2.865	豆薯混合原料	4.126	5.061
广州				绿豆原料一级	5.436	6.513
南宁				豆薯混合原料	5.090	5.887
海口	薯类原料	0.986	1.881	豆薯混合原料	5.425	6.382
成都				豆薯混合原料	3.638	4.283
贵阳	薯类原料	3.351	3.447	豆薯混合原料	4.923	5.950
昆明				散一级(蚕豆制)	3.340	3.609
西安	薯类原料	2.315	2.612	豆薯混合原料	3.451	5.056
兰州	薯类原料	2.610	2.677	豆薯混合原料	4.223	5.891
西宁	薯类原料(或豆粉)	2.124	2.271	豆薯混合原料	4.968	5.706
银川	薯类原料	2.011	2.048	豆薯混合原料	4.447	5.226
乌鲁木齐	薯类原料	2.894	2.785	豆薯混合原料	5.824	6.433

29个大中城市主要商品零售价格

城市	烧鸡(元/公斤)			鲜黄花鱼(元/公斤)		
	规格等级牌号	1988年	1989年	规格等级牌号	1988年	1989年
北京	中等	10.187	10.782			
天津	本地产中等	10.314	11.252			
石家庄	中等	9.067	10.614	中等	8.679	11.173
太原	中等	9.083	9.500	中等	8.600	8.600
呼和浩特	中等	12.110	12.734			
沈阳	中等	10.726	12.667	中等	11.823	11.243
长春	道口烧鸡	10.800	12.533	一等	10.022	11.692
哈尔滨	中等	9.400	11.162	中等	19.539	20.336
上海				250-350克	12.648	15.676
南京	中等	10.289	11.985	中等	10.800	11.380
杭州	中等	10.967	13.200	中等	13.992	20.382
合肥	中等	10.623	13.031	中等	6.038	10.373
福州						
南昌	中等	12.722	15.218			
济南	中等	8.635	10.806	中等	5.863	7.958
郑州	五香中等	9.291	10.103			
武汉						
长沙						
广州	白切鸡(杂交)	11.463	13.932			
南宁						
海口				中等	7.954	11.440
成都						
贵阳	中等	12.067	12.711			
昆明						
西安	中等	10.701	10.883			
兰州	中等	11.309	13.400			
西宁	中等	8.050	11.000	中等	14.040	15.199
银川	中等	12.192	13.200			
乌鲁木齐	中等	11.480	12.626	中等	13.651	14.046

29个大中城市主要商品零售价格

城市	鲜带鱼(元/公斤)			胖头鱼(元/公斤)		
	规格等级牌号	1988年	1989年	规格等级牌号	1988年	1989年
北京	中等	8.096	8.421			
天津	中带4.5公分宽	7.315	8.367	0.75公斤左右一条	3.576	3.821
石家庄	中等	6.266	7.349	中等	3.647	6.138
太原	中等	6.029	8.364			
呼和浩特	中等	5.603	8.019			
沈阳	中等	9.720	11.979	中等	3.025	4.029
长春	一等	9.053	12.590	一等	4.145	4.969
哈尔滨	中等	9.094	11.696	中等	4.418	4.760
上海	150-250克	5.009	6.337	活,500-1000克	4.676	4.789
南京	中等	5.549	7.664			
杭州	中等	6.960	8.519	中等	4.322	4.409
合肥	中等	5.315	6.445			
福州	中等	7.691	8.845	中等	4.719	5.697
南昌	中等	4.061	5.432	中等	3.503	4.605
济南	中等	4.715	5.235			
郑州	中等	4.205	5.268			
武汉	中等	5.721	6.815	中等	3.304	3.866
长沙				中等	3.669	4.605
广州	中等	7.098	8.133	中等	4.584	5.021
南宁	中等	7.139	8.387	中等	3.973	4.541
海口	中等	5.901	7.036	中等	4.258	5.556
成都	中等	6.194	7.350			
贵阳	中等	7.579	8.821			
昆明						
西安	中等	7.291	10.530			
兰州	统货	8.281	12.879			
西宁	中等	8.070	10.098			
银川	中等	6.556	10.307			
乌鲁木齐	中等	6.633	8.061			

29个大中城市主要商品零售价格

城市	鲫鱼(元/公斤)			鲤鱼(元/公斤)		
	规格等级牌号	1988年	1989年	规格等级牌号	1988年	1989年
北京	中等	6.740	8.017	中等	7.206	7.960
天津	每公斤8-10条	6.692	6.923	0.75公斤左右一条	8.580	8.735
石家庄	中等	6.234	5.428	中等	8.126	8.426
太原				中等	6.593	6.984
呼和浩特	中等	6.988	6.376	中等	6.785	7.125
沈阳	中等	5.038	6.268	中等	6.812	6.839
长春	一等	6.444	5.965	一等	7.468	7.412
哈尔滨	中等	8.418	9.422	中等	7.929	8.788
上海	活,150-250克	7.805	8.022			
南京	中等	9.147	8.610	中等	5.805	5.757
杭州	中等	9.031	11.344			
合肥	中等	7.544	7.695	中等	5.434	5.994
福州	中等	7.131	5.943	中等	5.989	6.935
南昌	中等	5.504	7.518	中等	5.684	6.819
济南	中等	5.203	6.942	中等	7.705	7.618
郑州	中等	5.710	5.769	中等	7.887	8.534
武汉	中等	5.378	7.677	中等	4.716	6.029
长沙	中等	3.494	3.270	中等	5.975	6.772
广州	中等	5.794	7.144	中等	4.808	5.170
南宁	中等	5.214	5.619	中等	5.317	5.915
海口	中等	4.690	7.254	中等	6.231	8.914
成都	中等	6.336	6.404	中等	8.463	8.631
贵阳	中等	7.893	11.673	中等	7.932	11.043
昆明	中等	4.540	4.538	中等	7.711	9.445
西安	中等	10.695	10.435	中等	7.885	9.136
兰州	统货	7.908	6.697	统货	6.981	7.011
西宁				中等	7.389	7.727
银川	中等	6.608	6.815	中等	8.123	8.660
乌鲁木齐	中等	4.753	5.495	中等	6.955	7.037

29个大中城市主要商品零售价格

城市	鲢鱼(元/公斤)			草鱼(元/公斤)		
	规格等级牌号	1988年	1989年	规格等级牌号	1988年	1989年
北京	中等0.50公斤以上	3.737	3.905	中等0.50公斤以	6.206	7.161
天津						
石家庄	中等	4.127	4.481	中等	4.969	5.491
太原	中等	4.100	4.583			
呼和浩特	中等	3.968	4.247	中等	5.835	6.421
沈阳	中等	3.968	4.110	中等	4.926	5.296
长春	一等	4.101	4.450	一等	5.564	6.187
哈尔滨						
上海	活,500-1000克	3.657	3.830	活,750-1500克	6.045	5.829
南京	中等	4.223	4.054	中等	6.699	6.248
杭州	中等	3.518	3.636	中等	5.464	5.398
合肥	中等	3.999	4.236	中等	5.374	6.241
福州	中等	3.925	4.571	中等	6.687	6.994
南昌	中等	3.110	3.533	中等	4.988	6.524
济南	中等	4.243	4.027			
郑州	中等	3.903	4.128	中等	6.829	7.612
武汉	中等	2.985	3.264	中等	4.579	5.456
长沙	中等	3.453	3.727	中等	5.509	6.080
广州	中等	4.060	4.305	中等	5.454	5.989
南宁	中等	3.998	4.571	中等	7.781	8.240
海口	中等	3.838	5.489	中等	5.832	7.370
成都	中等花白鲢	3.706	4.418	中等	7.136	7.645
贵阳	中等	4.795	5.521	中等	5.983	7.887
昆明	中等	4.002	4.222	中等	6.119	7.738
西安	中等	4.529	4.636	中等	7.388	8.145
兰州	统货	4.017	4.171	统货	5.649	6.875
西宁	中等	3.952	5.002			
银川	中等	4.222	4.555	中等	6.403	7.124
乌鲁木齐	中等	3.686	3.720	中等	5.537	6.256

29个大中城市主要商品零售价格

城市	虾皮(元/公斤)			小海米(元/公斤)		
	规格等级牌号	1988年	1989年	规格等级牌号	1988年	1989年
北京	干二级	7.085	9.325	二级	31.442	37.969
天津						
石家庄	二级	7.258	9.408	二级	28.817	27.308
太原	二级	6.591	8.721	二级	33.639	23.844
呼和浩特	二级	5.824	6.527	二级	36.252	32.177
沈阳	二级	6.250	7.191	二级	34.873	34.240
长春	一等	8.497	8.603	一等	31.156	34.367
哈尔滨	二级	6.316	7.246	二级	30.814	33.903
上海	中等	6.358	8.555	中等	28.600	27.373
南京	二级	7.403	9.179	二级	33.675	34.645
杭州	二级	7.624	8.126	二级	28.249	26.792
合肥	二级	7.269	9.160	二级	34.710	35.816
福州	二级	8.521	10.984	二级	44.653	54.008
南昌				二级	32.000	33.870
济南	二级	7.249	8.461	二级	41.929	40.104
郑州	二级	5.830	7.173	二级	29.507	27.675
武汉	二级	5.600	7.731	二级	35.528	35.796
长沙						
广州				二级	45.118	51.635
南宁	二级	8.333	11.358	二级	39.445	37.751
海口				二级	37.204	33.766
成都				中等	37.812	39.709
贵阳						
昆明				二级	24.776	18.650
西安	二级	6.496	8.094	二级	31.128	31.199
兰州	二级	6.903	7.583	二级	29.857	36.994
西宁	二级	3.893	8.586	二级	36.961	39.551
银川	二级	5.567	11.077	二级	31.686	36.952
乌鲁木齐	二级	8.013	11.901	二级	27.402	32.925

29个大中城市主要商品零售价格

城市	海带(元/公斤)			紫菜(元/公斤)		
	规格等级牌号	1988年	1989年	规格等级牌号	1988年	1989年
北京	干一级	2.928	4.604	散装一级	19.285	22.822
天津	盐干一级	3.343	4.158	二级0.25g袋装	45.083	52.800
石家庄	盐干一级	2.600	4.313	一级	12.175	13.525
太原	盐干一级	2.083	4.408	一级	10.000	12.500
呼和浩特	盐干一级	2.700	4.383	一级	11.512	13.296
沈阳	盐干一级	2.139	4.464	一级	12.846	15.784
长春	淡干一级	2.313	4.061		12.445	14.458
哈尔滨	盐干一级	1.700	3.137	一级	11.867	12.800
上海	咸干一级	3.043	3.600			
南京	盐干一级	2.342	3.000	一级	11.248	12.140
杭州	盐干一级	2.412	3.383	一级	11.215	13.927
合肥	盐干一级	2.155	3.127			
福州	盐干一级	2.747	3.262	一级	9.033	10.326
南昌	盐干一级	2.482	3.192	一级	10.910	12.257
济南	盐干一级	2.417	4.675	一级	14.233	13.575
郑州	盐干一级	3.758	4.506	一级	11.662	15.296
武汉	盐干一级	2.571	3.619			
长沙	盐干一级	2.272	3.633			
广州	盐干一级	3.272	4.466	一级	14.798	16.632
南宁	盐干一级	3.290	4.000	一级	10.000	12.233
海口				一级	8.733	9.792
成都	淡干一级	3.269	3.983	袋装50g	13.345	14.927
贵阳	盐干一级	3.187	4.297			
昆明	淡干一级	3.382	3.802			
西安	盐干一级	3.376	4.803	一级	13.555	14.904
兰州	盐干一级	2.580	4.156	一级	13.534	16.138
西宁	盐干一级	1.897	3.982	一级	10.032	14.570
银川	盐干一级	2.200	5.003	一级	10.106	13.939
乌鲁木齐	盐干一级	2.317	3.729	一级	12.560	16.113

29个大中城市主要商品零售价格

城市	精盐(元/500克袋)			粒盐(元/公斤)		
	规格等级牌号	1988年	1989年	规格等级牌号	1988年	1989年
北京	再制盐	0.193	0.212			
天津	再制盐	0.187	0.212	原盐	0.300	0.401
石家庄	再制盐	0.208	0.224	原盐	0.280	0.304
太原	再制盐	0.196	0.213	原盐	0.372	0.404
呼和浩特	再制盐	0.202	0.214	原盐	0.300	0.310
沈阳	再制盐	0.197	0.212	原盐	0.260	0.275
长春	袋包装(每袋1Kg)	0.212	0.216	洗盐	0.351	0.390
哈尔滨	再制盐	0.210	0.220	原盐	0.260	0.260
上海	再制盐	0.210	0.223	原盐	0.300	0.315
南京	再制盐	0.208	0.233	原盐	0.295	0.316
杭州	再制盐	0.220	0.227			
合肥	再制盐	0.213	0.266	原盐	0.328	0.408
福州	再制盐	0.298	0.348	原盐	0.480	0.550
南昌	再制盐	0.205	0.236			
济南	再制盐	0.195	0.243	原盐	0.277	0.290
郑州	再制盐	0.200	0.220	粉碎盐	0.300	0.324
武汉	再制盐	0.195	0.211			
长沙	再制盐	0.190	0.201			
广州	精制盐	0.338	0.384			
南宁	再制盐	0.244	0.278			
海口	再制盐	0.253	0.299	原盐	0.260	0.267
成都	再制盐	0.210	0.224			
贵阳	加碘再制盐	0.194	0.210			
昆明	再制盐	0.170	0.177			
西安	再制盐	0.193	0.213	原盐	0.319	0.332
兰州	再制盐	0.209	0.225			
西宁	再制盐	0.200	0.206			
银川	再制盐	0.205	0.225	原盐	0.270	0.285
乌鲁木齐	再制盐	0.150	0.162			

29个大中城市主要商品零售价格

城市	酱油(元/公斤)			醋(元/公斤)		
	规格等级牌号	1988年	1989年	规格等级牌号	1988年	1989年
北京	散装	0.473	0.516	散装	0.482	0.497
天津	光荣一号	0.400	0.400	宴醋	0.840	0.840
石家庄	二级	0.180	0.180	米醋	0.210	0.210
太原	二级	0.587	0.680	二级	0.533	0.600
呼和浩特	二级	0.260	0.260	二级	0.280	0.280
沈阳	二级	0.438	0.560	二级4度清醋	0.413	0.440
长春	二级	0.360	0.360	米醋中等	0.240	0.240
哈尔滨	二级	0.370	0.447	二级	0.536	0.702
上海	红，一级	0.540	0.540	陈酿鲜醋	0.730	0.760
南京	二级	0.560	0.581	二级	0.601	0.720
杭州	二级	0.440	0.440	二级	0.320	0.320
合肥	二级	0.520	0.520	二级	0.400	0.400
福州	二级	0.611	0.720	二级	0.547	0.920
南昌	二级	0.708	0.750	二级	1.690	1.760
济南	二级	0.420	0.427	二级	0.443	0.462
郑州	郑州二级	0.360	0.410	郑州二级	0.360	0.360
武汉	二级	0.560	0.560	二级	0.686	0.686
长沙	二级	0.791	0.900	二级	0.520	0.893
广州	本市特级生抽散装	0.666	0.816	本市一级散装白醋	0.376	0.400
南宁	二级	0.573	0.713	二级	0.472	0.650
海口	二级	0.651	0.700	二级	0.800	0.800
成都	二级	0.520	0.549	二级	0.360	0.387
贵阳	工农级	0.543	0.654	陈醋	0.940	0.940
昆明	咸三级	0.300	0.300	山西老陈醋	2.567	2.851
西安	标准	0.380	0.476	标准	0.380	0.500
兰州	二级	0.400	0.400	二级	0.400	0.400
西宁	二级	0.453	0.500	二级	0.502	0.580
银川	二级	0.440	0.440	二级	0.280	0.280
乌鲁木齐	二级	0.460	0.815	二级	0.280	0.280

29个大中城市主要商品零售价格

城　市	味　精(元/50克袋)			花　椒(元/公斤)		
	规格等级牌号	1988年	1989年	规格等级牌号	1988年	1989年
北　京	含麸酸钠80%以上	0.881	0.904	一级伏椒	13.500	17.103
天　津	含麸酸钠80%	0.710	0.710	一级伏椒	12.375	17.052
石家庄	含麸酸钠80%以上	0.945	0.924	一级伏椒	14.268	17.637
太　原	含麸酸钠80%以上	0.880	0.880	一级伏椒	13.069	16.597
呼和浩特	含麸酸钠80%以上	0.857	0.857	一级伏椒	12.187	14.173
沈　阳	含麸酸钠80%以上	0.950	0.950	一级伏椒	15.194	19.512
长　春	红梅含麸酸钠99%	1.062	1.098	一等花椒面	13.739	17.506
哈尔滨	含麸酸钠80%以上	0.950	0.957	一级伏椒	14.053	15.920
上　海	上味厂80度塑装	0.650	0.730	各地,一级	13.109	18.300
南　京	含麸酸钠80%以上	0.670	0.790	一级伏椒	11.740	14.200
杭　州	含麸酸钠80%以上	0.657	0.710	一级伏椒	11.410	19.492
合　肥	含麸酸钠80%以上	0.635	0.714	一级伏椒	11.065	15.960
福　州	含麸酸钠80%以上	0.606	0.638	一级伏椒	13.585	13.645
南　昌	含麸酸钠80%以上	0.642	0.729	一级伏椒	15.975	18.479
济　南	含麸酸钠80%以上	0.827	0.831	一级伏椒	11.734	15.172
郑　州	含麸酸钠80%结晶体	0.767	0.767	安阳一级伏椒	14.767	16.111
武　汉	含麸酸钠80%以上	0.840	0.840	一级伏椒	12.213	17.012
长　沙	含麸酸钠80%以上	0.923	0.958	一级伏椒	13.133	15.200
广　州	广州双桥牌	0.873	0.909	一级伏椒	12.990	13.478
南　宁	含麸酸钠80%以上	0.740	0.752	一级伏椒	12.895	17.063
海　口	含麸酸钠80%以上	0.829	0.867			
成　都	成　都	0.770	0.800	一　级	28.957	32.122
贵　阳	双桥含麸酸钠80%以上	0.895	0.900	一级伏椒	16.340	21.946
昆　明	昆产茶花牌粉状	0.776	0.776	一级伏椒	9.591	11.468
西　安	含麸酸钠80%以上	0.874	0.908	一级伏椒大红袍	15.497	24.337
兰　州	含麸酸钠80%以上	1.026	1.057	一级伏椒	17.101	20.862
西　宁	含麸酸钠80%以上	0.945	0.998	一级伏椒	17.919	24.328
银　川	沈阳含麸酸钠99%	1.137	1.119	一级伏椒	17.071	23.659
乌鲁木齐	含麸酸钠80%以上	0.890	0.977	一级伏椒	15.016	21.768

29个大中城市主要商品零售价格

城市	八角(元/公斤)			酱(元/公斤)		
	规格等级牌号	1988年	1989年	规格等级牌号	1988年	1989年
北京	一级大红	11.941	13.076	豆制稀黄酱	0.443	0.500
天津	一级大红	11.187	11.040	面酱	0.440	0.471
石家庄	一级大红	12.654	12.674	面制	0.482	0.540
太原	一级大红	12.921	13.998	豆制	1.400	1.492
呼和浩特	一级大红	12.636	12.455	豆制	0.931	1.200
沈阳	一级大红	13.990	14.954	豆制	0.540	0.783
长春	一等	14.561	15.216	冷柏豆制大酱	0.260	0.260
哈尔滨	一级大红	12.540	12.540	豆制	0.880	0.881
上海	各地,一级	12.498	12.985	方便酱	0.400	0.400
南京	一级大红	12.420	12.420	豆制	0.776	0.840
杭州	一级大红	11.599	11.900	豆制	0.480	0.480
合肥	一级大红	11.990	12.265	豆制	1.054	1.472
福州	一级大红	12.838	13.384	豆制	1.169	2.320
南昌	一级大红	11.000	11.017	豆制	3.150	3.330
济南	一级大红	12.945	14.096	豆制	0.525	0.667
郑州	广西一级大红	13.000	14.028	郑州产豆瓣酱	0.930	1.575
武汉	一级大红	12.523	13.670	豆制	1.176	1.492
长沙	一级大红	11.350	11.417			
广州	一级大红	10.668	11.072	豆制	1.662	2.302
南宁	一级大红	10.483	11.067	豆制	1.040	1.413
海口	一级大红	12.231	12.953			
成都	一级大红	11.789	11.874	郫县豆瓣	1.719	2.340
贵阳	一级大红	14.150	14.829	甜面酱	1.268	2.200
昆明	一级大红	10.737	10.271	豆制什锦酱	0.700	1.000
西安	一级大红	13.494	14.213	豆制	1.897	2.627
兰州	一级大红	12.495	13.231	豆制	1.318	1.958
西宁	一级大红	13.087	12.925	豆制	1.845	2.194
银川	一级大红	12.816	12.823	豆制	0.827	0.840
乌鲁木齐	一级大红	13.586	13.847	豆制	1.412	1.973

29个大中城市主要商品零售价格

城市	绵白糖(元/公斤)			白砂糖(元/公斤)		
	规格等级牌号	1988年	1989年	规格等级牌号	1988年	1989年
北京	国产机制一级	2.197	2.480			
天津	国产机制一级	2.140	2.480			
石家庄	国产机制一级	2.167	2.500			
太原	国产机制一级	2.206	2.540	国产机制一级	2.044	2.400
呼和浩特	国产机制一级	2.047	2.380	国产机制一级	1.970	2.420
沈阳	国产机制一级	2.127	2.460	国产机制一级	2.027	2.360
长春		2.153	2.420			
哈尔滨	国产机制一级	2.287	2.800	国产机制一级	1.886	2.252
上海	东北	2.040	2.440	榴花	1.960	2.360
南京	国产机制一级	2.070	2.460	国产机制一级	1.970	2.380
杭州	国产机制一级	2.015	2.430	国产机制一级	1.950	2.360
合肥	国产机制一级	2.170	2.500	国产机制一级	2.052	2.380
福州				国产机制一级	1.972	2.394
南昌	国产机制一级	1.992	2.540	国产机制一级	1.912	2.460
济南	国产机制一级	2.167	2.500	国产机制一级	2.067	2.400
郑州	国产机制一级	2.236	2.580	国产机制一级	2.046	2.360
武汉				国产机制一级	1.520	1.657
长沙				国产机制一级	1.963	2.186
广州				国产机制一级	2.441	3.164
南宁				国产机制一级	1.973	2.280
海口				国产机制一级	1.771	2.432
成都				国产机制一级	2.050	2.650
贵阳				国产机制一级	2.071	2.390
昆明	国产机制一级	3.345	4.257	国产机制一级	1.938	2.300
西安	国产机制一级	2.191	2.500	国产机制一级	2.109	2.400
兰州	国产机制一级	2.245	2.547	国产机制一级	2.466	2.783
西宁	国产机制一级	2.296	2.590	国产机制一级	2.272	2.480
银川	银川机制一级	2.282	2.560	银川机制一级	2.082	2.360
乌鲁木齐				国产机制一级	2.010	2.460

29个大中城市主要商品零售价格

城市	红糖(元/公斤) 规格等级牌号	1988年	1989年	过滤嘴烟(元/盒) 规格等级牌号	1988年	1989年
北京	一级	1.685	1.960	长乐	0.910	1.150
天津	一级	1.750	2.100	恒大	0.757	0.860
石家庄	一级	1.669	1.920	本省产	0.944	1.030
太原	一级	1.704	2.060	本省产	1.134	1.095
呼和浩特	一级	1.722	2.100	钢花	0.697	0.720
沈阳	一级	1.867	2.200	辽叶	0.988	1.180
长春	赤砂糖	1.954	2.444	向阳	2.145	1.792
哈尔滨	一级	1.631	2.027	本省产	0.949	1.070
上海	榴花	1.640	2.040	牡丹	1.752	1.986
南京	一级	1.700	2.080	美乐	0.783	0.840
杭州	一级	1.704	2.060	本省产	1.134	1.095
合肥	一级	1.829	2.140		1.290	1.410
福州	一级	1.957	3.308	本省产	2.261	2.107
南昌	一级	1.525	1.980	本省产	0.967	0.990
济南	一级	1.300	2.133	大鸡	1.183	1.300
郑州	一级	1.707	2.040	彩蝶	1.140	1.361
武汉	一级	1.180	1.323	本省产	1.330	1.570
长沙	一级	1.523	2.775	本省产	1.375	1.700
广州	一级冰片糖	3.206	3.576	双喜	2.566	2.944
南宁	一级	1.603	1.860	本省产	1.262	1.520
海口	一级	1.948	2.474	本省产	3.100	3.654
成都	一级	2.225	3.308	白芙蓉	1.548	1.644
贵阳	一级	2.667	3.383	黄果树	2.205	2.212
昆明	一级	2.706	3.379	红塔山	1.778	2.304
西安	一级	1.724	2.025	红延安	0.735	0.698
兰州	一级	1.740	2.197	海洋	0.985	1.240
西宁	一级	1.736	2.131		0.944	1.250
银川	银川一级	1.862	2.140	乒坛	1.061	1.200
乌鲁木齐	一级	1.744	2.130	本省产	1.468	1.675

29个大中城市主要商品零售价格

城市	乙级纸烟(元/盒)			丙级纸烟(元/盒)		
	规格等级牌号	1988年	1989年	规格等级牌号	1988年	1989年
北京	前门	0.541	0.590	红樱	0.250	0.250
天津	前门	0.534	0.580	大港	0.260	0.260
石家庄	本省产	0.577	0.600	本省产	0.250	0.250
太原	本省产	0.448	0.470	本省产	0.270	0.270
呼和浩特	青城烟	0.482	0.500	雁牌烟	0.300	0.300
沈阳	大生产	0.601	0.660	沈阳雪茄	0.253	0.250
长春	三七	0.808	0.820	海兰江	0.340	0.360
哈尔滨	本省产	0.680	0.720	本省产	0.310	0.310
上海	前门	0.673	0.720	劳动	0.250	0.250
南京	雨花石	0.551	0.580	烽火	0.280	0.280
杭州	本省产	0.448	0.470	本省产	0.270	0.270
合肥		0.511	0.540		0.270	0.270
福州	本省产	0.593	0.700			
南昌	本省产	0.520	0.520			
济南	琥珀	0.530	0.550	泉城	0.260	0.260
郑州	芒果	0.470	0.510	黄金叶	0.314	0.314
武汉	本省产	0.694	0.780	本省产	0.310	0.310
长沙	本省产	0.534	0.580	本省产	0.270	0.270
广州	南海	0.536	0.550			
南宁	本省产	0.489	0.520	本省产	0.253	0.290
海口	本省产	1.700	2.250	本省产	0.792	0.888
成都	成都	0.495	0.510	飞雁	0.250	0.260
贵阳	甲秀	0.580	0.580	朝阳桥	0.350	0.350
昆明	精春城	0.506	0.550			
西安	金丝猴	0.674	0.675	大雁塔	0.319	0.334
兰州	精兰州	0.471	0.500	精金城	0.340	0.340
西宁		0.567	0.590		0.340	0.340
银川	金驼	0.492	0.520	本省产	0.270	0.270
乌鲁木齐	本省产	0.526	0.560	本省产	0.240	0.240

29个大中城市主要商品零售价格

城市	大曲酒(元/瓶)			粮食白酒(元/公斤)		
	规格等级牌号	1988年	1989年	规格等级牌号	1988年	1989年
北京	北京特曲	4.143	4.300	二锅头	4.113	4.800
天津	天津大曲	4.987	5.280	散装	2.483	2.600
石家庄		2.385	2.500	散装	2.683	2.800
太原		4.331	4.800	散装	2.786	2.900
呼和浩特	泸州特曲	8.361	9.650	散装	3.041	3.238
沈阳		4.114	4.400	散装	2.685	2.800
长春	德惠大曲	3.393	3.861	固体发酵	1.957	2.039
哈尔滨		2.887	3.060	散装	2.119	2.280
上海	七宝大曲65度	2.861	3.000			
南京		3.165	3.440	散装	2.063	2.200
杭州		4.331	4.800	散装	2.786	2.900
合肥		2.806	3.030		1.985	2.526
福州		5.160	5.160	散装	5.340	5.850
南昌		1.940	2.050			
济南	景芝白干	2.435	2.720			
郑州	商丘产林河	2.940	3.493			
武汉		4.360	4.360	散装	2.044	2.241
长沙		5.174	5.660	大米大曲	2.028	2.229
广州	吴川头曲	2.058	2.229	米酒散装	2.050	2.834
南宁		5.053	5.825	散装	2.746	2.920
海口		6.892	9.680	散装	1.621	2.271
成都	崃山二曲	2.999	3.197	散装	2.562	2.646
贵阳	贵阳大曲	5.767	5.882	散装	1.883	2.360
昆明	葡泉大曲	3.244	3.677	散装	1.987	2.515
西安		3.942	4.014	散装	3.400	3.508
兰州	四川绵竹	6.937	7.538	平凉散装	2.683	2.800
西宁		2.977	3.794	散装	2.980	3.254
银川		2.681	3.040	散装	3.633	4.000
乌鲁木齐		3.327	3.483	散装	3.192	3.647

29个大中城市主要商品零售价格

城市	葡萄酒(元/瓶)			黄　酒(元/公斤)		
	规格等级牌号	1988年	1989年	规格等级牌号	1988年	1989年
北　京	中国红	4.976	5.500	普通散装	2.660	3.300
天　津	津产红 0.75公斤瓶装	3.200	3.200			
石家庄	12-16° 0.75公斤瓶装	3.031	3.205	普通散装	3.696	3.915
太　原	12-16° 0.75公斤瓶装	3.150	3.302	普通散装	1.720	1.858
呼和浩特	12-16° 0.75公斤瓶装	4.042	4.061	普通散装	4.324	4.587
沈　阳	12-16° 0.75公斤瓶装	3.120	3.297	普通散装	1.800	2.168
长　春	通化高级(红)	3.100	3.331			
哈尔滨	12-16° 0.75公斤瓶装	3.675	3.720	普通散装	2.520	2.520
上　海	上海红葡萄酒20度	4.500	4.500	上海黄酒甲级	1.178	1.400
南　京	12-16° 0.75公斤瓶装	3.250	3.250	普通散装	1.520	1.520
杭　州	12-16° 0.75公斤瓶装	3.150	3.302	普通散装	1.720	1.858
合　肥	12-16° 0.75公斤瓶装	2.373	2.620		1.149	1.966
福　州	12-16° 0.75公斤瓶装	4.317	4.544	普通散装	1.207	1.440
南　昌	12-16° 0.75公斤瓶装	2.949	3.000			
济　南	12-16° 0.75公斤瓶装	2.900	3.080	普通散装	1.850	2.073
郑　州	民权产长城红葡萄	4.255	4.520	郑州产瓶装	2.495	2.506
武　汉	12-16° 0.75公斤瓶装	3.271	3.270	普通散装	1.375	1.606
长　沙	中国红葡萄	5.725	6.280			
广　州	烟台张裕　白兰地	7.251	7.775			
南　宁	12-16° 0.75公斤瓶装	3.140	3.140			
海　口	12-16° 0.75公斤瓶装	4.365	5.717	普通散装	3.900	5.000
成　都	如　意	3.009	3.420	普通散装	1.750	1.768
贵　阳	张裕白葡萄酒	4.240	4.240			
昆　明	青岛白葡萄酒	4.254	4.829			
西　安	12-16° 0.75公斤瓶装	3.080	3.508	普通散装	1.687	2.283
兰　州	12-16° 0.75 公斤	3.650	3.700	普通散装	1.896	2.159
西　宁		5.155	6.094			
银　川	青岛 16° 0.75公斤	2.138	2.338	本省普通散装	3.948	4.408
乌鲁木齐	12-16° 0.75公斤瓶装	2.602	2.680	普通散装	1.962	2.279

29个大中城市主要商品零售价格

城市	啤酒(元/瓶)			花茶(元/公斤)		
	规格等级牌号	1988年	1989年	规格等级牌号	1988年	1989年
北京	北京熟啤酒	1.020	1.223	茉莉烘青三级	16.000	16.000
天津	熟 12°瓶装	0.955	1.191	茉莉烘青三级	20.000	20.000
石家庄	熟 12°瓶装	0.965	1.042	茉莉烘青三级	18.000	22.000
太原	熟 12°瓶装	1.270	1.362	茉莉烘青三级	18.583	20.444
呼和浩特	熟 12°瓶装	1.221	1.336	茉莉烘青三级	18.688	20.903
沈阳	熟 11°瓶装	1.010	1.130	茉莉烘青三级	18.533	21.256
长春	长春牌 11度	1.003	1.156	一级	26.000	26.000
哈尔滨	熟 12°瓶装	1.076	1.200	茉莉烘青三级	19.000	19.000
上海	光明牌黄鲜啤 12度	0.619	0.730	茉莉花茶三级 散	19.528	21.773
南京	熟 12°瓶装	0.981	1.148	茉莉烘青三级	18.667	20.523
杭州	熟 12°瓶装	1.270	1.362	茉莉烘青三级	18.583	20.444
合肥		0.936	1.214	茉莉烘青一级	22.200	25.584
福州	熟 12°瓶装	1.133	1.320	茉莉烘青三级	15.088	16.826
南昌	熟 12°瓶装	1.223	1.320	茉莉烘青三级	13.110	15.533
济南	趵突泉熟 12°瓶装	1.030	1.167	茉莉烘青三级	20.000	20.000
郑州	郑州12度瓶装	0.973	1.100	郑州产茉莉花一级	26.884	27.128
武汉	熟 12°瓶装	0.932	1.100	茉莉烘青三级	18.400	21.270
长沙	熟 12°瓶装	1.068	1.330	茉莉烘青三级	13.128	13.812
广州	穗双喜牌熟 12°瓶装	1.176	1.479	茉莉花茶三级	22.762	25.392
南宁	熟 12°瓶装	1.132	1.310	茉莉烘青三级	13.235	14.670
海口	熟 12°瓶装	1.202	1.696	茉莉烘青三级	13.968	15.333
成都	山城啤酒	1.230	1.206	成都茉莉三花	13.083	14.333
贵阳	瀑布牌瓶装	0.996	1.171	茉莉烘青一级	17.650	18.976
昆明	白龙潭	0.939	1.105	单熏(便装)	16.545	18.423
西安	西安啤酒熟 12°瓶装	1.378	1.327	茉莉烘青三级	19.600	21.400
兰州	黄河普通	1.122	1.230	茉莉烘青	19.762	20.160
西宁	熟12度瓶装	1.052	1.200	茉莉烘青三级	20.152	24.628
银川	银川西夏熟 12°瓶装	1.014	1.114	茉莉烘青三级	19.822	22.573
乌鲁木齐	熟 12°瓶装	0.966	1.220	茉莉烘青三级	19.466	21.158

29个大中城市主要商品零售价格

城市	红茶(元/公斤) 规格等级牌号	1988年	1989年	绿茶(元/公斤) 规格等级牌号	1988年	1989年
北京	工夫三级	19.580	19.580	炒青三级	39.040	39.040
天津	工夫三级	17.400	17.400	炒青三级	57.800	57.800
石家庄						
太原	工夫三级	13.600	13.600	炒青三级	14.000	14.000
呼和浩特	工夫三级	21.716	22.942	炒青三级	19.000	19.000
沈阳	工夫三级	15.133	15.465	炒青三级	22.500	23.600
长春	三级	11.000	11.000	三级	15.000	15.000
哈尔滨	工夫三级	18.000	18.000	炒青三级	11.300	11.300
上海	祁红三级 散	26.021	32.100	炒青一级 散	18.672	20.317
南京	二级	15.200	15.667	炒青一级	17.823	20.167
杭州	工夫三级	13.600	13.600	炒青三级	14.000	14.000
合肥	工夫一级	18.600	24.600	炒青一级	12.200	18.514
福州	工夫三级	11.120	11.120	炒青三级	7.220	7.220
南昌	工夫三级	37.550	54.650	炒青三级	25.508	29.150
济南	工夫三级	13.600	13.600	炒青三级	26.400	35.783
郑州				毛尖一级	29.333	31.883
武汉	工夫三级	17.200	17.200	炒青三级	12.800	15.383
长沙				炒青三级	14.728	15.565
广州	滇红三级	20.512	22.894	黄山绿	12.166	13.978
南宁	工夫三级	13.400	15.150	炒青三级	9.405	10.570
海口	工夫三级	14.000	14.000	炒青三级	9.867	15.083
成都	祁门红淬	10.875	11.000	西湖龙井三级	74.058	74.600
贵阳				珍眉茶	16.176	17.387
昆明	二级滇红	19.620	21.439	一级滇绿	16.838	19.862
西安	工夫三级	21.082	22.000	炒青三级	14.105	18.000
兰州				炒青三级	44.800	44.800
西宁	工夫三级	19.433	23.000	炒青三级	19.783	21.200
银川				炒青三级	14.986	16.724
乌鲁木齐	工夫三级	17.924	17.735	炒青三级	16.652	19.500

29个大中城市主要商品零售价格

城　市	苹　果(元/公斤)			梨(元/公斤)		
	规格等级牌号	1988年	1989年	规格等级牌号	1988年	1989年
北　京	国光一级	2.855	3.282	鸭梨一级	2.358	2.604
天　津	红香蕉一级	2.816	3.303	鸭梨一级	1.655	1.827
石家庄	一　级	2.585	3.221	一　级	2.267	2.626
太　原	一　级	2.818	3.088	一　级	2.269	2.752
呼和浩特	一　级	3.696	3.884	一　级	2.712	3.234
沈　阳	一　级	2.378	2.582	一　级	2.009	2.462
长　春	一　级	3.337	3.465	一　级	2.540	2.921
哈尔滨	一　级	2.775	3.029	一　级	2.506	2.863
上　海	一　级	3.876	4.475	一　级	2.925	3.474
南　京	一　级	2.570	2.874	一　级	2.114	2.753
杭　州	一　级	2.818	3.088	一　级	2.269	2.752
合　肥	一　级	2.475	2.730	一　级	1.598	2.124
福　州	一　级	3.156	3.283	一　级	2.707	2.754
南　昌	一　级	2.940	3.726	一　级	2.564	3.220
济　南	一　级	2.421	2.500	一　级	1.239	1.536
郑　州	一级国光或香蕉	2.362	2.848	一级黄梨	1.816	2.292
武　汉	一　级	3.307	3.952	一　级	2.694	3.321
长　沙	一　级	2.814	3.338	一　级	2.649	3.239
广　州	一　级	5.145	5.590	一　级	4.058	4.465
南　宁	一　级	2.913	2.960	一　级	2.492	2.667
海　口	一　级	3.810	4.211	一　级	3.508	3.404
成　都	一　级	3.764	4.433	一　级	2.652	2.849
贵　阳	一　级	2.540	2.912	一　级	2.000	2.339
昆　明	一级(金帅)	2.666	3.556	一级(鸭梨)	1.972	2.104
西　安	一　级	2.748	3.308	一　级	2.307	3.169
兰　州	一　级	3.045	3.421	一　级	1.535	1.654
西　宁	一　级	2.535	2.803	一　级	1.778	2.072
银　川	一　级	2.072	2.530	一　级	2.245	2.531
乌鲁木齐	一　级	2.408	2.426	一　级	2.782	2.764

29个大中城市主要商品零售价格

城市	桔子(元/公斤)			广柑(元/公斤)		
	规格等级牌号	1988年	1989年	规格等级牌号	1988年	1989年
北京	川红一级	2.756	2.884	一级	3.064	3.761
天津	一级	2.822	2.417	一级	2.954	3.875
石家庄	一级	3.720	3.402	一级	2.943	3.852
太原	一级	3.242	2.799	一级	2.840	4.013
呼和浩特	一级	3.684	3.326	一级	3.284	4.300
沈阳	一级	3.150	3.164	一级	2.746	3.341
长春	一级	3.403	3.677	一级	3.371	4.223
哈尔滨	一级	3.459	3.447			
上海	无核桔,一级	3.480	3.130	四川广柑一级	3.046	4.516
南京	一级	3.160	3.490	一级	3.267	3.967
杭州	一级	3.242	2.799	一级	2.840	4.013
合肥	一级	2.693	2.549	一级	2.902	3.779
福州	一级	2.556	2.635	一级	3.003	3.330
南昌	一级	2.768	2.563	一级	2.981	3.992
济南	一级	2.955	3.033			
郑州	四川一级	3.192	2.516	两广一级	2.570	4.058
武汉	一级	3.431	2.658	一级	3.000	3.592
长沙	一级	2.624	1.480	一级	2.499	3.306
广州	一级	3.579	3.789	甜橙一级	2.595	2.970
南宁	一级	2.568	2.444	一级	2.054	2.259
海口	一级	3.256	2.964	一级	3.530	3.464
成都	一级	3.390	3.098	一级	3.041	3.721
贵阳	一级	2.790	2.065	一级	2.361	2.898
昆明	一级	3.014	2.680	一级	2.422	3.271
西安	一级	3.479	2.832	一级	2.661	3.874
兰州	一级	3.385	2.960	一级	2.973	3.859
西宁	一级	3.498	2.810	一级	3.092	3.049
银川	一级	3.302	2.847			
乌鲁木齐	一级	3.409	3.469	一级	2.952	3.333

29个大中城市主要商品零售价格

城市	桃子(元/公斤)			西瓜(元/公斤)		
	规格等级牌号	1988年	1989年	规格等级牌号	1988年	1989年
北京	久保一级	2.561	2.960	郑州三号一级	0.725	0.767
天津	久保一级	2.276	2.318	一级	0.669	0.632
石家庄	一级	1.780	1.995	一级	0.576	0.943
太原	一级	2.437	2.348	一级	0.551	0.758
呼和浩特	一级	3.647	3.730	一级	0.611	0.593
沈阳	一级	2.546	2.883	一级	0.922	0.947
长春	一级	3.501	3.524	一级	0.816	1.483
哈尔滨	一级	4.471	4.475	一级	0.756	0.723
上海	各地一级	2.331	3.472	一级	0.708	0.823
南京	一级	2.049	2.326	一级	0.525	0.466
杭州	一级	2.437	2.348	一级	0.551	0.758
合肥	一级	1.546	1.762	一级	0.388	0.392
福州	一级	2.443	3.200	一级	0.503	0.767
南昌	一级	2.189	3.487	一级	0.596	0.635
济南	一级	1.716	1.862	一级	0.504	0.523
郑州	一级	1.811	2.176	省内一级品种瓜	0.467	0.453
武汉				一级	0.634	0.543
长沙				一级	1.025	0.695
广州	一级水蜜桃	10.060	9.400	一级	0.941	1.307
南宁				一级	0.502	0.531
海口				一级	1.013	1.497
成都	一级	3.567	5.141	一级	0.734	1.107
贵阳	一级	1.718	1.968	一级	0.905	0.949
昆明	一级	1.822	1.976	一级	0.993	1.120
西安	一级	1.582	2.147	一级	0.451	0.521
兰州	一级	1.893	2.233	一级	0.511	0.527
西宁	一级	2.859	2.317	一级	0.609	0.706
银川	一级	2.425	2.264	一级	0.297	0.336
乌鲁木齐	一级	3.323	3.600	一级	0.355	0.340

29个大中城市主要商品零售价格

城市	香蕉(元/公斤)			红枣(元/公斤)		
	规格等级牌号	1988年	1989年	规格等级牌号	1988年	1989年
北京	国产一级	2.746	3.277	干枣一级	3.674	3.715
天津	一级	2.553	2.981	干枣中等	3.539	3.611
石家庄	一级	2.475	2.998	干枣一级	4.830	5.387
太原	一级	3.058	3.636	干枣一级	2.939	4.210
呼和浩特	一级	3.822	4.405	干 一级	2.411	2.922
沈阳	一级	2.743	3.292	干枣一级	2.603	3.311
长春	一级	4.045	4.613	一级	2.950	3.737
哈尔滨	一级	4.289	4.688	干枣一级	2.732	3.840
上海	广东梳蕉一级	2.871	3.764	小红枣三级	3.894	4.600
南京	一级	2.568	2.940	干枣一级	5.102	5.960
杭州	一级	3.058	3.636	干枣一级	2.939	4.210
合肥	一级	2.346	2.819	干枣一级	3.345	3.961
福州	一级	1.909	2.291	干枣一级	4.867	6.935
南昌	一级	2.443	2.877	干枣一级	3.301	4.768
济南	一级	2.150	2.650	干枣一级	3.148	3.514
郑州	两广一级	2.452	2.813	郑州干枣一级	4.450	4.928
武汉	一级	2.882	3.596	干枣一级	3.322	4.338
长沙	一级	2.207	3.193	干枣一级	3.726	4.254
广州	一级	2.352	3.320	鸡心干枣一级	7.375	7.600
南宁	一级	1.206	1.536	干枣一级	4.300	5.912
海口	一级	1.691	2.209	干枣一级	7.255	8.681
成都	一级	2.110	3.002	干枣中等	2.738	3.693
贵阳	一级	1.778	2.286	干枣一级	3.142	4.068
昆明	一级	1.305	1.668	干枣一级	2.881	3.369
西安	一级	2.649	3.274	干枣一级	3.357	3.372
兰州	一级	2.835	3.354	干枣一级	2.744	3.472
西宁	一级	2.762	3.935	干枣一级	2.662	3.442
银川	一级	3.582	3.379	干枣一级	2.646	2.759
乌鲁木齐	一级	3.693	4.192	干枣一级	2.723	3.446

29个大中城市主要商品零售价格

城市	核桃(元/公斤)			黑瓜子(元/公斤)		
	规格等级牌号	1988年	1989年	规格等级牌号	1988年	1989年
北京	一级	4.163	4.935	散装五香	4.040	5.248
天津	中等	4.280	4.862	一级熟货	3.746	5.380
石家庄	一级	4.579	4.551	一级熟货	5.029	6.859
太原	一级	4.425	4.647	一级熟货	5.315	8.087
呼和浩特	一级	5.231	5.982	一级熟货	3.763	5.012
沈阳	一级	4.536	5.611	一级熟货	4.652	6.427
长春	一级	4.841	5.555			
哈尔滨	一级	4.543	5.083	一级熟货	6.683	8.473
上海	各地一级	4.951	4.994	熟酱油瓜子	5.726	8.255
南京	一级	3.813	5.029	一级熟货	6.438	8.012
杭州	一级	4.425	4.647	一级熟货	5.315	8.087
合肥	一级	3.648	4.058	一级熟货	6.003	7.551
福州	一级	4.352	5.349	一级熟货	5.953	6.655
南昌	一级	4.345	4.807	一级熟货	5.369	6.542
济南	一级	3.918	3.938	一级熟货	5.634	8.151
郑州	一级	4.491	4.513	郑州一级熟货	4.920	7.604
武汉	一级	4.781	4.722	一级熟货	5.054	5.491
长沙	一级	4.240	4.738	一级熟货	6.337	5.821
广州	壳核桃一级	4.286	5.218	一级熟货	5.537	8.257
南宁	一级	4.304	4.451			
海口						
成都	中等	3.127	3.168	一级熟货	5.091	8.179
贵阳	一级	3.164	3.110			
昆明	一级	3.092	3.519			
西安	一级	3.434	3.504	一级熟货	5.880	8.080
兰州	一级	3.527	3.574	一级熟货	5.335	6.032
西宁	一级	4.607	4.211	一级熟货	5.112	6.235
银川	一级	4.000	3.867	一级熟货	5.713	5.854
乌鲁木齐	一级	3.570	4.058	一级熟货	5.367	7.608

29个大中城市主要商品零售价格

城市	葵花子(元/公斤)			花生米(元/公斤)		
	规格等级牌号	1988年	1989年	规格等级牌号	1988年	1989年
北京	散装一级熟货	2.780	3.702	一级生货	3.111	4.229
天津	一级熟货	2.475	3.239	一级生货	3.189	4.218
石家庄	一级熟货	2.575	3.315	一级熟货	3.369	4.800
太原	一级熟货	2.583	3.272	一级生货	2.869	3.754
呼和浩特	一级熟货	2.590	2.852	一级生货	3.029	4.330
沈阳	一级熟货	2.485	3.383	一级生货	2.993	4.425
长春	五香	3.518	5.632	一级生货	2.969	4.371
哈尔滨	一级熟货	3.035	3.380	一级生货	3.040	4.207
上海	熟多味瓜子	3.070	3.961	一级生货	2.927	4.175
南京	一级熟货	2.825	3.599	一级生货	2.555	3.784
杭州	一级熟货	2.583	3.272	一级生货	2.869	3.754
合肥	一级熟货	2.678	3.318	一级熟货	3.883	5.060
福州	一级熟货	2.415	3.695	一级生货	2.893	3.921
南昌	一级熟货	2.296	2.860	一级生货	2.507	4.366
济南	一级熟货	2.840	3.416	一级生货	2.778	3.132
郑州	郑州一级熟货	2.311	3.268	郑州一级生货	2.799	3.136
武汉	一级熟货	2.591	3.309	一级生货	2.779	3.612
长沙	一级熟货	2.607	3.206	一级生货	3.142	4.286
广州	一级熟货	2.827	4.284	一级生货	3.404	4.943
南宁	一级熟货	2.469	3.564	一级生货	3.247	4.430
海口	一级熟货	2.131	5.000	一级生货	3.581	4.543
成都	一级熟货	2.668	3.192	中等生货	3.245	4.400
贵阳	一级熟货	2.526	3.030	一级生货	3.069	4.592
昆明	一级生货	1.994	2.838	一级生货	2.953	4.331
西安	一级熟货	2.534	3.542	一级生货	2.991	3.734
兰州	一级熟货	2.403	3.032	一级生货	3.157	4.273
西宁	一级熟货	2.592	2.820	一级生货	3.022	4.295
银川	一级熟货	2.591	2.496	一级生货	1.864	2.897
乌鲁木齐	一级熟货	3.079	3.407	一级生货	2.916	3.684

29个大中城市主要商品零售价格

城市	水果糖(元/公斤)			奶糖(元/公斤)		
	规格等级牌号	1988年	1989年	规格等级牌号	1988年	1989年
北京	酸三色（玻璃纸）	4.166	4.497	北京奶糖	6.362	6.540
天津	水果夹心	2.759	2.990	花生鸟结	5.081	6.900
石家庄	玻璃纸中等	4.755	5.787	中等	4.954	6.287
太原	玻璃纸中等	5.310	6.933	中等	7.357	8.760
呼和浩特	玻璃纸中等	4.901	6.274	中等	5.313	6.443
沈阳	广州水果糖	4.629	6.506	双喜奶糖	5.809	7.391
长春	玻璃纸中等 长春	4.492	5.529	米老鼠	4.956	6.304
哈尔滨	玻璃纸中等	4.285	5.538	中等	3.973	4.920
上海	玻璃纸水果硬糖	3.800	5.038	上海奶糖	3.667	4.467
南京	广州玻璃纸夹心糖	5.458	6.360	大白兔	6.929	8.560
杭州	玻璃纸中等	5.310	6.933	中等	7.357	8.760
合肥	玻璃纸中等	4.869	6.572	中等	5.513	6.242
福州	玻璃纸中等	3.717	5.813	中等	4.043	4.642
南昌	玻璃纸中等	5.500	6.832	中等	5.422	5.867
济南	玻璃纸中等	4.608	5.568	中等	5.345	7.015
郑州	上海产玻璃纸中等	4.824	6.729	上海产玻璃纸中等	5.048	6.273
武汉	玻璃纸中等	5.114	6.495	中等	6.108	7.148
长沙	玻璃纸中等	4.475	6.757	大白兔	4.666	5.820
广州	玻璃纸杂色水果糖	5.290	6.242	穗红双喜奶糖	8.426	8.034
南宁	玻璃纸中等	4.918	6.533	中等	5.270	6.080
海口	玻璃纸中等	6.676	7.200	中等	9.465	12.750
成都	夹心	6.034	7.572	上海奶糖	5.173	6.383
贵阳	上海多味奶油球	5.733	8.190	花生牛轧	5.103	7.227
昆明	上海产荔枝夹心糖	5.951	7.171	双燕 昆产	4.550	5.967
西安	玻璃纸中等	5.190	5.815	中等 熊猫奶糖	6.685	6.897
兰州	玻璃纸中等	4.227	5.040	中等	6.762	8.540
西宁	玻璃纸中等	3.920	4.360	中等	5.139	5.980
银川	广州 玻璃纸中等	4.906	6.927	上海大白兔	6.867	8.578
乌鲁木齐	玻璃纸中等	3.712	4.357	中等	5.228	5.924

29个大中城市主要商品零售价格

城市	酥心糖(元/公斤)			巧克力糖(元/公斤)		
	规格等级牌号	1988年	1989年	规格等级牌号	1988年	1989年
北京	红虾酥	5.014	5.821	散装什锦巧克力	9.834	10.060
天津		2.484	2.714	散装奶油巧克力	10.016	10.400
石家庄	中等	3.918	4.740	散装奶油巧克力	10.867	11.809
太原	中等	5.122	6.500	散装奶油巧克力	10.567	12.070
呼和浩特	中等	4.334	5.821	散装奶油巧克力	11.874	13.131
沈阳	中等大虾酥	4.502	5.676	散装奶油巧克力	11.491	11.925
长春	小人酥长春	3.925	5.317	不带包装纸 北京	10.708	11.479
哈尔滨	中等	4.067	4.776	散装奶油巧克力	11.407	12.440
上海				散装奶油巧克力	11.900	12.808
南京	中等	4.220	5.154	散装奶油巧克力	11.504	16.973
杭州	中等	5.122	6.500	散装奶油巧克力	10.567	12.070
合肥	中等	4.663	6.415	散装奶油巧克力	11.569	13.186
福州	中等	4.278	5.225	散装奶油巧克力	5.155	5.843
南昌	中等	6.412	7.928	散装奶油巧克力	12.639	14.587
济南	中等	2.987	6.073	散装奶油巧克力	11.217	12.600
郑州	郑州产龙虾糖	4.087	5.100	散装奶油巧克力	11.970	12.850
武汉	中等	4.414	5.841	散装奶油巧克力	12.454	14.484
长沙	中等	5.430	6.652	散装奶油巧克力	12.286	13.918
广州	龙虾糖	5.596	6.916	蛋形锡纸 折算	25.888	29.620
南宁	中等	5.060	6.377	散装奶油巧克力	6.473	7.200
海口	中等	7.126	8.708	散装奶油巧克力	20.567	22.267
成都	耀华花胶酥心糖	4.248	6.091	散装纯巧克力	10.654	11.777
贵阳	果仁酥	3.903	5.400	无锡奶油巧克力	11.912	13.783
昆明	通海豆沫糖	3.455	6.201	散装奶油北京产	11.350	13.047
西安	中等芝麻酥心	6.328	7.239	散装奶油巧克力	12.002	12.019
兰州	中等	3.365	4.733	散装	12.952	14.607
西宁	中等	3.604	4.960	散装奶油巧克力	12.473	13.475
银川	中等	5.385	6.512	散装奶油巧克力	10.705	11.807
乌鲁木齐	中等	3.181	5.264			

29个大中城市主要商品零售价格

城市	蛋糕(元/公斤) 规格等级牌号	1988年	1989年	桃酥(元/公斤) 规格等级牌号	1988年	1989年
北京	普通烤蛋糕	2.518	2.760	普通	1.707	1.800
天津	蒸梅花糕	3.600	4.080	核桃酥	2.880	3.120
石家庄	普通	2.213	2.521	普通	1.958	2.160
太原	普通	4.700	6.212	普通	3.225	4.590
呼和浩特	普通	3.324	4.057	普通	2.982	3.719
沈阳	普通	3.213	3.831	普通	2.749	4.053
长春	标粉	3.002	3.973	标粉	2.355	3.453
哈尔滨	普通	2.877	3.000	普通	2.707	2.900
上海	烧蛋糕	2.593	3.480			
南京	普通	4.310	4.840	普通散装	2.565	3.420
杭州	普通	4.700	6.212	普通	3.225	4.590
合肥	普通	4.008	5.439	普通	2.134	3.029
福州	普通	4.500	5.400	普通	5.099	6.644
南昌	普通	3.740	4.000	普通	3.460	4.260
济南	普通	3.350	4.183	普通	1.818	2.837
郑州	郑州产普通	3.462	3.919	普通大麻酥	2.339	2.649
武汉	普通	7.400	8.966	普通	2.269	3.170
长沙	普通	4.111	5.383	普通	3.540	4.964
广州	卷蛋糕	13.280	17.712	精面合桃酥	6.240	9.040
南宁	普通	3.629	5.833	普通	4.129	5.917
海口	普通	8.000	9.000	普通	5.167	6.000
成都	梅花蛋糕	3.792	5.041	猪油桃酥	2.680	4.777
贵阳	标花夹心大蛋糕	5.958	7.440	精粉猪油	3.523	4.480
昆明	重油	4.528	5.207	金钱酥	3.319	3.550
西安	普通果酱蛋糕	4.495	5.550	普通	2.877	4.157
兰州	普通	3.884	4.533	普通	2.642	3.375
西宁	普通	3.287	3.580	普通	2.062	2.260
银川	普通	3.568	5.130	普通	2.300	2.867
乌鲁木齐	普通	3.746	4.420	普通	2.582	3.166

29个大中城市主要商品零售价格

城市	酥皮点心(元/公斤)			月饼(元/公斤)		
	规格等级牌号	1988年	1989年	规格等级牌号	1988年	1989年
北京	腰元酥	2.788	3.000	普通提浆	3.083	3.440
天津	白皮点心	3.120	3.600	枣泥月饼	2.340	2.760
石家庄	普通	2.088	2.455	中等	2.300	2.300
太原	普通	3.141	4.620	中等	2.697	3.319
呼和浩特	普通	2.979	3.942	中等	2.092	2.383
沈阳	普通	3.266	4.238	中等	3.143	4.201
长春	精粉	2.771	4.647	精粉	2.205	2.874
哈尔滨	普通	3.060	3.200	中等	2.867	3.267
上海				广式百果	3.418	4.487
南京	普通脆饼	2.603	3.933	中等麻椒盐	3.172	4.021
杭州	普通	3.141	4.620	中等	2.697	3.319
合肥	普通	2.221	2.620	中等	2.939	4.289
福州	普通	5.533	8.577	中等	8.050	9.867
南昌	普通	3.467	4.643	中等	4.058	5.620
济南	普通	3.011	3.600	中等	2.942	3.642
郑州	普通白皮点心	2.763	3.070	豆沙月饼	2.440	3.364
武汉	普通	2.560	2.863	中等	2.480	3.361
长沙	普通	3.093	4.050	中等	3.752	4.823
广州	莲蓉	13.400	17.280	蛋黄莲蓉	16.655	18.092
南宁	普通	4.129	5.000	中等	6.107	7.760
海口	普通	5.167	8.250	中等	7.200	8.100
成都	三角酥	3.114	4.014	五个头香肠月饼	4.500	6.366
贵阳	牛舌酥	2.239	2.980	黔式叉烧	3.928	5.040
昆明	滇八件	6.804	8.774	火腿	7.583	10.000
西安	普通	2.955	4.199	中等豆蓉月饼	4.995	6.408
兰州	普通	2.435	3.012			
西宁	普通	2.175	2.560	中等	3.170	3.600
银川	普通	2.558	2.845	中等	3.564	3.505
乌鲁木齐	普通	2.701	3.913	中等	3.083	3.902

29个大中城市主要商品零售价格

城市	饼干(元/公斤)			面包(元/公斤)		
	规格等级牌号	1988年	1989年	规格等级牌号	1988年	1989年
北京	蛋黄饼干	1.725	1.940	麦胚	2.458	2.667
天津	大黄油	3.023	3.600	维生素	3.667	4.000
石家庄	中等	3.373	3.718	中等	1.913	2.160
太原	中等	2.660	4.060	中等	2.000	2.750
呼和浩特	中等	3.818	5.062	中等	2.087	2.300
沈阳	中等	2.429	3.655	中等	2.119	2.378
长春	牛奶饼干	2.851	3.148	精粉成品	1.810	3.079
哈尔滨	中等	1.980	2.200	中等	2.800	3.475
上海	万年青	2.478	3.040	排包	4.174	4.857
南京	中等奶油饼干	2.178	2.840	中等英美式	2.958	3.571
杭州	中等	2.660	4.060	中等	2.000	2.750
合肥	中等	2.675	2.994	中等	1.594	2.325
福州	中等	2.719	3.800	中等	3.161	4.000
南昌	中等	4.063	4.340	中等	4.467	4.957
济南	中等	1.833	2.400	中等	1.097	2.150
郑州	郑州产蛋元饼	3.726	4.400	普通精粉	2.233	2.463
武汉	中等	2.735	3.647	中等	3.100	3.100
长沙	中等	3.033	3.983	中等	4.304	5.000
广州	威化甜饼干	5.760	7.386	素长条面包	3.220	4.451
南宁	中等	3.112	4.450	中等	2.973	5.867
海口	中等	4.550	6.217	中等	4.417	5.833
成都	散装营养饼干	3.106	3.876	夹心面包	2.633	2.876
贵阳	蜂蜜饼干	3.812	4.958	开口乐车轮包	2.253	3.317
昆明	一级牛奶饼干	2.004	2.600	精白面包	1.861	2.000
西安	中等玫瑰饼干	2.678	3.774	中等德力发面包	3.200	3.225
兰州	中等	2.194	2.691	中等	2.436	2.800
西宁	普通	2.096	2.380	普通	2.296	2.800
银川	中等	2.283	3.260	中等	1.733	2.050
乌鲁木齐	中等	2.355	3.053	中等	2.167	2.452

29个大中城市主要商品零售价格

城市	鲜牛奶(元/公斤)			奶粉(元/500克袋)		
	规格等级牌号	1988年	1989年	规格等级牌号	1988年	1989年
北京	瓶装消毒	0.840	0.840	全脂淡奶粉	4.420	4.420
天津	袋装消毒	0.600	0.600	海河 全脂	3.265	3.330
石家庄	瓶装消毒	0.817	0.900	全脂	4.736	4.880
太原	瓶装消毒	0.940	0.940	全脂	4.220	4.961
呼和浩特	瓶装消毒	0.750	0.760	消毒全脂	4.373	4.700
沈阳	瓶装消毒	0.987	0.998	全脂	4.340	4.480
长春	袋装消毒	0.913	0.960	全脂速溶	4.552	4.734
哈尔滨	瓶装消毒	1.012	1.120	全脂	4.345	4.580
上海	半磅瓶装消毒	1.143	1.143	光明 全脂	4.846	4.846
南京	瓶装消毒	0.950	1.000	全脂	4.602	4.957
杭州	瓶装消毒	0.940	0.940	全脂	4.220	4.961
合肥	瓶装消毒	0.900	1.033		4.146	4.950
福州	瓶装消毒	1.094	1.189	全脂	4.203	4.833
南昌	瓶装消毒	1.120	1.200			
济南	瓶装消毒	0.917	1.040	全脂	4.975	5.400
郑州	瓶装消毒	1.025	1.108	全脂	4.429	4.750
武汉	瓶装消毒	0.960	1.120	全脂	4.359	5.000
长沙	瓶装消毒	1.025	1.375	全脂	4.794	5.500
广州	瓶装消毒	1.684	2.000	大庆全脂	5.348	5.765
南宁	瓶装消毒	1.150	1.600	全脂	4.873	5.892
海口				全脂	6.899	7.700
成都	瓶装消毒	0.928	1.000	全脂	5.053	5.355
贵阳	瓶装消毒	0.950	1.033	山花全脂	4.320	5.354
昆明	瓶装消毒	0.881	0.881	全脂奶粉	4.080	4.880
西安	袋装消毒	0.916	0.960	袋装全脂	3.884	4.595
兰州	瓶装消毒	0.893	1.080	袋装全脂	5.699	5.696
西宁	散装消毒	0.800	0.800	全脂	5.193	5.640
银川	瓶装消毒	0.640	0.640	全脂	4.041	4.080
乌鲁木齐	瓶装消毒	0.770	0.880	全脂	4.345	4.801

29个大中城市主要商品零售价格

城市	麦乳精(元/500克袋)			猪肉罐头(元/瓶)		
	规格等级牌号	1988年	1989年	规格等级牌号	1988年	1989年
北京	500克 袋装	3.708	4.000	390克 午餐肉	3.280	3.633
天津	250克 袋装	1.755	2.070	397克 午餐肉	3.069	3.140
石家庄	500克 袋装	3.630	4.547	390克 午餐肉	3.211	3.885
太原	500克 袋装	3.591	4.117	390克 午餐肉	3.597	3.910
呼和浩特	500克 袋装	3.400	3.400	390克 午餐肉	3.152	3.371
沈阳	500克 袋装	3.513	4.270	390克 午餐肉	3.385	3.932
长春	强化454克 武汉	3.594	4.495	397克 午餐肉	3.289	3.846
哈尔滨	500克 袋装	5.111	5.390	390克 午餐肉	3.286	3.398
上海	上海牌500克 袋装	3.963	4.556	397克 午餐肉	3.382	3.860
南京	500克 袋装	3.522	3.870	390克 午餐肉	3.037	3.598
杭州	500克 袋装	3.591	4.117	390克 午餐肉	3.597	3.910
合肥	454克 袋装	3.064	3.690	390克 午餐肉	3.508	3.865
福州	500克 袋装	3.462	4.020	390克 午餐肉	3.050	3.148
南昌	500克 袋装	4.026	4.043	390克 午餐肉	3.837	4.312
济南	500克 袋装	4.834	6.195	390克 午餐肉	2.848	3.754
郑州	郑州产500克袋装	3.245	3.809	397克 午餐肉	3.518	4.237
武汉	500克 袋装	3.963	4.947	390克 午餐肉	3.448	3.791
长沙	500克 袋装	3.552	4.480	390克 午餐肉	3.158	4.015
广州	广州牌454克 罐装	4.385	5.412	397克 午餐肉	3.404	3.721
南宁	500克 袋装	3.603	4.070	390克 午餐肉	2.740	3.624
海口	500克 袋装	5.042	5.633	390克 午餐肉	3.371	3.877
成都	500克 袋装	4.322	4.521	397克 午餐肉	3.211	3.600
贵阳	500克 袋装	2.784	2.930	390克 午餐肉	3.420	4.092
昆明	茶花牌 500克袋装	3.013	3.580	340克云腿午餐肉	3.402	3.840
西安	500克 袋装	3.450	4.452	390克 午餐肉	3.602	3.979
兰州	武汉 500克	4.867	5.398	390克 午餐肉	3.379	3.807
西宁	500克 袋装	3.348	3.967	390克 午餐肉	3.174	3.617
银川	500克 袋装	2.989	3.835	390克 午餐肉	3.451	4.387
乌鲁木齐	500克 袋装	3.546	4.442	390克 午餐肉	3.656	3.859

29个大中城市主要商品零售价格

城市	牛肉罐头(元/瓶)			鱼罐头(元/瓶)		
	规格等级牌号	1988年	1989年	规格等级牌号	1988年	1989年
北京	500克红烧牛肉	3.506	3.977	340克沙丁鱼	2.800	3.334
天津	500克 瓶装	3.852	4.000	280克 茄汁青鱼	1.760	2.270
石家庄	500克 瓶装	2.864	3.058	280克 瓶装	3.102	3.619
太原	500克 瓶装	3.230	3.834	280克 瓶装	3.036	3.659
呼和浩特	500克 瓶装	3.208	3.575	280克 瓶装	2.933	3.324
沈阳	500克 瓶装	3.324	3.548	280克 瓶装	2.238	2.510
长春	500克 红烧	3.102	3.256	280克 五香鱼块	2.801	3.150
哈尔滨	500克 瓶装	3.147	3.150	280克 瓶装	2.643	3.002
上海	400克红焖牛肉	3.288	4.104	250克 凤尾鱼	3.217	4.017
南京	500克 红烧牛肉	3.000	3.000	280克 凤尾鱼	3.723	5.080
杭州	500克 瓶装	3.230	3.834	280克 瓶装	3.036	3.659
合肥	500克 瓶装	3.111	3.440	280克 瓶装	2.155	3.576
福州				280克 瓶装	2.558	3.300
南昌	500克 瓶装	3.405	3.560			
济南	500克 瓶装	2.917	3.083	280克 瓶装	2.723	3.622
郑州	500克 瓶装	3.162	3.412	280克五香凤尾鱼	3.370	4.319
武汉	500克 瓶装	3.722	3.800	280克 瓶装	3.645	4.131
长沙	500克 瓶装	4.317	4.382	280克 瓶装	3.045	4.774
广州				227克豆豉鲫鱼	3.775	4.240
南宁	500克 瓶装	2.867	3.200	280克 瓶装	2.747	3.160
海口	500克 瓶装	1.860	2.992	280克 瓶装	2.127	3.738
成都	红烧 500克 瓶装	3.808	4.525	184克 凤尾鱼	3.701	4.785
贵阳	红烧 500克 瓶装	3.156	3.330	280克 瓶装	3.528	5.172
昆明	500克红烧牛肉	3.050	3.510	280克五香狮鱼	2.899	3.918
西安	500克 瓶装	3.398	4.045	280克瓶装凤尾鱼	4.192	4.513
兰州	500克 瓶装	3.211	3.990	280克 瓶装	3.041	3.499
西宁	500克 瓶装	2.974	3.721	280克 瓶装	2.852	3.498
银川	500克 瓶装	3.369	3.808	280克 瓶装	3.280	4.308
乌鲁木齐	500克 瓶装	3.357	3.606	280克 瓶装	3.040	3.589

29个大中城市主要商品零售价格

城市	水果罐头(元/瓶)			果酱罐头(元/瓶)		
	规格等级牌号	1988年	1989年	规格等级牌号	1988年	1989年
北京	525克 糖水桔子	1.871	2.560	500克 苹果酱	1.751	2.592
天津	525克 糖水桔子	1.840	2.344	500克 草莓酱	2.427	2.848
石家庄	525克 糖水桔子	1.921	2.468	500克 苹果酱	2.252	2.382
太原	525克 糖水桔子	1.879	2.453	500克 苹果酱	1.965	2.064
呼和浩特	525克 糖水桔子	1.872	2.465	500克 苹果酱	2.111	2.660
沈阳	525克 糖水桔子	1.920	2.553	500克 草梅酱	2.258	3.367
长春	500克 糖水桔子	1.824	2.426			
哈尔滨	525克 糖水桔子	1.827	2.381	500克 苹果酱	1.230	1.230
上海	525克 糖水桔子	1.609	2.231	340克 什锦果酱	1.493	1.813
南京	525克 糖水桔子	1.838	2.480	450克 苹果酱	1.530	1.770
杭州	525克 糖水桔子	1.879	2.453	500克 苹果酱	1.965	2.064
合肥	525克 糖水桔子	1.850	2.534	500克 苹果酱	2.403	3.051
福州	525克 糖水桔子	1.563	1.699	500克 苹果酱	2.363	3.363
南昌	525克 糖水桔子	1.360	2.292			
济南	525克 糖水桔子	1.780	2.683	500克 苹果酱	1.615	2.077
郑州	500克 糖水桔子	1.728	2.410			
武汉	525克 糖水桔子	1.812	2.445	500克 苹果酱	2.115	2.975
长沙	525克 糖水桔子	1.782	2.472	500克 苹果酱	2.740	3.217
广州	567克 罐装菠萝	2.050	1.976	397克 椰子酱	3.281	4.770
南宁	525克 糖水桔子	1.685	2.450	500克 苹果酱	2.080	2.126
海口	525克 糖水桔子	1.850	1.848	500克 苹果酱	2.772	4.504
成都	500克 糖水桔子	1.641	2.233	370克 苹果酱	1.561	1.911
贵阳	500克 糖水桔子	1.782	2.392			
昆明	510克 糖水桔子	1.855	2.560	340克什锦果酱	1.472	1.730
西安	525克 糖水桔子	1.898	2.463	500克 苹果酱	1.717	2.511
兰州	525克 糖水桔子	1.865	2.582	500克 苹果酱	1.490	2.017
西宁	525克 糖水桔子	1.738	2.377	500克 苹果酱	1.324	1.891
银川	525克 糖水桔子	1.859	2.574	500克 苹果酱	1.859	2.835
乌鲁木齐	525克 糖水桔子	2.018	2.784	500克 苹果酱	1.863	1.970

29个大中城市主要商品零售价格

城市	桔子汁(元/瓶)			汽水(元/瓶)		
	规格等级牌号	1988年	1989年	规格等级牌号	1988年	1989年
北京	600克 瓶	1.761	2.230	250克瓶装 北冰洋	0.233	0.250
天津	津鲜大瓶	1.537	1.660	250克瓶装 山海关	0.347	0.427
石家庄	大瓶	2.533	2.785	250克小瓶(不包括瓶)	0.250	0.267
太原	大瓶	2.543	2.984	250克小瓶(不包括瓶)	0.269	0.304
呼和浩特	500克 瓶	1.580	1.570	250克小瓶(不包括瓶)	0.340	0.429
沈阳	大瓶	1.629	1.722	250克小瓶(不包括瓶)	0.220	0.280
长春	美乐牌 500克	1.484	1.532	桔子 250克 长春	0.275	0.347
哈尔滨	大瓶	1.950	1.950	250克小瓶(不包括瓶)	0.223	0.263
上海	鲜宝浓缩澄汁瓶装	6.900	6.900	240克 天象牌	0.254	0.300
南京	大瓶 700克	1.780	1.975	250克小瓶(不包括瓶)	0.284	0.300
杭州	大瓶	2.543	2.984	250克小瓶(不包括瓶)	0.269	0.304
合肥	大瓶	2.456	2.775	250克小瓶(不包括瓶)	0.256	0.288
福州	大瓶	2.125	2.360	250克小瓶(不包括瓶)	0.240	0.292
南昌	大瓶	2.733	3.505	250克小瓶(不包括瓶)	0.271	0.300
济南	大瓶	2.073	2.160	250克小瓶(不包括瓶)	0.326	0.343
郑州	上海产大瓶750克	2.646	2.985	250克小瓶(不包括瓶)	0.183	0.200
武汉	大瓶	2.491	2.750	250克小瓶(不包括瓶)	0.201	0.230
长沙	大瓶	1.498	1.646	250克小瓶(不包括瓶)	0.288	0.333
广州	广东浓缩橙汁	3.285	3.465	250克橙汁(不包括瓶)	0.341	0.444
南宁	大瓶	3.859	4.230	250克小瓶(不包括瓶)	0.246	0.267
海口	大瓶	5.112	6.352	250克小瓶(不包括瓶)	0.317	0.388
成都	700克 瓶装	1.940	2.116	250克小瓶(不包括瓶)	0.275	0.342
贵阳	重庆 700克 大瓶	1.947	2.183	250克桔子汽水 小瓶	0.383	0.487
昆明	700克 大瓶	1.935	2.247	250克桔子汽水	0.241	0.270
西安	大瓶	2.122	2.345	250克小瓶(不包括瓶)	0.317	0.462
兰州	大瓶	2.273	2.602	小瓶(不包括瓶)	0.249	0.270
西宁	大瓶	1.862	2.164	250克小瓶(不包括瓶)	0.300	0.300
银川	大瓶	1.940	2.442	250克小瓶(不包括瓶)	0.362	0.388
乌鲁木齐	大瓶	2.218	2.395	250克小瓶(不包括瓶)	0.323	0.320

29个大中城市主要商品零售价格

城市	冰激淋(元/个)			咖啡(元/公斤)		
	规格等级牌号	1988年	1989年	规格等级牌号	1988年	1989年
北京	小纸碗	0.220	0.220	散装国产	16.400	16.400
天津	小碗	0.335	0.370			
石家庄	小筒装	0.292	0.352			
太原	小筒装	0.328	0.393	散装	8.600	8.600
呼和浩特	小筒装	0.367	0.500	散装	15.432	15.800
沈阳	小筒装	0.417	0.500	速溶咖啡	12.163	15.227
长春	蛋卷冰激淋	0.263	0.300	海南万泉河牌速溶	11.208	13.041
哈尔滨	小筒装	0.350	0.350	散装	7.680	7.680
上海	中冰砖,145克	0.525	0.650	上海牌散装	24.000	21.667
南京	小筒装	0.327	0.350	上海咖啡	36.123	37.093
杭州	小筒装	0.328	0.393	散装	8.600	8.600
合肥	小筒装	0.274	0.338			
福州	小筒装	0.567	0.600	散装	19.429	20.298
南昌	小筒装	0.388	0.400	散装	17.600	17.600
济南	小筒装	0.300	0.337	散装	15.497	18.650
郑州	郑州产筒装	0.233	0.283			
武汉	小筒装	0.278	0.313			
长沙	小筒装	0.375	0.400	散装	9.960	10.100
广州	甜筒	0.629	0.706	海南 袋装	9.526	12.472
南宁	小筒装	0.360	0.442	散装	8.080	8.861
海口	小筒装	0.600	0.808	散装	22.033	22.367
成都	娃娃冰激淋	0.350	0.392			
贵阳	蛋卷冰激淋	0.279	0.325	散装	9.881	12.033
昆明	蛋卷	0.319	0.400	散装 云南农垦	23.320	27.859
西安	纸袋装	0.334	0.413	散装	12.649	15.579
兰州	小筒装	0.339	0.380	散装	8.590	8.537
西宁		0.288	0.367			
银川	小筒装	0.467	0.500	散装	8.575	9.646
乌鲁木齐	小筒装	0.250	0.283	散装	38.926	41.331

29个大中城市主要商品零售价格

城市	饮料冲剂(元/250克袋)			白细布(元/米)		
	规格等级牌号	1988年	1989年	规格等级牌号	1988年	1989年
北京	酸梅晶250克	0.970	1.470	36	1.140	1.753s
天津	酸梅晶250克	1.221	1.650	27	1.741	2.580
石家庄	酸梅晶250克	1.209	1.707	36	1.489	1.627
太原	酸梅晶250克	2.451	2.671	36	1.648	2.050
呼和浩特	桔子晶250克袋装	1.099	1.607	32x32 79.5x78	1.645	2.162
沈阳						
长春	酸梅晶250克 长春	0.990	1.410	21x21x64.5x60	1.917	2.658
哈尔滨	酸梅晶250克	0.920	0.920	36	1.725	2.370
上海				122cm	2.361	3.179
南京	酸梅晶250克	0.969	1.289	36	1.540	2.228
杭州	酸梅晶250克	2.451	2.671	36	1.648	2.050
合肥	酸梅晶250克	1.656	1.614	36	1.677	2.040
福州	酸梅晶250克	1.099	1.397	36	1.800	2.338
南昌	酸梅晶250克	1.195	1.912	36	1.634	2.297
济南	酸梅晶250克	1.696	2.673	36	1.613	2.044
郑州	菊花精250克	2.678	3.270	21x21 79.5x78	1.701	1.828
武汉	酸梅晶250克	1.174	1.423	36	1.801	2.468
长沙	酸梅晶250克	2.233	2.640	36	1.599	2.090
广州	冰泉豆浆精	1.983	2.196	36	2.025	2.638
南宁	酸梅晶250克	1.326	1.430	36	1.481	1.869
海口	酸梅晶250克	1.117	1.400	36	1.956	2.983
成都	酸梅粉500克	2.053	2.826	21支 90g	1.571	2.090
贵阳				2.9尺宽 常州	1.835	2.410
昆明	酸梅晶250克	1.287	1.480	36	2.067	3.855
西安	酸梅粉250克	1.193	1.397	36	1.714	2.080
兰州	桔子粉250克	2.800	2.963	兰州 80G21X21	1.549	2.106
西宁	酸梅晶250克	1.957	2.812	36	1.236	1.727
银川	酸梅晶250克	1.210	1.596	36	1.623	1.820
乌鲁木齐	酸梅晶250克	0.970	1.329	36	1.351	1.548

29个大中城市主要商品零售价格

城市	色平布(元/米)			花哔叽(元/米)		
	规格等级牌号	1988年	1989年	规格等级牌号	1988年	1989年
北京	80G23 x 21 64 x 63	1.567	1.730	77G21 x 21 76 x 63	1.963	2.090
天津	27	2.038	2.710	26	1.953	2.809
石家庄	80G23 x 21 64 x 63	1.917	2.500	77G21 x 21 76 x 63	2.114	2.737
太原	80G23 x 21 64 x 63	1.820	2.551	77G21 x 21 76 x 63	2.120	2.894
呼和浩特	80G23 x 21 64 x 63	1.750	2.494	77G21 x 21 76 x 63	1.842	2.848
沈阳		1.693	2.395		2.035	3.019
长春	80G23sx 21s64.5x63	2.049	2.720	21sx21s 小花	2.301	3.573
哈尔滨	80G23 x 21 64 x 63	2.136	2.990	77G21 x 21 76 x 63	2.708	3.820
上海	凡兰布 80cm	3.543	4.494			
南京	80G23 x 21 64 x 63	2.011	2.600	77G21 x 21 76 x 63	1.820	2.360
杭州	80G23x21 64x63	1.820	2.551	77G21x21 76x63	2.120	2.894
合肥	80G23 x 21 64 x 63	1.829	2.622	77G21 x 21 76 x 63	1.930	2.834
福州	80G23 x 21 64 x 63	1.949	2.580	77G21 x 21 76 x 63	2.020	2.566
南昌	80G23 x 21 64 x 63	1.866	2.647	77G21 x 21 76 x 63	2.228	3.174
济南	80G23 x 21 64 x 63	1.957	2.630	77G21 x 21 76 x 63	2.177	3.069
郑州	省内80G23s*21s64*3	1.956	2.582	省内77G21s*21s76*63	2.092	2.976
武汉	80G23 x 21 64 x 63	1.825	2.606	77G21 x 21 76 x 63	1.764	2.122
长沙	80G23 x 21 64 x 63	1.955	2.637	77G21 x 21 83 x 56	2.245	3.400
广州	80CM 21X21 60X58	1.973	2.873	77CM 21X21	2.067	2.719
南宁	80G23 x 21 64 x 63	2.347	2.688	77G21 x 21 76 x 63	1.975	2.526
海口	80G23 x 21 64 x 63	1.971	2.617	77G21 x 21 76 x 63	2.224	3.200
成都	21支 凡兰布	1.924	2.520	21支小花哔叽	2.094	2.815
贵阳	80G23 x 21 64 x 63	1.693	2.997			
昆明	80G23 x 21 64 x 63	1.920	2.606	77G21 x 21 76 x 63	1.710	2.535
西安	80G23 x 21 64 x 63	1.952	2.560	77G21 x 21 76 x 63	2.255	3.163
兰州	兰州80G23X21	1.649	2.308	7G21X21	1.950	2.587
西宁	80G23 x 21 64 x 63	1.734	2.722	77G21 x 21 76 x 63	1.953	3.019
银川	80G23 x 21 64 x 63	1.950	2.672	77G21 x 21 76 x 63	2.017	3.095
乌鲁木齐	80G23 x 21 64 x 63	1.716	2.350	77G21 x 21 76 x 63	2.600	2.871

29个大中城市主要商品零售价格

城市	浅花布(元/米)			灯芯绒(元/米)		
	规格等级牌号	1988年	1989年	规格等级牌号	1988年	1989年
北京	85G 30 x 36 72 x 69	1.781	2.240	80G 21x21 58x170	4.480	5.150
天津	27	2.108	3.113	42/2 x 21 沪产2.7尺	3.660	4.017
石家庄	85G 30 x 36 72 x 69	1.992	2.362	80G 21x21 58x170	3.797	4.269
太原	85G 30 x 36 72 x 69	2.128	3.158	80G 21x21 58x170	4.255	4.701
呼和浩特	85G 30 x 36 72 x 69	1.957	2.904	80G 21x21 58x170	4.020	4.203
沈阳		1.962	2.890		3.460	4.517
长春	45035 武汉	2.245	3.195	42/2x21 77x170 长春	4.508	5.017
哈尔滨	85G 30 x 36 72 x 69	2.255	3.380	80G 21x21 58x170	3.570	4.201
上海	花布 3036，85cm	2.160	2.881	杂色90cm	3.581	4.591
南京	85G 30 x 36 72 x 69	1.640	2.105	80G 21x21 58x170	3.860	4.235
杭州	85G 30 x 36 72 x 69	2.128	3.158	80G 21x21 58x170	4.255	4.701
合肥	85G 30 x 36 72 x 69	1.937	2.634	80G 21x21 58x170	3.735	4.001
福州	85G 30 x 36 72 x 69	1.955	2.698	80G 21x21 58x170	4.070	4.090
南昌	85G 30 x 36 72 x 69	1.950	2.813	80G 21x21 58x170	4.331	5.005
济南	85G 30 x 36 72 x 69	1.957	2.825	80G 21x21 58x170	4.360	4.791
郑州	省内85G30x36 72x69	1.888	2.558	上海80G21x21 58x70	3.931	4.651
武汉	85G 30 x 36 72 x 69	1.999	2.804	80G 21x21 58x170	3.417	4.514
长沙	80G 21x21 64x63	2.073	2.839	80G 21x21 58x170	4.589	5.385
广州	85CM 30X36 72X69	2.083	3.048	90CM 中细条	3.885	4.405
南宁	85G 30 x 36 72 x 69	1.872	2.550	80G 21x21 58x170	4.704	5.322
海口	85G 30 x 36 72 x 69	2.145	3.124	80G 21x21 58x170	3.819	4.513
成都	21支浅花布	1.973	2.658	90G 42/2x26中条	4.275	4.850
贵阳	汉20x20 29/29 108CM	2.940	4.810	90G 42/2x21 58x170	4.110	4.193
昆明	85G 30 x 36 72 x 69	1.857	2.794	80G21 x 21 58 x 170	4.593	4.457
西安	85G 30 x 36 72 x 69	2.047	2.982	80G 21x21 58x170	4.123	4.700
兰州	3X21	1.887	2.565		3.780	3.750
西宁	85 G30*36 72*69	1.871	2.635	80G 21*21 58*170	4.270	4.663
银川	85G 30 x 36 72 x 69	2.021	3.029	80G 21x21 58x170	5.131	5.276
乌鲁木齐	85G 30 x 36 72 x 69	2.340	2.601	80G 21x21 58x170	4.086	4.446

29个大中城市主要商品零售价格

城市	被单布(元/米)			涤棉细布(元/米)		
	规格等级牌号	1988年	1989年	规格等级牌号	1988年	1989年
北京	81G 18 x 18	2.110	2.110	47	2.991	3.670
天津	津产21X21 幅 2尺7	2.745	3.700	27 45 x 45 100×92	3.051	3.665
石家庄	18 x 18	2.973	4.274	39	2.788	3.278
太原	18 x 18	2.529	3.509	39	2.918	4.549
呼和浩特	18 x 18	2.520	3.554	45 x 45 100x92	3.027	3.755
沈阳		3.373	4.090		2.527	3.471
长春	3904 71x56	3.147	4.426	65/35 45x45 100x92	3.006	4.137
哈尔滨	18 x 18	2.833	3.749	39	3.620	4.280
上海	条被单布,112cm,	3.340	4.186	涤棉花布91cm	2.499	4.037
南京	18x18 80x58彩条	2.627	2.777	39	2.642	3.383
杭州	18 x 18	2.529	3.509	39	2.918	4.549
合肥	18 x 18	3.146	3.976	39	2.798	3.732
福州	18 x 18	2.948	3.291	39	3.011	3.536
南昌	18 x 18	3.271	4.105	39	3.870	4.997
济南	18 x 18	4.272	5.333	39	3.169	3.663
郑州	窄幅124G 21x21	3.199	4.397	45x45 100x92	2.983	3.881
武汉	18 x 18	3.129	4.087	39	2.941	3.889
长沙	18 x 18	3.875	4.737	39	3.206	3.988
广州				90CM 45X45 96X72	2.859	3.934
南宁	18 x 18	3.001	3.630	39	3.170	3.436
海口	18 x 18	3.059	3.818	39	2.788	3.748
成都	43	2.691	3.630	39	2.845	3.553
贵阳	21x21 380x204 127cm	3.020	5.096	90G 45x45	2.807	4.138
昆明	昆产 18 x 18	2.939	3.291	39	2.967	3.332
西安	18 x 18	3.154	4.578	39	3.285	4.892
兰州	3.8尺 宽	2.586	3.729	宝鸡45 x 45	3.473	3.890
西宁	18 x 18	3.321	4.255	39	2.726	4.003
银川	幅宽3.9尺 18 x 18	3.189	4.134	39	2.972	4.007
乌鲁木齐	18 x 18	2.649	3.442	39	3.301	3.916

29个大中城市主要商品零售价格

城市	涤棉色卡(元/米)			中长纤维布(元/米)		
	规格等级牌号	1988年	1989年	规格等级牌号	1988年	1989年
北京	38	5.542	5.950	38.5	5.070	5.070
天津	50/2x25 上海产	5.130	5.698	144 31/2 X 31/2	8.568	10.070
石家庄	38	4.320	5.222	38.5	8.828	9.218
太原	38	5.228	6.047	38.5	8.792	7.210
呼和浩特	45/2x21 135x70	5.280	5.280	32/2x32/2 99x56	9.058	10.319
沈阳		4.571	5.197		3.450	4.378
长春	42/2x21 130x70 91g	5.363	5.766	隐条呢 144G 鞍山	6.717	6.840
哈尔滨	38	5.408	6.701	38.5	7.020	7.020
上海	深色卡 91cm	4.911	6.890	涤粘华达呢91cm	11.523	13.905
南京	38	4.323	4.679	38.5	4.950	4.950
杭州	38	5.228	6.047	38.5	8.792	7.210
合肥	38	4.902	6.217	38.5	4.400	4.423
福州	38	4.913	6.155	38.5	5.280	5.280
南昌	38	5.228	6.651	38.5	9.881	11.425
济南	38	4.497	5.527	38.5	9.398	9.297
郑州	沪 45x45 133x72	4.862	5.631	山东32/2x32/2	6.233	6.489
武汉	38	4.812	5.603	38.5	4.979	4.705
长沙	38	5.555	6.870	38.5	6.800	6.867
广州	90CM 118X63	4.912	6.033	平绒呢114CM 32/2X32	6.599	12.390
南宁	38	4.985	5.328	38.5	4.008	4.555
海口	38	4.647	5.058	38.5	6.292	7.060
成都	38	5.220	6.230	38.5	3.844	4.125
贵阳	50/2X25 90G	3.760	5.592	32/2+40/2x32/2	3.900	3.990
昆明	38	4.884	5.540	38.5	7.760	7.871
西安	38	4.792	6.256	38.5	5.982	8.186
兰州	宝鸡 248	5.329	5.520	兰州产	4.834	4.830
西宁	38	5.090	5.372	38.5	5.465	8.309
银川	38	4.871	4.959	38.5	10.824	12.056
乌鲁木齐	38	4.864	4.895	38.5	5.280	5.323

29个大中城市主要商品零售价格

城市	涤美纶(元/米)			涤纶弹力呢(元/米)		
	规格等级牌号	1988年	1989年	规格等级牌号	1988年	1989年
北京	幅宽 175cm	6.503	10.958	幅宽 144cm	11.225	19.467
天津	170克 女士呢	8.950	9.150	纯涤华达呢	13.100	13.000
石家庄	幅宽 175cm	8.298	8.766	幅宽 144cm	15.761	15.756
太原	幅宽 175cm	8.300	10.016	幅宽 144cm	14.592	16.850
呼和浩特	幅宽 175cm	6.229	7.571	幅宽 144cm	12.441	13.896
沈阳		14.700	12.700		13.700	13.700
长春	54080幅175cm一等	8.328	10.984	高弹幅宽144cm 山东	15.800	15.800
哈尔滨	幅宽 175cm	6.983	8.906	幅宽 144cm	14.100	14.024
上海				进口针织涤纶	7.939	7.500
南京	幅宽 175cm窗帘布	5.250	6.850	幅宽 144cm罗纹布	11.217	12.800
杭州	幅宽 175cm	8.300	10.016	幅宽 144cm	14.592	16.850
合肥				幅宽 144cm	12.100	12.100
福州	幅宽 175cm	6.497	7.722	幅宽 144cm	14.823	18.493
南昌	幅宽 175cm	7.110	7.350	幅宽 144cm	8.280	8.280
济南	幅宽 175cm	14.067	9.200	幅宽 144cm	12.975	14.517
郑州	青岛175cm	8.353	8.973	进口 144cm	15.497	15.500
武汉						
长沙	幅宽 175cm	6.833	9.006	幅宽 144cm	15.600	15.758
广州				幅宽 144cm	10.381	12.535
南宁	幅宽 175cm	9.465	11.771	幅宽 144cm	5.250	5.500
海口	幅宽 175cm	4.900	4.900	幅宽 144cm	11.695	12.100
成都	幅宽 175cm	5.650	10.080	幅宽 144cm	15.600	17.093
贵阳				进口涤花呢	16.348	18.826
昆明	青岛 幅宽 175cm	6.277	7.815	幅宽 144cm	16.000	16.000
西安	幅宽 175cm	7.656	8.280	幅宽 144cm	14.142	16.900
兰州				幅宽 144cm	11.782	13.100
西宁		6.832	9.518		9.310	9.310
银川	幅宽 175cm	6.962	7.714	幅宽 144cm	15.541	17.117
乌鲁木齐	幅宽 175cm	5.924	7.612	幅宽 144cm	14.100	13.808

29个大中城市主要商品零售价格

城市	人造棉布(元/米)			混纺华达呢(元/米)		
	规格等级牌号	1988年	1989年	规格等级牌号	1988年	1989年
北京	幅宽 90cm	2.680	4.812	144cm 389g	17.200	19.023
天津	幅宽 90cm 花	2.145	3.272	含毛70% 430-450克	31.000	42.100
石家庄	幅宽 90cm	1.965	3.395	144cm 389g	26.307	29.933
太原	幅宽 90cm	2.150	4.354	144cm 389g	28.167	40.188
呼和浩特	幅宽 90cm	2.902	4.052	144cm 389g	40.000	58.600
沈阳					26.497	35.474
长春	幅宽 77cm 长春	1.680	1.680	32016 北京	30.158	35.891
哈尔滨	幅宽 90cm	3.583	4.063	144cm 389g	31.900	36.188
上海	粘纤花布 86CM	2.458	3.425	144cm，400g 中挡	26.988	33.774
南京				144cm 389g	20.583	31.910
杭州	幅宽 90cm	2.150	4.354	144cm 389g	28.167	40.188
合肥	幅宽 90cm	2.354	3.290	144cm 389g 中等	30.081	35.196
福州	幅宽 90cm	2.137	3.234	144cm 389g	29.829	44.737
南昌	幅宽 90cm	2.398	3.764	144cm 389g	28.500	28.500
济南	幅宽 90cm	3.249	4.675	144cm 389g	26.000	32.583
郑州	郑州印花90cm	2.654	3.708	144cm45/2x45/2398	33.061	44.467
武汉				144cm 389g	29.699	36.421
长沙	宽幅 90cm	2.244	2.940	144cm 389g	28.433	31.800
广州				144CM 456克	31.792	36.920
南宁	幅宽 90cm	2.140	2.675	144cm 389g	25.417	28.172
海口				144cm 389g	31.867	31.600
成都	幅宽 90cm	2.504	3.713	144cm 389g	27.748	35.693
贵阳				津 32052	32.657	40.708
昆明	江苏 幅宽 110cm	2.400	2.400	389g45/2x45/229	29.808	41.145
西安	幅宽 90cm	2.280	4.223	144cm 389g	30.646	44.875
兰州	幅宽 90cm	2.102	2.760	兰州 毛涤 50%	32.185	44.692
西宁	幅宽 90CM	3.745	5.210			
银川	幅宽 90cm	2.360	3.572	144cm 389g	28.739	38.336
乌鲁木齐	幅宽 90cm	2.820	3.544	144cm 389g	22.543	27.748

29个大中城市主要商品零售价格

城　市	大衣呢(元/米)			毛涤纶(元/米)		
	规格等级牌号	1988年	1989年	规格等级牌号	1988年	1989年
北　京	纯　毛	97.750	100.000	144CM251g60/2x60/2	22.031	33.104
天　津	纯毛 820-850克	63.433	72.800	含毛45% 200-250克	22.600	26.950
石家庄	纯　毛	44.156	58.260	144CM251g60/2x60/2	23.573	29.065
太　原	纯　毛	39.567	53.353	144CM251g60/2x60/2	23.583	31.042
呼和浩特	纯　毛	52.050	57.500	144CM251g60/2x60/2	25.467	32.100
沈　阳		54.925	73.821		25.783	29.469
长　春	02123 内蒙	58.317	78.357	38713 上海	27.399	32.902
哈尔滨	拷花呢	77.242	132.698	144CM251g60/2x60/2	31.200	32.900
上　海	全毛 146cm,850g	51.511	61.839			
南　京	纯毛雪花呢	56.200	86.958	144CM251g60/2x60/2	27.260	33.600
杭　州	纯　毛	39.567	53.353	144CM251g60/2x60/2	23.583	31.042
合　肥	上海 纯毛	55.274	73.133	144CM251g60/2x60/2	23.926	29.908
福　州	纯　毛	41.910	46.440	144CM251g60/2x60/2	21.870	25.045
南　昌	纯　毛	71.400	71.400	144CM251g60/2x60/2	21.420	21.420
济　南	纯　毛	52.350	62.000	144CM251g60/2x60/2		
郑　州	长葛纯毛雪花呢	47.606	62.831	144cm60s/2*60s/2251	30.622	34.767
武　汉	纯　毛	60.834	76.367	144CM251g60/2x60/2	24.904	32.430
长　沙	02817 纯毛	50.942	55.900	天津 33026	25.767	27.400
广　州	144CM	33.426	38.901	144CM 251克	25.543	33.499
南　宁	纯　毛	37.267	61.433	144CM251g60/2x60/2	18.600	25.481
海　口				144CM251g60/2x60/2	25.450	32.700
成　都	纯　毛	52.792	73.983	毛涤花呢	20.200	31.630
贵　阳	武汉 雪花呢 12024	54.367	72.234	津 毛45%涤55% 145CM	34.545	37.922
昆　明	内蒙 纯毛一级	70.938	67.523	144CM251g60/2x60/2	21.560	21.560
西　安	纯毛国产拷花呢	62.242	72.500	144CM251g60/2x60/2	20.900	22.433
兰　州	纯　毛	57.038	64.258	144cm251克	22.041	23.600
西　宁	纯　毛	39.775	67.100	251克60s/2*60s/2	21.900	38.197
银　川	144CM 纯毛	50.240	66.085	144CM251g60/2x60/2	31.813	42.797
乌鲁木齐	纯　毛	50.633	66.051	144CM251g60/2x60/2	14.632	34.022

29个大中城市主要商品零售价格

城市	纯毛华达呢(元/米)			粗花呢(元/米)		
	规格等级牌号	1988年	1989年	规格等级牌号	1988年	1989年
北京	2201	54.425	67.367	144cm中档	26.050	28.600
天津	448-456克	49.417	55.900	144cm毛粘含毛65%	20.500	21.417
石家庄	2201	46.482	65.547	144cm中档	30.563	30.295
太原	2201	50.267	70.336	144cm中档	24.047	32.807
呼和浩特	2201	51.192	68.679	144cm中档	28.528	28.849
沈阳		56.675	76.551		24.067	28.927
长春	2201 国毛 新疆	59.988	76.442	17175 一等 洮南	23.133	32.668
哈尔滨	2201	55.442	80.067	144cm中档	19.300	20.013
上海	144cm,450g中档	47.076	64.059	混纺143cm,550g中档	23.631	29.994
南京	145CM	49.150	65.183	144cm中档	36.722	45.640
杭州	2201	50.267	70.336	144cm中档	24.047	32.807
合肥	上海 2201	48.386	65.814	上海144cm中档	21.182	27.749
福州	2201	46.165	69.070	144cm中档	22.008	23.163
南昌	2201	49.345	66.415	144cm中档	35.910	35.910
济南	2201	49.826	64.714	144cm中档	26.883	27.875
郑州	武汉22023-2	53.028	70.692	兰州混纺144cm中档	26.617	32.150
武汉	2201	51.157	67.142	144cm中档	29.722	33.727
长沙	2201	55.913	72.333	144cm中档	20.200	23.918
广州	144CM	46.510	70.570	144cm中档	26.031	29.082
南宁	2201	56.458	66.883	144cm中档	24.100	27.480
海口	2201	60.075	82.708	144cm中档	6.031	13.450
成都	2201	51.167	67.667	144cm中档	41.633	54.901
贵阳	2201	53.060	71.548	144cm 混纺 津产	22.500	22.500
昆明	内蒙 2201 144cm	45.133	62.782	兰州 144cm中档	43.920	40.619
西安	2201	53.593	74.900	144cm中档	31.117	37.125
兰州	兰州一等	54.110	72.275	兰州产中档	26.647	53.100
西宁	2201	57.658	72.955	144CM中档	26.417	29.600
银川	144cm 2201	55.489	69.177	144cm中档	28.578	27.044
乌鲁木齐	2201	53.653	62.658	144cm	38.494	39.066

29个大中城市主要商品零售价格

城 市	麦尔登呢(元/米)			真 丝 绸(元/米)		
	规格等级牌号	1988年	1989年	规格等级牌号	1988年	1989年
北 京	144cm中档	50.567	52.000	花中档	9.840	9.840
天 津	144cm 630-680克纯毛	35.775	42.067		8.650	14.500
石家庄	144cm中档	34.394	35.290		9.220	10.008
太 原	144cm中档	42.208	45.351		8.520	18.469
呼和浩特					6.340	7.542
沈 阳		43.642	43.723		3.762	3.762
长 春	01002 全毛 通辽	48.421	64.800	福寿绸 9251 一等	3.690	3.690
哈尔滨	144cm中档	28.317	34.857		5.270	5.270
上 海	全毛,143cm,700g中档	48.192	54.539			
南 京	144cm中档	39.033	61.392	色 软 缎	5.217	13.817
杭 州	144cm中档	42.208	45.351		8.520	18.469
合 肥	上海144cm中档	37.730	44.981	安徽真绸	11.580	14.133
福 州	144cm中档	33.990	41.400		6.545	6.732
南 昌	144cm中档	37.625	46.200		11.940	22.480
济 南	144cm中档	45.800	52.642		13.333	15.500
郑 州	伊犁纯毛144cm中档	43.272	54.934	上海90cm12102	8.354	10.683
武 汉	144cm中档	34.914	38.465		7.750	8.618
长 沙	144cm中档	32.300	33.600		9.439	9.640
广 州	144cm中档	33.235	38.233	90CM-110CM 电力纺	6.103	7.944
南 宁	144cm中档	41.000	48.408		6.740	8.615
海 口	144cm中档	44.250	52.493			
成 都	144cm中档	41.015	53.752	电 力 纺	8.519	10.722
贵 阳	144cm 混纺杂色 江苏	33.117	33.867	遵义 真丝彩绸	3.682	4.127
昆 明	144cm中档 内蒙	44.153	44.200	楚 雄 85cm	8.090	8.090
西 安	144cm中档	51.128	72.500	3.3尺 无锡产	9.757	10.200
兰 州	兰州产中档	34.917	62.567	花 绸	11.000	11.000
西 宁	144CM中档	49.833	72.611		14.080	15.200
银 川	144cm中档	49.315	77.064		5.454	5.200
乌鲁木齐	144cm中档	47.900	54.997		6.635	7.443

29个大中城市主要商品零售价格

城市	交织印花纺绸(元/米)			乔其纱(元/米)		
	规格等级牌号	1988年	1989年	规格等级牌号	1988年	1989年
北京	中档	4.080	4.080	中档	6.990	8.690
天津	人丝交织	3.530	5.281			
石家庄		3.502	4.819		10.031	10.336
太原					8.285	10.661
呼和浩特		4.093	4.958		5.055	5.536
沈阳		3.290	5.196		5.504	6.496
长春	66707 富春纺 上海	4.162	6.130	16666 一等 杭州	4.720	4.720
哈尔滨		2.950	2.950		6.000	6.000
上海	富春纺90cm	4.795	5.695	进口素色 110cm	10.348	11.471
南京	锦玉缎	8.160	8.160	涤纶	11.500	11.500
杭州					8.285	10.661
合肥	合肥什色	4.106	5.921	浙江产	9.624	10.579
福州		4.468	6.406		9.380	9.983
南昌		3.715	7.000		9.540	9.984
济南		3.690	7.238			
郑州	杭州90cm66707	4.215	6.020	广州中档柔姿纱	12.035	11.623
武汉						
长沙		3.720	3.720		9.200	9.200
广州	90CM 富春纺	3.540	4.463		10.146	15.837
南宁		1.950	2.558		7.475	8.700
海口		4.761	4.900		8.948	16.899
成都	印花富春纺 66716	4.633	5.523	10101	7.340	15.980
贵阳				印花 柔姿纱 进口	13.560	13.560
昆明	吴江 85cm	3.340	4.250	楚雄 90cm	4.540	6.012
西安	66707 富春纺	3.811	4.260		8.073	11.167
兰州	天津82135	4.419	4.410	单幅	12.188	13.400
西宁	印花复花绸	4.370	5.509		5.662	8.604
银川	90 cm	4.583	5.877	90 cm	10.497	10.432
乌鲁木齐		4.661	6.077		6.721	7.150

29个大中城市主要商品零售价格

城市	线绨被面(元/条)			软缎被面(元/条)		
	规格等级牌号	1988年	1989年	规格等级牌号	1988年	1989年
北京	中档	14.810	16.120	中档	22.694	32.750
天津	外幅144总经2500密	14.650	14.650	三闪真丝	33.616	48.778
石家庄		13.160	15.169		22.292	30.164
太原		14.600	15.739		27.900	40.118
呼和浩特		14.193	15.586		24.003	35.198
沈阳		16.192	16.610		24.192	38.462
长春	91008 上海	14.579	16.112	70305 绍兴	21.425	45.254
哈尔滨		15.192	15.514		22.500	25.168
上海	91008江浙二省	13.776	14.500	97601江浙二省	26.233	40.920
南京	常州	12.200	13.200	三色被面	30.806	41.483
杭州		14.600	15.739		27.900	40.118
合肥	合肥 2010	14.563	15.932	杭州 70305	25.064	38.063
福州		13.631	16.007		25.151	31.920
南昌		12.840	14.777		23.583	30.887
济南		15.942	18.200		21.321	28.483
郑州	平顶山中档	12.739	13.400	杭州中档织花双丝	32.561	46.642
武汉		13.489	15.528		24.479	29.608
长沙		13.908	15.333		28.670	38.300
广州				135X190CM	21.575	38.207
南宁		11.479	19.380		24.650	40.932
海口		14.100	21.850		22.798	33.062
成都	70804	12.885	17.537	单丝闪光	23.689	35.364
贵阳	遵义 一等	14.351	16.371	遵义 一等	29.405	44.842
昆明	楚雄 双面	14.611	15.992	楚雄 单面	26.653	33.577
西安	7010 浙江产双丝	15.917	17.350	97601 浙江产双丝	30.367	38.100
兰州	杂色	14.176	14.890	织锦缎	24.732	29.475
西宁	7010	14.916	16.000	97601	26.394	39.136
银川	中档	14.607	15.734	中档	29.476	41.331
乌鲁木齐		13.828	15.400		24.092	29.621

29个大中城市主要商品零售价格

城市	提花绉缎(元/米)			真丝双绉(元/米)		
	规格等级牌号	1988年	1989年	规格等级牌号	1988年	1989年
北京	90cm	13.540	13.540	90cm	9.280	9.280
天津				90cm	18.333	26.000
石家庄				90cm	11.959	20.039
太原	90cm	10.800	8.766	90cm	6.150	7.050
呼和浩特				90cm	10.894	11.378
沈阳		7.580	8.143		7.120	8.330
长春	90cm 一等 杭州	8.545	8.850	90cm 一等 杭州	10.000	10.583
哈尔滨				90cm	9.240	14.024
上海				12102,114cm	14.414	24.802
南京				90cm	12.661	19.175
杭州	90cm	10.800	8.766	90cm	6.150	7.050
合肥	90cm	12.670	13.158	浙江 90cm	10.966	13.113
福州	90cm	8.738	9.630	90cm	10.980	15.500
南昌	90cm	5.220	7.459	90cm	9.760	16.912
济南	90cm	14.600	17.325	90cm	10.590	14.942
郑州	杭州70cm	8.875	10.697	杭州90cm	9.489	12.272
武汉	90cm	7.096	10.673	90cm	9.890	14.688
长沙	90cm	16.470	21.000	90cm	9.199	12.920
广州	90CM 真丝	19.878	24.935			
南宁	90cm	4.875	5.707	90cm	5.925	6.938
海口				90cm	5.467	5.500
成都	90cm	10.767	22.188	90cm 02#12102	11.898	20.212
贵阳				申 一等	9.412	11.900
昆明	申 80cm 一等	9.640	9.640	楚雄 90cm 一等	6.640	6.640
西安	90cm	8.875	7.410	90cm	9.240	22.567
兰州						
西宁		6.165	9.075		12.300	15.233
银川	90cm	8.280	8.280			
乌鲁木齐	90cm	20.600	19.789	90cm	8.955	11.935

29个大中城市主要商品零售价格

城市	织锦缎(元/米)			美丽绸(元/米)		
	规格等级牌号	1988年	1989年	规格等级牌号	1988年	1989年
北京	90cm尼龙	18.400	18.400	85cm	4.650	6.434
天津	90cm真丝 杭州产	19.206	19.760	津产人丝2.7尺	6.833	7.240
石家庄	90cm尼龙	17.616	17.466	85cm	5.190	6.249
太原	90cm尼龙	18.695	21.915	85cm	4.939	7.116
呼和浩特	90cm尼龙	18.704	19.218	85cm	5.371	6.828
沈阳		21.933	19.844		6.452	7.175
长春	90cm尼龙 一等 杭州	18.692	20.767	85cm 654062 一等	6.720	8.110
哈尔滨	90cm尼龙	18.000	17.903	85cm	6.723	8.240
上海	90cm尼龙	15.576	16.956	70cm	5.831	6.500
南京	90cm尼龙金银织锦缎	17.717	20.217	70cm	4.790	5.640
杭州	90cm尼龙	18.695	21.915	85cm	4.939	7.116
合肥	上海 90cm	16.779	17.679	合肥 90cm	5.922	4.354
福州	90cm尼龙	11.049	18.217	85cm	3.420	4.111
南昌	90cm尼龙	16.770	21.170	85cm	5.590	8.220
济南	90cm尼龙	13.517	13.750	85cm	7.065	7.150
郑州	杭州90cm尼龙	17.639	17.922	安徽85cm	6.245	7.420
武汉	90cm尼龙	17.519	18.100	85cm	6.440	7.179
长沙	90cm尼龙	15.233	17.575	85cm	5.875	8.400
广州	90cm尼龙	19.502	20.342	90CM杂色	6.249	7.957
南宁	90cm尼龙	10.390	12.045	85cm	5.625	6.225
海口	90cm尼龙	10.700	10.225	85cm	4.702	7.215
成都	90cm 多色	19.134	19.744	90cm	5.268	5.408
贵阳	90cm尼龙 苏州	15.642	15.916			
昆明	申 90cm尼龙 一等	17.290	17.290	内蒙85cm一 等	5.160	5.670
西安	90cm尼龙 杭州产	17.800	18.650	85cm 杭州产	5.846	7.700
兰州	90cm尼龙	18.800	18.633	85cm	4.899	5.240
西宁	90CM	14.001	16.260	85cm	4.130	4.696
银川	90cm尼龙	19.785	21.142	85cm	5.718	6.759
乌鲁木齐	90cm尼龙	9.037	16.483	85cm	5.593	6.344

29个大中城市主要商品零售价格

城市	汗衫(元/件)			背心(元/件)		
	规格等级牌号	1988年	1989年	规格等级牌号	1988年	1989年
北京	95cm一等品	2.456	2.750	95cm一等品	1.807	2.125
天津	95cm一等品津 32支	3.148	3.426	95cm一等品津 32支	2.200	2.537
石家庄	95cm一等品	2.442	2.810	95cm一等品	1.967	2.349
太原	95cm一等品	2.729	3.544	95cm一等品	2.209	2.989
呼和浩特	95cm一等品	2.447	3.361	95cm一等品	2.080	2.885
沈阳		3.002	3.430		2.491	2.849
长春	95cm32x32上海	2.768	3.514	95cm32x32 长春	2.049	2.802
哈尔滨	95cm一等品	3.623	4.440	95cm一等品	2.050	2.507
上海	男衫95cm一级品	3.255	3.785	95cm一级品	2.342	2.730
南京	95cm一等品	2.690	3.148	95cm一等品	1.919	2.240
杭州	95cm一等品	2.729	3.544	95cm一等品	2.209	2.989
合肥	合肥 95cm一等品	2.381	3.041	95cm一等品	1.884	2.282
福州	95cm一等品	5.068	5.920	95cm一等品	2.245	2.762
南昌	95cm一等品	2.760	3.350	95cm一等品	2.006	2.807
济南	95cm一等品	2.472	3.633	95cm一等品	2.175	2.631
郑州	95cm42支精漂	2.548	3.371	95cm32支精漂	2.016	2.707
武汉	95cm一等品	2.626	3.559	95cm一等品	2.023	2.637
长沙	95cm一等品	2.780	3.658	95cm一等品	1.982	2.590
广州	穗42支90CM	3.719	4.488	穗32支 90CM	2.897	3.908
南宁	95cm一等品	2.805	3.473	95cm一等品	2.252	2.863
海口	95cm一等品	3.372	5.132	95cm一等品	2.922	4.858
成都	32支 95cm一等品	3.199	3.429	42支 95cm一等品	2.082	2.340
贵阳	95cm一等品	2.466	3.526	95cm一等品	2.066	2.597
昆明	95cm一等品	4.167	4.310	95cm一等品	2.132	2.666
西安	95cm一等品	2.318	2.913	95cm一等品	1.980	2.336
兰州	95cm一等品	3.051	3.120	95cm一等品	2.201	2.362
西宁	95cm一级品	2.880	3.926	95cm一级品	2.353	2.815
银川	95cm一等品	2.946	3.671	95cm一等品	2.398	2.525
乌鲁木齐	95cm一等品	2.159	3.010	95cm一等品	1.729	2.130

29个大中城市主要商品零售价格

城市	运动裤(元/条) 规格等级牌号	1988年	1989年	棉毛衫(元/件) 规格等级牌号	1988年	1989年
北京	腈纶 95cm一等品	9.574	10.092	32支男衫 95cm一等品	4.934	5.550
天津	津产95CM 腈纶	6.780	7.080	32支男 90cm 津产	5.056	5.700
石家庄	腈纶 95cm一等品	5.822	7.488	32支男衫 95cm一等品	4.894	5.893
太原	腈纶 95cm一等品	8.060	9.852	32支男衫 95cm一等品	5.920	5.883
呼和浩特	腈纶 95cm一等品	6.081	9.723	32支男衫 95cm一等品	4.722	6.452
沈阳		7.952	8.480		5.465	6.710
长春	棉毛 95cm32x32 长春	7.320	8.870	90cm浅色半高领长袖	5.288	6.229
哈尔滨	腈纶 95cm一等品	5.781	7.060	32支男衫 95cm一等品	5.280	6.820
上海	腈纶男裤95cm一级品	6.728	8.172	502131男衫 95-102cm	5.180	6.191
南京	腈纶 95cm一等品	6.560	7.058	32支男衫 95cm	5.068	5.792
杭州	腈纶 95cm一等品	8.060	9.852	32支男衫 95cm一等品	5.920	5.883
合肥	上海腈纶 95cm一等品	6.305	9.665	32支男衫 95cm一等品	4.820	5.903
福州	腈纶 95cm一等品	8.437	9.837	32支男衫 95cm一等品	5.098	6.791
南昌	腈纶 95cm一等品	7.917	9.952	32支男衫 95cm一等品	4.962	6.858
济南	腈纶 95cm一等品	8.056	9.500	32支男衫 95cm一等品	4.921	6.263
郑州	郑州腈纶95cm一等	8.394	9.391	洛阳95cm32支园领男	5.192	6.160
武汉	腈纶 95cm一等品	7.724	10.176	32支男衫 95cm一等品	4.869	6.602
长沙	腈纶 95cm一等品	9.222	11.067	32支男衫 95cm一等品	6.077	7.258
广州	穗32支 90CM一等品	5.662	7.059	32支男衫 95cm一等品	5.448	6.984
南宁	腈纶 95cm一等品	5.692	8.600	32支男衫 95cm一等品	5.585	6.285
海口	腈纶 95cm一等品	9.154	12.480	32支男衫 95cm一等品	6.711	9.129
成都	34支腈纶 95cm一等	7.180	9.099	32支男衫 95cm一等品	4.226	5.738
贵阳	腈纶 95cm一等品 申	8.737	10.894	32支男衫 95cm一等品	5.575	7.034
昆明	申 腈纶 95cm一等品	7.755	10.232	32支女衫 90cm一等品	5.390	6.003
西安	腈纶95cm一等品西安	7.273	13.032	32支男衫 95cm一等品	4.935	6.528
兰州	95cm一等品	6.814	8.260	海军上衣	4.855	6.005
西宁	腈纶 95cm一级品	6.815	9.786	32支男衫 95cm一等品	6.589	6.391
银川	腈纶 95cm一等品	8.082	10.812	32支男衫 95cm一等品	5.213	6.542
乌鲁木齐	腈纶 95cm一等品	7.105	8.116	32支男衫 95cm一等品	4.214	6.204

29个大中城市主要商品零售价格

城市	腈纶棉毛衫(元/件)			毛巾(元/条)		
	规格等级牌号	1988年	1989年	规格等级牌号	1988年	1989年
北京	32支罗纹领95cm	6.823	7.000	21支中档印花	1.223	1.456
天津	32支女罗纹领90cm	5.490	5.490	1.6两	1.666	1.800
石家庄	32支罗纹领95cm	7.285	7.462	21支中档印花	1.396	1.522
太原	32支罗纹领95cm	6.940	12.108	21支中档印花	1.470	1.581
呼和浩特	32支罗纹领95cm	5.302	7.298	21支中档印花	1.628	2.004
沈阳		5.620	6.000		1.650	1.815
长春	95cm30支一等品	7.460	8.114	21支1.2两印花彩条	1.551	1.692
哈尔滨	32支罗纹领95cm	9.180	10.255	21支中档印花	1.025	1.685
上海				32#16#20支中条	1.767	1.830
南京	32支罗纹领95cm	6.430	6.430	21支中档印花	1.558	1.610
杭州	32支罗纹领95cm	6.940	12.108	21支中档印花	1.470	1.581
合肥	32支罗纹领95cm	3.804	4.468	21支中档印花	1.712	1.808
福州	32支罗纹领95cm	8.294	10.678	21支中档印花	1.823	2.203
南昌	32支罗纹领95cm	4.020	4.907	21支中档印花	1.412	1.570
济南	32支罗纹领95cm	6.680	8.767	21支中档印花	1.473	1.746
郑州				郑州21支中档印花	1.523	1.815
武汉	32支罗纹领95cm	7.339	8.488	21支中档印花	1.675	1.902
长沙	32支罗纹领95cm	8.930	10.746	21支中档印花	2.045	2.386
广州	32支罗纹领85cm	4.732	6.398	78x341.5两21支	1.980	1.986
南宁	32支罗纹领95cm	7.700	9.600	21支中档印花	2.518	2.825
海口				21支中档印花	1.890	2.453
成都	34支海军领90cm一等	6.628	9.163	21支英雄印花	1.691	1.698
贵阳				申 皇后牌	2.394	2.812
昆明	昆32女罗纹领90cm	7.210	6.648	昆 21支中档印花	1.890	1.981
西安	32支罗纹领95cm	7.135	8.845	21支中档印花	1.700	1.985
兰州	32支罗纹领90cm一等	7.111	8.080	21支中档印花	1.587	1.780
西宁	32支罗纹领女衫90cm	8.027	10.300	21支中档印花	1.623	2.223
银川				21支中档印花	1.657	1.901
乌鲁木齐	32支罗纹领95cm	4.045	6.315	21支中档印花	1.559	1.803

29个大中城市主要商品零售价格

城　市	毛巾被(元/条)			提花枕巾(元/条)		
	规格等级牌号	1988年	1989年	规格等级牌号	1988年	1989年
北　京	4 x 6 中档	21.086	39.502	腈纶 21支 中档	2.253	4.050
天　津	4.5X6提 花	25.467	29.975	17两 提 花	3.780	3.857
石家庄	4 x 6	24.690	27.130	腈纶 21支 中档	2.987	3.585
太　原	4 x 6	29.520	34.274	腈纶 21支 中档	4.449	5.177
呼和浩特	4 x 6	25.977	32.964	腈纶 21支 中档	4.701	4.590
沈　阳		26.744	34.371		4.770	4.906
长　春	4396 天津	25.632	32.829	腈棉21支中档2.5两	4.470	4.867
哈尔滨	4 x 6	23.687	34.016	腈纶 21支 中档	4.047	4.530
上　海	20支4.5尺提花	25.850	26.900	割绒印花	3.623	3.770
南　京	4x6 提 花	29.671	37.275	腈纶 21支 中档	4.501	4.872
杭　州	4 x 6	29.520	34.274	腈纶 21支 中档	4.449	5.177
合　肥	4 x 6	27.413	34.283	上海腈纶21支中档	3.506	4.175
福　州	4 x 6	24.863	35.283	腈纶 21支 中档	6.010	6.342
南　昌	4 x 6	30.392	34.087	腈纶 21支 中档	3.263	3.967
济　南	4 x 6	18.533	28.850	腈纶 21支 中档	4.433	4.550
郑　州	山东4x6全棉	27.200	34.617	上海腈纶21支中档	4.828	5.421
武　汉		25.510	29.812	腈纶 21支 中档	4.017	4.480
长　沙	4 x 6	21.473	26.860	腈纶 21支 中档	5.115	5.986
广　州	腈纶提花165X220	40.833	45.888	全棉75X44 1200克	3.270	4.097
南　宁	4 x 6	24.758	32.633	腈纶 21支 中档	2.691	3.245
海　口	4 x 6	25.448	39.913	腈纶 21支 中档	4.673	5.691
成　都	21支 提花	25.868	36.218	21支 1103 腈纶	2.768	2.820
贵　阳	申 4X6	28.834	35.554	腈纶21支 中档 杭州	5.128	5.493
昆　明	南宁 4.5 x 6	25.752	31.100	腈纶 21支 中档	2.607	3.352
西　安	4 x 6 陕西产	27.617	33.458	腈纶 21支 中档	3.823	4.650
兰　州	纯棉 4 x 6	22.833	30.750	腈纶 花牙边	4.151	4.407
西　宁		30.560	33.233	腈纶 21支 中档	4.493	5.680
银　川	4 x 6	28.285	38.159	腈纶 21支 中档	4.886	4.695
乌鲁木齐	4 x 6	22.575	32.575	腈纶 21支 中档	5.149	5.143

29个大中城市主要商品零售价格

城市	弹力锦纶袜(元/双)			锦纶丝袜(元/双)		
	规格等级牌号	1988年	1989年	规格等级牌号	1988年	1989年
北京	70D/2夹底235克男袜	2.276	2.363	75支锦丝210克女袜	2.073	2.300
天津	243克 男袜	1.810	2.402	120克 女袜	2.242	2.400
石家庄	70D/2夹底235克男袜	2.008	2.283	75支锦丝210克女袜	2.131	2.377
太原	70D/2夹底235克男袜	2.606	2.550	75支锦丝210克女袜	2.608	2.910
呼和浩特	70D/2夹底235克男袜	2.370	2.707	75支锦丝210克女袜	2.262	2.883
沈阳		3.295	2.767		3.335	2.727
长春	男 268 花袜 上海	2.367	2.492	锦丝210g暗花女袜	2.612	2.699
哈尔滨	70D/2夹底235克男袜	2.147	2.610	75支锦丝210克女袜	2.526	3.315
上海	2099470d/2夹底男袜	2.476	2.520	25-971 128支夹底女袜	2.013	2.150
南京	70D/2夹底235克男袜	2.417	2.550	75支锦丝150克女袜	2.846	3.190
杭州	70D/2夹底235克男袜	2.606	2.550	75支锦丝210克女袜	2.608	2.910
合肥	70D/2夹底235克男袜	2.450	2.150	75支锦丝210克女袜	2.315	2.641
福州	70D/2夹底235克男袜	2.968	3.320	75支锦丝210克女袜	2.673	3.107
南昌	70D/2夹底235克男袜	2.401	2.631	75支锦丝210克女袜	2.894	3.199
济南	70D/2夹底235克男袜	2.467	2.527	75支锦丝210克女袜	2.483	2.675
郑州	新乡70D双口男袜	2.041	2.400	新乡75支锦丝210g女	2.360	2.606
武汉	70D/2夹底235克男袜	2.142	2.441	75支锦丝210克女袜	2.175	2.470
长沙	70D/2夹底235克男袜	1.959	2.060	75支锦丝210克女袜	2.120	2.303
广州	235克男庄 24-26CM	2.136	2.546	中筒无跟女袜	1.521	1.863
南宁	70D/2夹底235克男袜	2.167	2.300	75支锦丝210克女袜	2.505	2.690
海口	70D/2夹底235克男袜	2.381	2.570	75支锦丝210克女袜	1.792	2.650
成都	70D/2夹底235克男袜	2.644	2.936	75支锦丝210克女袜	2.562	2.825
贵阳	70D/2夹底235克男袜	2.127	2.385	75支锦丝210克女袜	2.234	2.751
昆明	70D/2夹底235克男袜	2.457	2.568	75支锦丝210克女袜	2.552	2.946
西安	70D/2夹底235克男袜	2.530	3.200	75支锦丝210克女袜	2.527	2.773
兰州	男袜	2.405	2.690	女袜	2.365	2.680
西宁	70D/2夹底235克男袜	1.898	2.379	75支锦丝210克女袜	1.923	2.406
银川	70D/2夹底235克男袜	2.501	2.613	75支锦丝210克女袜	2.642	2.914
乌鲁木齐	70D/2夹底235克男袜	2.302	2.565	75支锦丝210克女袜	2.249	2.335

29个大中城市主要商品零售价格

城市	印花双人床单(元/条)			毛毯(元/条)		
	规格等级牌号	1988年	1989年	规格等级牌号	1988年	1989年
北京	16x16 6x7	22.226	24.700	纯毛2.8公斤	158.792	235.333
天津	津产 167X217	18.296	22.223	纯毛2.8公斤津产	155.083	190.978
石家庄	16x16 6x7	22.968	27.142	纯毛2.8公斤	172.085	221.328
太原	16x16 6x7	20.694	31.100	纯毛2.8公斤	158.683	202.681
呼和浩特	16x16 6x7	19.855	28.742	纯毛2.8公斤	156.300	205.708
沈阳		22.150	28.853		155.333	216.357
长春	丝光 6x7 上海	25.181	30.680	金冠牌2.8公斤	176.750	230.208
哈尔滨	16x16 6x7	25.258	38.294	纯毛2.8公斤	180.294	239.723
上海	57-2669,321支6尺	24.525	28.500	2.8公斤全毛提花	149.000	188.750
南京	21支x21支6x7	24.200	34.400	纯毛2.8公斤	169.500	226.000
杭州	16x16 6x7	20.694	31.100	纯毛2.8公斤	158.683	202.681
合肥	上海 16x16 6x7	25.213	33.035	内蒙全毛 4X6	128.711	196.978
福州	16x16 6x7	23.444	33.424	纯毛2.8公斤	165.548	224.250
南昌	16x16 6x7	26.420	30.121	纯毛2.8公斤	172.067	192.175
济南	16x16 6x7	24.117	29.083	纯毛2.8公斤	166.583	218.583
郑州	上海6x7 21x21全棉	29.822	38.633	青岛纯毛2.8公斤	155.389	218.778
武汉	16x16 6x7	21.939	25.797	纯毛2.8公斤	155.444	218.496
长沙	16x16 6x7	24.468	34.967	纯毛2.8公斤	155.167	239.180
广州	200X228CM 丝光	26.765	33.700	纯毛四包边	136.698	179.466
南宁	16x16 6x7	15.892	24.300	纯毛2.8公斤	162.167	211.500
海口	16x16 6x7	24.349	34.800			
成都	丝光印花	30.133	35.121	纯毛2.8公斤	165.800	241.071
贵阳	常熟 双猫牌	26.020	31.067	贵州都匀 黔羊牌	170.528	212.278
昆明	常州 16x16 6x7	22.152	25.710	天津 纯毛 2.8公斤	156.917	238.341
西安	16x16 6x7 陕西产	17.900	26.283	纯毛2.8公斤6505榆林	174.661	214.167
兰州	6x7	17.783	24.060	纯毛2.8公斤	157.980	193.667
西宁	16x16 6x7	21.275	25.879	纯毛2.8公斤	129.633	154.219
银川	16x16 6x7	25.286	33.374	银川夏桂纯毛2.8公斤	179.722	246.755
乌鲁木齐	16x16 6x7	19.535	25.378	纯毛2.8公斤	151.271	183.639

29个大中城市主要商品零售价格

城市	腈纶毛毯(元/条)			手套(元/双)		
	规格等级牌号	1988年	1989年	规格等级牌号	1988年	1989年
北京	1.5x2m 花中档	52.889	70.753	尼龙女短单	1.100	1.100
天津	1.5x2m 花中档	58.033	61.300	尼龙女短单	2.100	2.100
石家庄	1.5x2m 花中档	53.397	63.885	尼龙女短单	1.901	1.992
太原	1.5x2m 花中档	53.219	68.437	尼龙女短单	2.860	3.320
呼和浩特	1.5x2m 花中档	54.200	55.260	尼龙女短单	2.070	2.061
沈阳		45.100	55.141		2.710	2.027
长春	1.5x2m花中档 长春	55.075	58.933	尼龙女短单8310	1.985	2.107
哈尔滨	1.5x2 m花中档	55.250	74.791	尼龙女短单	1.380	1.380
上海	91-66,16*112*3/2支	36.900	36.900			
南京	1.5x2m 花中档	58.475	66.600	尼龙女短单	1.410	1.410
杭州	1.5x2m 花中档	53.219	68.437	尼龙女短单	2.860	3.320
合肥	上海1.5x2m 花中档	51.437	61.093	上海尼龙女短单	2.525	2.097
福州	1.5x2m 花中档	63.488	74.363	尼龙女短单	2.611	2.980
南昌	1.5x2m 花中档	46.000	53.575	尼龙女短单	1.300	1.300
济南	1.5x2m 花中档	47.992	50.108	尼龙女短单	1.338	1.467
郑州	郑州1.5x2m中档	40.911	48.722	上海尼龙短单织花	1.682	1.801
武汉	1.5x2m 花中档	51.140	56.475	尼龙女短单	1.444	1.691
长沙	1.5x2m 花中档	55.312	61.300	尼龙女短单	2.690	2.690
广州	四包边 1.5X2m	52.183	68.379	尼龙女短单	2.272	2.319
南宁	1.5x2 m花中档	56.317	71.900	尼龙女短单	2.680	2.680
海口	1.5x2 m花中档	62.044	68.142	尼龙女短单	2.092	2.350
成都	1.5x2 m花中档	52.976	58.327	尼龙女短单	2.062	2.694
贵阳				尼龙女短单	1.475	1.600
昆明	江苏1.5x2m 花中档	45.447	59.699	申 尼龙女短单	1.990	2.940
西安	1.5x2m 花中档	54.000	51.383	尼龙女短单	1.550	1.688
兰州	1.5x2m 花中档	40.601	44.400	尼龙女短单	1.830	1.762
西宁	1.5x2m 花中档	49.042	61.205	尼龙女短单	2.690	2.663
银川	1.5x2m 花中档	55.614	65.275	尼龙女短单	2.377	2.573
乌鲁木齐	1.5x2m 花中档	47.733	60.942	尼龙女短单	1.571	1.909

29个大中城市主要商品零售价格

城市	床罩(元/条) 规格等级牌号	床罩 1988年	床罩 1989年	被外套(元/条) 规格等级牌号	被外套 1988年	被外套 1989年
北京		32.125	47.150	棉布1.45x1.9m	18.425	24.231
天津	簇绒2x2.3双人	36.433	40.100	棉布1.45x1.9m	16.558	20.442
石家庄	簇绒2x2.3双人	39.081	40.576	棉布1.45x1.9m	16.206	21.832
太原	簇绒2x2.3双人	33.938	42.142	棉布1.45x1.9m	17.672	23.427
呼和浩特	簇绒2x2.3双人	36.132	40.947	棉布1.45x1.9m	17.992	22.825
沈阳		56.831	66.747		18.275	23.436
长春	簇绒2x2.3双人1804F	37.942	43.224	棉布1.5x2m 长春	20.057	24.945
哈尔滨	簇绒2x2.3双人	34.300	36.862	棉布1.45x1.9m	20.700	22.247
上海	簇绒2x2.3 37-8061-2	36.141	36.700			
南京	2x2.3双人软缎	34.975	42.600	涤棉1.45x1.9m	22.017	25.100
杭州	簇绒2x2.3双人	33.938	42.142	棉布1.45x1.9m	17.672	23.427
合肥	江苏簇绒2x2.3双人	37.125	43.096	江苏棉布1.45x1.9m	22.254	26.170
福州		181.420	208.949	棉布1.45x1.9m	21.185	26.800
南昌	簇绒2x2.3双人	33.200	40.854	棉布1.45x1.9m	20.961	28.398
济南	簇绒2x2.3双人	42.206	54.041	棉布1.45x1.9m	20.518	24.150
郑州	上海簇绒2×2.3双人	40.347	43.334	1.45×1.9m棉布织花	19.847	26.820
武汉	簇绒2x2.3双人	38.433	48.065	棉布1.45x1.9m	22.256	27.435
长沙	簇绒2x2.3双人	41.575	46.233	棉布1.45x1.9m	21.557	26.800
广州				涤棉 大床	26.025	41.334
南宁	簇绒2x2.3双人	46.317	65.400	棉布1.45x1.9m	19.512	24.225
海口	簇绒2x2.3双人	49.283	56.799	棉布1.45x1.9m	20.317	29.842
成都		42.298	47.223	棉布1.45x1.9m	19.649	33.779
贵阳				棉布1.45x1.9M	20.371	27.075
昆明	昆 丙纶 2x2.3双人	35.462	44.750		19.717	30.516
西安	簇绒2x2.3双人	33.200	37.533	棉布1.45x1.9m	19.225	26.508
兰州	簇绒2x2.3双人	39.553	41.300	棉布1.45x1.9m	19.338	25.642
西宁	2x2.3双人	67.933	89.515	棉布1.45×1.9m	17.800	24.162
银川	簇绒2x2.3双人	77.225	90.922	棉布1.45x1.9m	19.875	24.582
乌鲁木齐	簇绒2x2.3双人	37.408	45.058	棉布1.45x1.9m	14.546	19.868

29个大中城市主要商品零售价格

城市	的确良衬衫(元/件)			毛涤裤(元/条)		
	规格等级牌号	1988年	1989年	规格等级牌号	1988年	1989年
北京	男长袖衫40号	8.478	15.603	男裤109-78cm	33.062	44.490
天津	男长袖衫 中号	8.221	13.500	男裤(中号)	21.175	32.300
石家庄	男长袖衫	10.290	13.689	男裤(中号)	27.421	24.588
太原	男长袖衫	10.285	13.366	男裤(中号)	26.925	30.283
呼和浩特	男长袖衫	10.765	14.899	男裤(中号)	35.501	44.351
沈阳		10.327	14.999		31.200	32.449
长春	叁叶牌 40号 长春	11.021	13.958	男裤 103cm 长春	34.333	37.667
哈尔滨	男长袖衫	10.463	14.049	男裤(中号)	15.600	15.592
上海	男长袖 38.5号	10.795	16.143	男长 103cm	36.153	43.514
南京	男长袖 38.5号	10.200	12.367	男裤(中号)106cm	32.900	32.900
杭州	男长袖衫	10.285	13.366	男裤(中号)	26.925	30.283
合肥	上海男长袖衫 中等	11.077	13.299	男裤(中号)	36.167	37.000
福州	男长袖衫	11.945	15.047	男裤(中号)	40.940	48.987
南昌	男长袖衫	11.125	15.175	男裤(中号)	34.000	34.000
济南	男长袖衫	11.900	13.083	男裤(中号)	36.800	36.800
郑州	上海男长袖40号	10.739	14.153			
武汉	男长袖衫	11.682	15.635	男裤(中号)	25.773	24.943
长沙	男长袖衫	11.367	15.750	男裤(中号)	30.171	33.140
广州	男长袖衫白纬长丝	11.711	16.758	男长西裤 100cm	26.524	37.781
南宁	男长袖衫	10.435	13.188	男裤(中号)	24.533	28.000
海口	男长袖衫	10.969	15.304			
成都	男长袖衫	11.083	14.938	男裤(中号)	25.333	31.542
贵阳	男长袖衫38.5号	9.958	14.355	男裤(中号)103cm	15.520	16.896
昆明	男长袖衫38.5号	10.313	13.350	昆 男裤(中号)	40.335	48.701
西安	男长袖衫	10.900	12.308	男裤(中号)	27.800	30.658
兰州	男长袖衫	11.162	12.871			
西宁	男长袖衫	9.867	12.136			
银川	男长袖衫	10.640	13.346	男裤(中号)	16.100	17.845
乌鲁木齐	男长袖衫	9.694	12.463	男裤(中号)	15.210	18.240

29个大中城市主要商品零售价格

城市	呢绒上衣(元/件)			纯毛西服(元/套)		
	规格等级牌号	1988年	1989年	规格等级牌号	1988年	1989年
北京	毛华达呢中山装	98.508	158.178	毛华达呢男套装	182.194	260.654
天津	毛涤粗花呢(中号)	76.308	97.000	纯毛花呢男套装	136.917	166.000
石家庄	制服呢男中山装	83.166	89.959	华达呢男套装	115.145	137.307
太原	制服呢男中山装	76.740	94.406	华达呢男套装(中号)	176.252	280.250
呼和浩特	制服呢男中山装	86.670	97.463	华达呢男套装(中号)	174.549	234.229
沈阳		83.400	91.230		173.017	206.325
长春	制服呢男中山装	88.958	129.042	华达呢男套装(中号)	170.625	198.833
哈尔滨	制服呢男中山装	60.900	60.605	华达呢男套装(中号)	203.900	247.793
上海	全毛麦尔登男衣长	98.008	107.922	全毛花呢74cmX103cm	155.559	214.863
南京	男中山装(中号)	94.100	109.300	花呢男套装(中号)	131.033	284.000
杭州	制服呢男中山装	76.740	94.406	华达呢男套装(中号)	176.252	280.250
合肥	上海74cm全毛	96.971	122.514	华达呢男套装(中号)	128.600	171.515
福州	制服呢男中山装	95.253	107.758	华达呢男套装(中号)	117.792	117.667
南昌	制服呢男中山装	69.233	77.900	华达呢男套装(中号)	157.500	198.750
济南	制服呢男中山装	95.592	108.250	华达呢男套装(中号)	123.417	208.250
郑州	上海制服呢男中山装	97.673	90.300	华达呢男套装74cm	143.944	174.111
武汉	制服呢男中山装	79.841	90.729	华达呢男套装(中号)	148.776	225.483
长沙	制服呢男中山装	90.200	90.200	华达呢男套装(中号)	179.290	215.333
广州	制服呢男中山装	82.558	123.337	全毛全里二件大号	201.432	246.224
南宁	制服呢男中山装	64.117	82.700	华达呢男套装(中号)	180.500	198.000
海口				华达呢男套装(中号)	173.000	173.000
成都	74cm	98.353	130.672	全毛华达呢男装	165.080	202.255
贵阳	麦尔登男中山装	81.722	95.924			
昆明	74cm	92.490	92.490	华达呢男套装(中号)	159.333	165.400
西安	制服呢男中山装	82.167	110.125	华达呢男套装(中号)	158.500	176.167
兰州	男中山装(中号)	70.900	73.900	华达呢套装(中号)	154.908	223.800
西宁	制服呢男中山装	64.142	82.442	华达呢男套装(中号)	170.500	225.583
银川	制服呢男中山	78.904	86.567	华达呢男套装(中号)	146.550	200.444
乌鲁木齐	制服呢男中山装	83.000	87.688	华达呢男套装(中号)	182.769	217.986

29个大中城市主要商品零售价格

城市	真丝绸衫(元/件) 规格等级牌号	1988年	1989年	羽绒上衣(元/件) 规格等级牌号	1988年	1989年
北京	女长袖衫 64-96cm	19.717	34.938	中号伊里兰	133.861	169.583
天津	女长袖衫中号	18.700	36.133	双面油绸80/104cm	134.417	173.750
石家庄	女长袖衫(中号)	21.250	25.938	中号	100.478	132.629
太原	女长袖衫(中号)	33.800	33.800	中号	88.642	101.511
呼和浩特	女长袖衫(中号)	22.780	24.583	中号	123.642	168.268
沈阳		20.133	20.763		94.250	106.500
长春	双绉 68cm 杭州	19.400	19.400	80cm呢绒绸	118.212	174.250
哈尔滨	女长袖衫(中号)	23.000	29.037	中号	100.525	121.106
上海	女长袖 64cm	23.508	29.747	女衣长72cm含绒30%	94.237	144.120
南京	女长袖衫(中号)	20.500	28.083	男式 74-86cm	117.500	160.094
杭州	女长袖衫(中号)	33.800	33.800	中号	88.642	101.511
合肥	上海女长袖衫(中号)	25.359	29.115	上海男中号	92.572	111.587
福州	女长袖衫(中号)	30.938	30.335	中号	63.647	84.000
南昌	女长袖衫(中号)	23.500	31.400	中号	100.244	120.000
济南	女长袖衫(中号)	20.133	29.875	中号	122.833	166.000
郑州	省内女长袖衫62cm	24.433	40.078	江西鸭绒男式	126.556	170.195
武汉	女长袖衫(中号)	20.548	26.625	中号	135.683	169.152
长沙	女长袖衫(中号)	23.900	26.875	中号	94.175	150.750
广州						
南宁	女长袖衫(中号)	14.667	19.700	中号	91.667	125.000
海口	女长袖衫(中号)	14.700	14.700			
成都	女长袖衫(中号)	27.650	39.343	中号	130.429	163.775
贵阳	绣花女长袖衫(中号)	19.353	31.390			
昆明	江苏女长袖衫(中号)	23.954	26.800	男78cm	72.174	74.090
西安	女长袖衫(中号)	17.100	28.017	中号丫丫牌	120.667	161.395
兰州	女长袖衫(中号)	18.200	24.833	中号	105.311	130.575
西宁	女长袖衫(中号)	24.000	25.933	中号	86.100	119.542
银川				中号	138.068	174.775
乌鲁木齐	女长袖衫(中号)	24.188	31.103	中号	126.100	161.413

29个大中城市主要商品零售价格

城市	风雨衣(元/件) 规格等级牌号	1988年	1989年	呢子大衣(元/件) 规格等级牌号	1988年	1989年
北京	男防雨绸175/92cm	45.000	46.967	雪花呢男大衣	204.500	243.917
天津	涤卡男风雨衣中号	34.500	34.500	雪花呢男中号长大衣	183.667	226.000
石家庄	男衣（中号）	46.453	53.368	雪花呢男长大衣	187.725	214.006
太原	男衣（中号）	52.213	61.672	雪花呢男长大衣	266.625	280.500
呼和浩特	男衣（中号）	34.827	39.689	雪花呢男长大衣	181.431	203.514
沈阳		54.258	63.393		237.000	264.272
长春	男衣122cm 大地牌	54.887	62.398	雪花呢男长120cm	236.292	279.583
哈尔滨	男衣（中号）	58.825	62.738	拷花呢男长大衣	263.750	386.806
上海				全毛大衣呢男式	166.943	222.829
南京	男衣(中号)大地牌	47.500	57.500	雪花呢男长大衣	181.555	219.330
杭州	男衣（中号）	52.213	61.672	雪花呢男长大衣	266.625	280.500
合肥	男衣（中号）	29.147	28.667	雪花呢男长大衣	152.393	218.500
福州	男衣（中号）	50.554	73.250	雪花呢男长大衣	216.000	236.000
南昌	男衣（中号）	40.850	43.183	雪花呢男长大衣	167.575	188.167
济南	男衣（中号）	54.600	64.050	雪花呢男长大衣	172.917	198.000
郑州	北京男式全里175cm	49.823	54.667	北京雪花呢男式	173.128	235.600
武汉	男衣（中号）	47.029	52.838	雪花呢男长大衣	227.582	238.086
长沙	男衣（中号）	48.230	56.550	雪花呢男长大衣	184.533	219.000
广州				雪花呢112cm	187.417	211.667
南宁	男衣（中号）	37.850	45.000	雪花呢男长大衣	137.667	156.000
海口						
成都	大地 男衣 117cm	54.530	60.180	雪花呢男长大衣	199.297	249.572
贵阳				雪花呢男长大衣	140.625	147.042
昆明	北京男(中号)长城牌	51.823	63.507	申113cm	257.100	257.100
西安	男衣(中号)	48.600	60.008	雪花呢男长大衣	176.963	213.625
兰州	男衣(中号)	43.944	49.300	雪花呢男长大衣	164.200	168.000
西宁	男衣(中号)	38.150	56.025	雪花呢男长大衣	158.083	222.917
银川	男衣(中号)	45.225	56.063	雪花呢男长大衣	145.417	159.361
乌鲁木齐	男衣(中号)	58.357	68.042	雪花呢男长大衣	139.806	139.625

29个大中城市主要商品零售价格

城市	混纺西服(元/套) 规格等级牌号	1988年	1989年	夹克衫(元/件) 规格等级牌号	1988年	1989年
北京	女66cm	36.000	40.417	防雨绸74cm	29.275	35.033
天津	毛涤华达呢男	62.225	130.000	涤卡男中号	28.158	41.500
石家庄	女66cm	56.129	64.958	防雨绸74cm	22.792	37.412
太原	女66cm	64.600	99.958	防雨绸74cm	31.000	37.000
呼和浩特	女66cm	112.743	133.915	防雨绸74cm	14.889	15.000
沈阳		129.333	136.759		31.617	41.225
长春	女66cm 毛涤 沈阳	105.500	129.990	防雨绸74cm	25.559	34.600
哈尔滨	女66cm	72.800	77.122	防雨绸74cm	37.500	45.555
上海	女式呢女西装66cm	60.780	65.157	化纤布男茄克长72cm	31.718	40.648
南京	女74cm粗花呢	64.700	64.700	防雨绸74cm	22.650	28.800
杭州	女66cm	64.600	99.958	防雨绸74cm	31.000	37.000
合肥	女66cm	66.900	66.700	上海 防雨绸	19.382	20.233
福州	女66cm	44.690	45.241	防雨绸74cm	21.727	36.083
南昌	女66cm	45.000	45.000	防雨绸74cm	32.570	37.480
济南	女66cm	59.900	65.794	防雨绸74cm	22.500	23.667
郑州	郑州毛涤女式66cm	96.400	100.289	省内防雨绸74cm	30.480	34.193
武汉	女66cm	83.160	100.295	防雨绸74cm	20.543	26.318
长沙	女66cm	95.900	71.900			
广州				化纤均码男装	28.101	40.614
南宁	女66cm	56.000	56.000	防雨绸74cm	19.800	25.025
海口						
成都	女66cm	81.250	92.958	防雨绸74cm	29.533	37.933
贵阳				防雨绸74cm申产	25.609	32.997
昆明	申 女66cm 化纤	99.788	124.000	申 防雨绸74cm	23.560	23.580
西安	女66cm	42.500	42.500	防雨绸74cm	32.000	35.117
兰州	女66cm	101.196	110.100	防雨绸74cm	14.117	17.800
西宁		73.583	75.550		22.717	41.163
银川	女66cm	68.050	73.004			
乌鲁木齐						

29个大中城市主要商品零售价格

城市	塑料底布鞋(元/双) 规格等级牌号	1988年	1989年	旅游男鞋(元/双) 规格等级牌号	1988年	1989年
北京	26号冲服呢相巾	5.917	7.253	26号 一级品 尼龙绸面	17.725	18.600
天津	25号 一级品	5.500	6.125	25号 一级品猪面	19.843	20.900
石家庄	25号 一级品	4.715	5.467	25号 一级品	13.477	13.713
太原	25号 一级品	6.533	7.790	25号 一级品	9.543	9.666
呼和浩特	25号 一级品	5.327	6.302	25号 一级品	16.470	17.780
沈阳		5.802	6.961		33.800	30.178
长春	25号 紧布 长春	6.060	7.116	25号 一级品 江苏	22.385	26.403
哈尔滨	25号 一级品	6.251	7.673	25号 一级品	23.700	25.959
上海	男式贡呢面	5.963	7.225	男式25号 猪绒面	19.931	26.292
南京	25号 一级品	4.326	5.977	25号 一级品	19.600	19.600
杭州	25号 一级品	6.533	7.790	25号 一级品	9.543	9.666
合肥	泗县25号一级品	5.078	5.327	石家庄25号一级品	18.275	18.259
福州	25号 一级品	6.345	8.453	25号 一级品	9.665	9.870
南昌	25号 一级品	5.091	5.377	25号 一级品	18.000	18.000
济南	25号 一级品	4.295	5.202	25号 一级品	16.942	18.525
郑州	注塑男式一级25号	4.519	5.102	皮面中档一级品25号	19.578	19.367
武汉	25号 一级品	5.132	6.591	25号 一级品	16.494	16.375
长沙	25号 一级品	5.290	6.308	25号 一级品	17.700	18.000
广州	元贡呢 男鞋	5.861	6.821	国产 人革面	28.238	33.004
南宁	25号 一级品	5.105	5.952	25号 一级品	19.000	19.000
海口	25号 一级品	5.468	7.146	25号 一级品	14.070	18.600
成都	25号 一级品	5.810	7.087	25号 一级品	17.800	17.800
贵阳	25号 冲呢松紧鞋	4.632	5.758	25号 一级品 申	9.844	10.276
昆明	昆 25号 一级品	5.610	5.515	25号 一级品 申	27.117	28.392
西安	25号 一级品 北京	5.456	6.913	25号 一级品	9.697	10.546
兰州	一级品	4.820	5.730	一级品	18.650	18.200
西宁	25号 一级品	5.641	6.083	25号 一级品	20.975	28.838
银川	25号 一级品	4.479	6.198	25号 一级品	18.989	21.550
乌鲁木齐	25号 一级品	5.297	5.239	25号 一级品	10.485	11.400

29个大中城市主要商品零售价格

城市	球鞋(元/双)			全胶鞋(元/双)		
	规格等级牌号	1988年	1989年	规格等级牌号	1988年	1989年
北京	26号白色大网球鞋	5.875	6.000	26号 男轻便胶鞋	7.300	8.450
天津	25号海河大网	4.460	4.596	25号长征 一级品	7.565	7.933
石家庄	25号大长 一级品	10.489	10.044	25号半统 一级品	9.155	10.763
太原	25号大长 一级品	12.900	17.450	25号半统 一级品	8.113	10.067
呼和浩特	25号大长 一级品	11.147	13.814	25号半统 一级品	8.573	10.112
沈阳		12.733	14.617		7.455	7.933
长春	25号 一级品自由鞋	4.722	5.664	25号前进牌轻便靴	8.830	9.150
哈尔滨	25号大长 一级品	15.200	15.348	25号半统 一级品	12.173	14.375
上海				男式上海雨靴	8.110	8.110
南京	25号大长 一级品	10.869	11.742	25号半统 一级品	9.067	10.095
杭州	25号大长 一级品	12.900	17.450	25号半统 一级品	8.113	10.067
合肥	合肥25号大长一级品	9.973	11.330	上海半统一级品	9.501	10.768
福州	25号大长 一级品	10.733	16.073	25号半统 一级品	8.902	10.777
南昌	25号大长 一级品	12.830	13.140	25号半统 一级品	8.860	9.688
济南	25号大长 一级品	13.358	16.700	25号半统 一级品	9.513	11.067
郑州	布面胶底足球鞋25号	10.943	11.030	上海轻便一级品25号	9.427	10.449
武汉	25号大长 一级品	11.143	13.291	25号半统 一级品	9.543	10.988
长沙	25号大长 一级品	11.135	11.667	25号半统 一级品	9.251	10.201
广州	白网球鞋25号	5.367	6.982	男半统 一级品	17.917	19.846
南宁	25号大长 一级品	9.187	9.350	25号半统 一级品	8.236	9.538
海口	25号大长 一级品	6.048	9.325	25号半统 一级品	8.248	10.426
成都	25号大长 一级品	11.433	11.600	25号半统 一级品	17.525	17.900
贵阳	25号大长 一级品 申	11.377	12.563	25号半统 一级品	11.631	15.435
昆明	石家庄25号大长一级	14.100	14.100	申25号半统 一级品	11.653	13.433
西安	25号大长 一级品	11.825	14.688	25号半统一级品 北京	8.232	10.082
兰州	26.5号大长 一级	5.173	5.540	25号半统 一级品	9.550	10.300
西宁	25号大长 一级品	10.503	14.734	25号半统 一级品	8.597	12.700
银川	25号大长 一级品	6.015	8.564	25号半统 一级品	10.525	11.362
乌鲁木齐	25号大长 一级品	5.246	5.842	25号半统 一级品	7.600	10.393

29个大中城市主要商品零售价格

城　市	塑料凉鞋(元/双)			塑料底布棉鞋(元/双)		
	规格等级牌号	1988年	1989年	规格等级牌号	1988年	1989年
北　京	18号 童鞋	2.150	2.777	25号 一级品	7.188	8.891
天　津	18号 童鞋	3.060	4.200	25号 一级品	9.600	9.600
石家庄	18号 童鞋	2.718	2.918	25号 一级品	6.392	7.491
太　原	18号 童鞋	2.505	3.673	25号 一级品	7.710	8.985
呼和浩特	18号 童鞋	2.305	3.313	25号 一级品	7.205	9.181
沈　阳		2.547	3.386		12.800	13.383
长　春	14号 塑料童鞋 大连	2.017	2.487			
哈尔滨	18号 童鞋	2.470	2.625	25号 一级品 毡底	10.813	13.935
上　海	18号 童鞋	3.197	4.013	灯芯绒 女式	6.925	7.323
南　京	18号 童鞋	1.960	2.395	25号 一级品	7.515	8.890
杭　州	18号 童鞋	2.505	3.673	25号 一级品	7.710	8.985
合　肥	18号 童鞋	2.385	3.343	合肥 25.5号一级品	6.343	6.377
福　州	18号 童鞋	2.083	3.640	25号 一级品	7.517	11.483
南　昌	18号 童鞋	2.329	2.580	25号 一级品	7.360	7.360
济　南	18号 童鞋	2.871	3.750			
郑　州	上海男童鞋18号	2.284	2.549	带气眼一级品25号	7.755	9.029
武　汉	18号 童鞋	2.544	3.383	25号 一级品	7.101	8.510
长　沙	18号 童鞋	3.145	3.680	25号 一级品	7.301	9.162
广　州	塑料 男鞋	3.667	4.530			
南　宁	18号 童鞋	2.250	2.820			
海　口	18号 童鞋	2.441	3.485			
成　都	18号 童鞋	3.860	4.080	25号 一级品	7.493	9.418
贵　阳	18号 童鞋	3.114	3.693	25号 制服呢	7.173	7.519
昆　明	申 18号 童鞋	4.630	4.238	江苏 25号 一级品	7.150	7.150
西　安	18号 童鞋	2.652	3.920	25号 一级品 西安	8.247	9.760
兰　州	18号 童鞋	2.507	2.940	25号 一级品 平凉	7.464	7.920
西　宁	25号一级品	3.720	3.679			
银　川	18号 童鞋	2.765	3.136	25号 一级品	6.968	9.110
乌鲁木齐	18号 童鞋	2.950	3.254			

29个大中城市主要商品零售价格

城市	合成革女凉鞋(元/双)			牛皮光面男鞋(元/双)		
	规格等级牌号	1988年	1989年	规格等级牌号	1988年	1989年
北京	26号仿皮底木跟	17.500	17.500	23号木高跟仿皮底	36.533	38.400
天津	23.5号胶底 一级品	13.575	14.100	40/41.5牛面胶粘	26.500	35.300
石家庄	23.5号高跟 一级品	15.221	14.999	25.5号 一级品	29.549	32.610
太原	23.5号高跟 一级品	20.000	23.000	25.5号 一级品	37.000	40.300
呼和浩特	23.5号高跟 一级品	17.339	17.828	25.5号 一级品	30.172	32.168
沈阳		19.400	19.606		40.167	45.235
长春	23.5cm	17.000	18.525	25cm 男夹皮鞋 长春	33.212	36.229
哈尔滨	23.5号高跟 一级品	16.400	16.313	25.5号 一级品	43.000	49.231
上海	PU 革仿皮底坡跟	19.714	20.610	黑牛皮CC底平跟	37.228	42.818
南京	23.5号高跟 一级品	16.020	18.363	25.5号 一级品	30.083	35.000
杭州	23.5号高跟 一级品	20.000	23.000	25.5号 一级品	37.000	40.300
合肥	23.5号高跟 一级品	13.482	13.113	青羊式 线上 25号	33.158	34.100
福州	23.5号高跟 一级品	15.500	15.500	25.5号 一级品	26.040	28.241
南昌	23.5号高跟 一级品	14.400	14.400	25.5号 一级品	32.102	34.310
济南	23.5号高跟 一级品	15.800	15.423	25.5号 一级品	28.050	31.825
郑州	高跟一级品23.5号	14.995	15.239	三节头一级品25.5号	32.959	35.139
武汉	23.5号高跟 一级品	12.723	15.294	25.5号 一级品	35.774	41.085
长沙	23.5号高跟	14.621	18.100	25.5号 一级品	32.500	37.000
广州	木掌胶片高跟	12.446	14.567	软面	35.912	44.317
南宁	23.5号高跟 一级品	15.000	18.000	25.5号 一级品	26.867	30.200
海口	23.5号高跟 一级品	14.000	14.875	25.5号 一级品	33.053	38.594
成都	23.5号坡跟 一级品	15.487	15.500	25号 一级品	32.062	38.353
贵阳	23.5号中跟 一级品	16.003	17.544	25.5号 牛正粘胶青年	24.432	27.128
昆明	昆23号高跟 一级品	15.717	15.192	昆 25.5号 一级品	32.100	32.200
西安	23.5号高跟 一级品	15.700	16.930	25.5号 一级品	37.050	44.825
兰州	23.5号高跟 一级品	16.967	16.950	25.5号 一级品 平凉	30.500	30.800
西宁	23.5号高跟 一级品	14.733	16.088	25.5号 一级品	30.350	34.378
银川	23.5号高跟 一级品	15.807	18.458	25.5号 一级品	31.167	32.348
乌鲁木齐	23.5号高跟 一级品	17.153	17.425	25.5号 一级品	30.456	34.457

29个大中城市主要商品零售价格

城市	牛皮光面女鞋(元/双)			纯毛线(元/公斤)		
	规格等级牌号	1988年	1989年	规格等级牌号	1988年	1989年
北京	23.5号高跟 一级品	26.258	29.133	175 三级国毛中粗	74.998	88.905
天津	冷粘胶半跟浅	23.708	27.500	272 津产	64.533	77.645
石家庄	23.5号高跟 一级品	24.654	27.124	175 三级国毛中粗	70.495	85.833
太原	23.5号高跟 一级品	29.300	32.989	175 三级国毛中粗	78.292	88.946
呼和浩特	23.5号高跟 一级品	28.918	30.397	175 三级国毛中粗	69.100	77.900
沈阳		39.260	43.101		71.767	89.785
长春	23号女夹皮鞋 长春	31.291	33.620	185 中粗 吉林	70.167	90.525
哈尔滨	23.5号高跟 一级品	34.183	38.394	175 三级国毛中粗	80.500	94.542
上海	黑牛皮仿皮底	25.407	29.152	27605 全毛中粗	73.200	100.700
南京	23.5号高跟 一级品	23.708	27.000	282 毛中粗	73.400	96.069
杭州	23.5号高跟 一级品	29.300	32.989	175 三级国毛中粗	78.292	88.946
合肥	上海23.5号一等	25.588	26.480	上海国毛中粗	71.588	90.381
福州	23.5号高跟 一级品	20.538	22.750	175 三级国毛中粗	77.192	91.780
南昌	23.5号高跟 一级品	21.077	21.784	175 三级国毛中粗	71.728	84.000
济南	23.5号高跟 一级品	22.900	27.158	175 三级国毛中粗	72.350	86.700
郑州	高跟一级品23.5号	24.489	28.792	内蒙175三级国毛中粗	72.886	92.134
武汉	23.5号高跟 一级品	26.183	33.385	175 三级国毛中粗	71.359	89.842
长沙	23.5号高跟 一级品	24.500	28.950	175 三级国毛中粗	77.408	93.525
广州	均码	25.269	30.218	中粗	74.384	100.265
南宁	23.5号高跟 一级品	24.300	28.800	175 三级国毛中粗	76.533	88.667
海口	23.5号高跟 一级品	25.164	29.575	175 三级国毛中粗	85.200	105.333
成都	23.5号高跟 一级品	26.175	33.035	175 三级国毛中粗	71.770	93.617
贵阳	23.5号高跟 一级品	24.798	28.821	津 抵羊牌 中粗	79.645	92.687
昆明	23.5号高跟 一级品	31.500	31.792	申175 三级国毛中粗	69.590	93.700
西安	23.5号高跟 一级品	29.804	31.300	175 三级国毛中粗	76.400	103.000
兰州	23.5号高跟 一级品	26.951	28.425	国毛中粗	63.508	94.100
西宁	23.5号高跟 一级品	30.200	30.919	180 纯毛细线	74.150	83.800
银川	23.5号高跟 一级品	27.039	31.564	175 三级国毛中粗	77.292	87.026
乌鲁木齐	23.5号高跟 一级品	28.130	33.852	175 三级国毛中粗	76.743	93.861

29个大中城市主要商品零售价格

城市	混纺毛线(元/公斤)			膨体纱毛线(元/公斤)		
	规格等级牌号	1988年	1989年	规格等级牌号	1988年	1989年
北京	670 毛腈混纺	51.963	67.856	国产腈纶	29.800	31.150
天津	津产含毛 50% 棒线	46.392	49.100		29.200	29.200
石家庄	670 毛腈混纺	44.826	50.483		28.492	29.487
太原	670 毛腈混纺	51.350	63.398		31.305	34.922
呼和浩特	670 毛腈混纺	46.650	57.638		28.450	29.348
沈阳		45.900	61.068		31.647	33.064
长春	6802毛70%腈30%	49.133	68.333	813/2 广东	31.292	33.000
哈尔滨	670 毛腈混纺	50.650	63.320		27.700	35.606
上海	毛腈中粗	42.800	57.287	腈纶细绒	24.800	24.800
南京	6675 毛腈混纺	42.750	60.537	腈纶针织绒	24.447	34.124
杭州	670 毛腈混纺	51.350	63.398		31.305	34.922
合肥	毛腈混纺	46.153	60.371	细线	24.876	26.859
福州	670 毛腈混纺	52.310	58.950		28.824	32.033
南昌	670 毛腈混纺	51.250	65.617		27.400	30.400
济南	670 毛腈混纺	50.033	58.583		31.533	32.783
郑州	海拉尔670毛腈混纺	59.530	60.206	开封14/4 826	29.272	30.234
武汉	670 毛腈混纺	45.213	59.066		27.165	32.074
长沙	670 毛腈混纺	49.157	54.600		29.960	32.800
广州	中粗 毛腈混纺	47.484	56.727	腈纶中粗	32.484	34.435
南宁	670 毛腈混纺	45.900	49.178		29.733	31.600
海口	670 毛腈混纺	52.600	46.600		32.833	52.600
成都	670 毛腈混纺	51.992	63.212	中等	28.736	31.801
贵阳	月季花70%毛腈混纺	66.050	75.720	黔 18/2 一等	30.411	32.707
昆明	内蒙 670毛腈混纺	49.600	69.750	腈纶针织绒 一等	26.400	36.317
西安	670 毛腈混纺	42.867	53.762	榆林826	31.092	37.000
兰州	毛腈混纺	48.002	58.898		29.286	35.605
西宁	670 毛腈混纺	46.663	56.400	826针织	30.820	31.696
银川	670 毛腈混纺	43.267	50.523	腈纶中档	28.473	30.584
乌鲁木齐	670 毛腈混纺	43.700	53.025		30.000	33.473

29个大中城市主要商品零售价格

城市	絮棉(元/公斤)			雨披(元/件)		
	规格等级牌号	1988年	1989年	规格等级牌号	1988年	1989年
北京	六级	2.960	4.480	塑料薄膜一级品	8.158	9.300
天津	三级	5.043	6.286	塑料雨衣一级品	6.524	7.060
石家庄	六级	5.523	6.223	塑料薄膜一级品	5.012	5.793
太原	六级	5.500	5.665	塑料薄膜一级品	5.800	7.950
呼和浩特	六级	5.707	7.723	塑料薄膜一级品	4.340	5.740
沈阳		3.067	8.800		4.983	6.024
长春	梳棉一级	6.060	7.805	塑料薄膜一级上海	4.607	5.211
哈尔滨	六级	5.050	7.210	塑料薄膜一级品	4.200	4.200
上海	二级	2.700	2.771	自行车雨披一级品	5.627	6.470
南京	甲级	5.632	6.186	塑料薄膜一级品	3.818	4.960
杭州	六级	5.500	5.665	塑料薄膜一级品	5.800	7.950
合肥	六级	4.000	5.155	合肥塑料薄膜一级品	3.827	4.279
福州	六级	6.568	8.905	塑料薄膜一级品	5.344	6.533
南昌	六级	5.233	6.121	塑料薄膜一级品	5.940	6.300
济南	六级	4.413	6.710	塑料薄膜一级品	5.778	5.900
郑州	郑州四级	5.782	6.767	塑料薄膜单人110cm	5.072	5.534
武汉	六级	3.120	4.080	塑料薄膜一级品	4.257	4.580
长沙	六级	6.293	8.125	长沙110cm 塑料	3.933	4.342
广州	特级	7.896	10.263	110cm 灰色男装	5.844	6.798
南宁	六级	3.137	4.240	塑料薄膜一级品	4.463	5.500
海口	六级	7.517	11.700	塑料薄膜一级品	3.467	3.892
成都	五级	3.800	3.815	塑料薄膜一级品	4.796	5.338
贵阳	六级	3.480	4.271			
昆明	六级衣花	2.750	2.027	塑料薄膜一级品	3.780	3.780
西安	六级	5.160	5.780	塑料薄膜一级品	4.786	6.200
兰州	一级民用	5.635	6.127	塑料薄膜一级品	6.570	6.570
西宁	六级	4.640	6.618			
银川	六级	4.423	6.762	塑料薄膜一级品	4.594	5.668
乌鲁木齐	六级	4.508	4.953	塑料薄膜一级品	4.400	5.833

29个大中城市主要商品零售价格

城市	毛华达呢帽(元/顶)			尼龙蚊帐(元/顶)		
	规格等级牌号	1988年	1989年	规格等级牌号	1988年	1989年
北京	50-60CM	8.156	11.590	方顶双人	35.400	35.400
天津	素华达呢圆顶帽	7.300	9.533	涤纶双人	36.600	39.342
石家庄	50-60CM	6.304	6.946	方顶双人	31.725	33.089
太原	50-60CM	7.686	11.130	方顶双人	33.467	40.375
呼和浩特	50-60CM	8.405	12.658	方顶双人	37.106	37.500
沈阳		7.490	8.550		31.500	42.063
长春	50-60cm	8.292	12.185	双人 青岛	35.076	36.342
哈尔滨	50-60CM	6.675	7.306			
上海	2039 圆顶帽	7.075	9.083	涤纶50D,135CM方帐	39.300	49.600
南京	50-60CM	8.400	10.775	方顶双人	40.133	43.300
杭州	50-60CM	7.686	11.130	方顶双人	33.467	40.375
合肥	六安 50-60CM	8.038	9.350	方顶双人 ,4.5X6	32.407	42.528
福州	50-60CM	6.315	8.200	方顶双人	55.098	66.520
南昌	50-60CM	6.160	10.515	方顶双人	38.100	49.800
济南	50-60CM 压舌	9.458	11.717	方顶双人	37.567	41.867
郑州	郑州前进帽58-60cm	6.366	7.084	郑州双人方顶	34.759	34.947
武汉	50-60CM	9.255	11.531	方顶双人	38.424	43.085
长沙	50-60CM	5.493	7.399	方顶双人	32.800	37.518
广州	花呢	6.740	6.650	涤棉 方顶双人	46.210	51.757
南宁	50-60CM	5.147	6.980	方顶双人	57.900	71.200
海口				方顶双人	52.833	68.125
成都	50-60CM	7.010	10.462	圆顶双人	68.558	68.432
贵阳	申 圆顶 50-60CM	7.372	7.538	成都 圆顶	69.800	69.800
昆明	申 50-60CM	7.380	7.688	昆 方顶双人	36.064	34.489
西安	50-60CM	7.302	12.467	方顶双人	32.700	52.275
兰州	50-60CM	6.400	9.650	方顶双人	32.500	32.500
西宁	56-60CM	8.110	12.651			
银川	50-60CM	7.050	6.863			
乌鲁木齐	50-60CM	7.543	9.412			

29个大中城市主要商品零售价格

城　市	涤纶线团(元/团)			搪瓷面盆(元/个)		
	规格等级牌号	1988年	1989年	规格等级牌号	1988年	1989年
北　京	183 m	0.180	0.180	36cm花面盆一级品	7.389	10.800
天　津	塔松津产	0.207	0.220	36cm德胜花一级品	6.659	11.290
石家庄	183 m	0.217	0.257	36cm花面盆一级品	6.949	10.444
太　原	183 m	0.203	0.213	36cm花面盆一级品	8.650	10.461
呼和浩特	183 m	0.206	0.249	36cm花面盆一级品	7.753	12.425
沈　阳		0.216	0.254		6.025	12.550
长　春	183m 长春	0.223	0.238	36cm大众胜利细花	6.981	11.593
哈尔滨	183 m	0.217	0.260	36cm花面盆一级品	5.945	9.527
上　海				36cm德胜双花	8.660	10.700
南　京	183 m	0.200	0.200	36cm花面盆一级品	7.597	13.307
杭　州	183 m	0.203	0.213	36cm花面盆一级品	8.650	10.461
合　肥	183 m，什色	0.205	0.222	合肥36cm花面盆	8.125	9.794
福　州	183 m	0.207	0.237	36cm花面盆一级品	6.857	9.397
南　昌	183 m	0.237	0.260	36cm花面盆一级品	8.918	11.000
济　南	183 m	0.224	0.260	36cm花面盆一级品	7.514	11.760
郑　州	郑州183m	0.201	0.223	36cm花面盆一级品	7.331	10.279
武　汉	183 m	0.206	0.230	36cm花面盆一级品	7.924	14.033
长　沙	183 m	0.240	0.275	36cm花面盆一级品	7.048	8.796
广　州	183 m	0.203	0.223	穗38cm加厚双花	8.982	14.536
南　宁	183 m	0.253	0.263	36cm花面盆一级品	6.781	9.457
海　口	183 m	0.209	0.200	36cm花面盆一级品	7.802	16.450
成　都	183 m	0.212	0.234	36cm花面盆 一级品	6.027	7.220
贵　阳	183 m 60X3	0.200	0.209	36cm花面盆 一级品	8.036	11.081
昆　明	申 183 m	0.239	0.270	昆 36cm	6.915	11.065
西　安	183 m	0.220	0.260	36cm花面盆一级品	7.883	11.005
兰　州	183 m	0.208	0.210	36cm双料面盆一级品	6.644	9.240
西　宁	183 m	0.231	0.277	36cm花面盆一级品	5.520	9.392
银　川	183 m	0.262	0.271	36cm花面盆一级品	7.185	10.777
乌鲁木齐	183 m	0.234	0.245	36cm花面盆一级品	9.337	11.154

29个大中城市主要商品零售价格

城市	塑料盆(元/个)			搪瓷口杯(元/个)		
	规格等级牌号	1988年	1989年	规格等级牌号	1988年	1989年
北京	40cm	6.417	9.075	10cm机制印花盖杯	2.730	5.158
天津	38cm 贴花	4.038	6.127	9cm机制印花口杯	1.923	4.010
石家庄	40cm	5.964	5.696	10cm机制印花盖杯	2.887	4.643
太原	40cm	5.420	7.795	10cm机制印花盖杯	2.390	2.848
呼和浩特	40cm	6.995	9.127	10cm机制印花盖杯	2.487	4.180
沈阳		4.628	5.478		1.950	4.461
长春	40cm 长春	6.054	7.818	10cm机制印花盖杯	2.542	4.503
哈尔滨	40cm	6.318	9.993	10cm机制印花盖杯	2.216	2.900
上海	乙塑贴花盆36cm	5.762	6.240	10cm全白盖杯	1.985	3.310
南京	36cm乙塑面盆	4.920	6.600	10cm机制印花盖杯	1.950	4.045
杭州	40cm	5.420	7.795	10cm机制印花盖杯	2.390	2.848
合肥	40cm	2.533	3.108	10cm机制印花	2.851	3.427
福州	40cm	4.681	5.264	10cm机制印花盖杯	2.794	3.656
南昌	40cm	5.268	7.250	10cm机制印花盖杯	3.887	5.620
济南	40cm	5.383	6.817	10cm机制印花盖杯	2.874	4.431
郑州	郑州36cm熟塑	4.276	4.817	10cm机制彩花盖杯	2.564	3.233
武汉	40cm	5.921	8.311	10cm机制印花盖杯	2.915	4.511
长沙	上海 39cm	7.660	8.540	10cm机制印花盖杯	2.420	3.274
广州	55cm面盆	17.839	20.223	穗10cm彩花盖杯	3.143	5.079
南宁	40cm	5.520	6.900	10cm机制印花盖杯	3.241	4.767
海口	40cm	6.187	8.643	10cm机制印花盖杯	3.133	5.385
成都	36cm	4.882	5.526	10cm机制印花盖杯	2.421	2.770
贵阳	广州 40cm	4.825	5.392	10cm机制印花盖杯	3.190	3.521
昆明	昆明 36cm	4.080	5.990	10cm 镇江	2.215	3.050
西安	40cm	7.894	9.679	10cm机制印花盖杯	3.410	4.215
兰州	40cm	5.735	5.942	10cm机制印花盖杯	1.532	2.537
西宁	40cm	4.211	5.489	10cm机制印花一级品	1.768	4.304
银川	40cm	5.085	7.417	10cm机制印花盖杯	2.623	5.177
乌鲁木齐	40cm	5.174	6.192	10cm机制印花盖杯	2.850	4.373

29个大中城市主要商品零售价格

城市	玻璃杯(元/个)			铁壳暖水瓶(元/个)		
	规格等级牌号	1988年	1989年	规格等级牌号	1988年	1989年
北京	印花玻璃杯一级品	0.597	0.648	彩花铝肩5磅一级品	8.723	10.441
天津	印花玻璃杯一级品	0.533	0.650	飞马彩花铝肩5磅一级	8.500	8.944
石家庄	印花玻璃杯一级品	0.622	0.694	彩花铝肩5磅一级品	8.719	10.907
太原	印花玻璃杯一级品	0.505	0.722	彩花铝肩5磅一级品	10.100	13.119
呼和浩特	印花玻璃杯一级品	0.716	0.789	彩花铝肩5磅一级品	9.176	11.881
沈阳		0.520	0.701		8.647	12.064
长春	印花玻璃杯一级品	0.684	0.713	彩花5磅 长春	8.181	11.579
哈尔滨	印花玻璃杯一级品	0.800	1.040	彩花铝肩5磅一级品	9.115	12.984
上海	10号花色	0.800	0.800	彩花铝嘴底 5磅	8.500	12.290
南京	印花玻璃杯一级品	0.460	0.500	彩花铝肩5磅一级品	8.250	11.439
杭州	印花玻璃杯一级品	0.505	0.722	彩花铝肩5磅一级品	10.100	13.119
合肥	沪印花玻璃杯	0.543	0.570	彩花铝肩5磅一级品	9.599	12.707
福州	印花玻璃杯一级品	0.628	0.669	彩花铝肩5磅一级品	8.005	10.474
南昌	印花玻璃杯一级品	0.527	0.625	彩花铝肩5磅一级品	8.372	11.530
济南	印花玻璃杯一级品	0.490	0.571	彩花铝肩5磅一级品	8.681	12.375
郑州	天津印花一级品	0.786	0.793	彩花铝肩提环5磅	8.656	11.506
武汉	印花玻璃杯一级品	0.565	0.628	彩花铝肩5磅一级品	9.616	13.143
长沙	上 海 9号	0.490	0.554	彩花铝肩5磅一级品	9.071	11.900
广州	穗6安士印花	0.523	0.540	彩花铝底5磅一级	9.902	13.381
南宁	印花玻璃杯一级品	0.635	0.870	彩花铝肩5磅一级品	9.755	12.513
海口	印花玻璃杯一级品	0.583	0.622	彩花铝肩5磅一级品	10.650	13.897
成都	10号套色花底杯	0.966	1.080	彩花铝肩5磅一级品	10.100	14.517
贵阳	印花玻璃杯一级品	1.576	1.600	彩花铝肩5磅一级品	9.109	11.235
昆明	申 玻璃口杯	0.665	0.940	申5 磅 彩 花	9.708	12.694
西安	印花玻璃杯一级品	0.690	0.786	彩花铝肩5磅一级品	9.098	11.934
兰州	玻 璃 杯	0.855	0.850	彩花铝肩5磅一级品	8.300	9.340
西宁	印花玻璃杯一级品	0.610	0.650	彩花铝肩一级品	9.670	13.012
银川	印花玻璃杯一级品	0.730	0.746	彩花铝肩5磅一级品	9.387	11.264
乌鲁木齐	印花玻璃杯一级品	0.656	0.693	彩花铝肩5磅一级品	10.390	10.750

29个大中城市主要商品零售价格

城市	保温杯(元/个)			铝锅(元/个)		
	规格等级牌号	1988年	1989年	规格等级牌号	1988年	1989年
北京	0.5p	4.668	5.344	22cm电洗高锅一级品	7.083	11.900
天津	1p紫砂胆 铁皮	4.950	5.040	25cm一级品	8.938	10.946
石家庄	1p	5.164	5.476	22cm一级品	7.298	10.154
太原	1p	4.320	4.320	22cm一级品	7.390	12.023
呼和浩特	1p	6.205	6.198	22cm一级品	7.872	10.140
沈阳		5.430	5.383		8.230	14.382
长春	1p 天津	5.758	6.277	24cm 长春	8.528	10.500
哈尔滨	1p	4.450	5.453	22cm一级品	7.658	10.886
上海	有柄塑壳,0.5p	3.500	4.183	24cm砂光锅一级品	8.066	12.360
南京	0.7P	3.350	5.150	22cm一级品	8.687	11.200
杭州	1p	4.320	4.320	22cm一级品	7.390	12.023
合肥	蚌埠 1p	3.912	3.907	芜湖22cm一级品	7.932	11.518
福州	1p	3.831	4.550	22cm一级品	6.630	10.692
南昌	1p	3.251	3.980	22cm一级品	7.448	10.260
济南	1p	4.750	6.564	22cm一级品	6.904	12.100
郑州	金属壳0.5P保温胆	5.860	5.866	青岛22cm一级品	7.925	11.481
武汉	1p	4.503	5.474	22cm一级品	8.327	12.705
长沙	上海 0.75p	4.776	5.340	22cm一级品	7.782	11.625
广州	0.5P	4.849	5.043	穗24cm洗白	8.218	11.809
南宁	1p	4.622	5.768	22cm一级品	7.728	8.998
海口	1p	5.273	5.258	22cm一级品	10.007	13.088
成都	0.5p	3.907	3.972	22cm一级品	9.902	16.167
贵阳	安阳 1p	5.589	5.791	24cm一级品	8.182	8.660
昆明	浙江1.5p保温杯	4.650	4.650	昆22cm	7.880	9.072
西安	1p	6.040	6.686	22cm一级品	7.787	12.242
兰州	1p	3.953	3.900	22cm一级品	15.975	18.325
西宁	1p	5.190	5.169	22cm一级品	10.662	12.508
银川	1p	4.570	5.126	地产 22cm一级品	6.908	9.815
乌鲁木齐	1p	5.204	5.896	22cm一级品	7.309	9.082

29个大中城市主要商品零售价格

城市	高压锅(元/个)			不锈钢勺(元/个)		
	规格等级牌号	1988年	1989年	规格等级牌号	1988年	1989年
北京	24cm氧化铝合金	53.868	80.732	大号饭勺	2.149	2.960
天津	24cm一级品	45.846	64.700	大号饭勺	2.033	3.413
石家庄	24cm一级品	56.495	75.757	大号饭勺	3.060	3.855
太原	24cm一级品	60.630	75.059	大号饭勺	4.000	4.333
呼和浩特	24cm一级品	54.322	74.706	大号饭勺	3.183	3.805
沈阳		54.419	75.483		2.483	4.197
长春	三星牌24cm氧化压力	58.650	82.658	大号饭勺 上海	2.935	3.088
哈尔滨	24cm一级品	55.133	84.543	大号饭勺	2.166	3.878
上海	24cm一级品	54.500	76.917	大号饭勺，不锈钢	2.339	2.480
南京	24cm一级品	57.783	75.842	大号饭勺	2.711	3.000
杭州	24cm一级品	60.630	75.059	大号饭勺	4.000	4.333
合肥	24cm一级品	53.955	72.843	合肥大号饭勺	1.836	1.942
福州	24cm一级品	73.467	92.503	大号饭勺	2.405	3.560
南昌	24cm一级品	60.699	73.030	大号饭勺	2.343	2.480
济南	氧化24cm一级品	60.433	71.708	大号饭勺	2.287	2.779
郑州	天津24cm一级品	50.425	75.678	上海大号饭勺	2.737	4.182
武汉	24cm一级品	52.388	73.922	大号饭勺	1.913	2.386
长沙	24cm一级品	57.415	79.025	上海大号饭勺	1.890	2.108
广州	24cm电化铝双保险	60.970	77.103	大号饭勺	2.864	4.390
南宁	24cm一级品	52.617	83.417	大号饭勺	2.044	2.300
海口	24cm一级品	64.819	85.956	大号饭勺	1.702	3.436
成都	24cm双保险	60.108	87.400	中号饭勺	1.452	2.276
贵阳	广东 24cm一级品	55.596	77.726	广东 中号饭勺	1.358	1.393
昆明	杨州 22cm三角牌	79.900	97.600	申大号饭勺	1.960	1.960
西安	24cm一级品	63.592	76.892	大号饭勺	2.753	3.711
兰州	24cm一级品	50.345	66.365	大号饭勺	2.317	2.380
西宁	24cm一级品	45.773	56.858	大号饭勺	3.840	3.664
银川	24cm一级品	56.859	77.747	大号饭勺	2.392	2.780
乌鲁木齐	24cm一级品	58.117	76.767	大号饭勺	2.448	2.536

29个大中城市主要商品零售价格

城市	牙膏(元/支)			牙刷(元/把)		
	规格等级牌号	1988年	1989年	规格等级牌号	1988年	1989年
北京	77克奥琪脱敏药物	0.650	0.661	中号塑料柄一级品	0.380	0.522
天津	脱敏中号60克	0.557	0.652	中华塑料柄一级品	0.350	0.396
石家庄	中号	0.815	0.860	塑料柄一级品	0.367	0.378
太原	中号	0.769	0.820	塑料柄一级品	0.330	0.351
呼和浩特	中号	0.803	0.850	塑料柄一级品	0.374	0.512
沈阳		0.890	1.100		0.333	0.405
长春	乐口净65克吉林	0.534	0.660	长命 7906 上海	0.443	0.588
哈尔滨	中号	0.885	0.980	塑料柄一级品	0.368	0.397
上海	上海防酸 93克	0.821	0.860	长命牌 801	0.669	0.740
南京	75克芒果	0.618	0.794	塑料柄一级品	0.317	0.455
杭州	中号	0.769	0.820	塑料柄一级品	0.330	0.351
合肥	芳草中号	0.652	0.760	沪长命牌	0.355	0.428
福州	中号	0.593	0.630	塑料柄一级品	0.449	0.488
南昌	中号	0.548	0.680	塑料柄一级品	0.670	0.900
济南	佳丽中号	0.733	0.884	塑料柄一级品	0.333	0.434
郑州	上海中华牌中号	0.596	0.632	上海塑料柄一级品	0.343	0.374
武汉	中号	0.665	0.806	塑料柄一级品	0.449	0.560
长沙	长沙 90克药物	0.638	0.780	塑料柄一级品	0.395	0.470
广州	穗洁银牌158克	1.815	2.300	塑料柄一级品	0.430	0.624
南宁	中号	0.600	0.700	塑料柄一级品	0.358	0.418
海口	中号	0.817	1.058	塑料柄一级品	0.650	0.698
成都	中华药物中号	0.640	0.670	塑料柄一级品	0.407	0.475
贵阳	两面针 90 克	0.927	1.117	大桥 塑料柄一级品	0.370	0.502
昆明	三七药物牙膏65克	0.555	0.652	申长命牌 一级	0.520	0.520
西安	中号 黑妹牌	0.780	1.126	塑料柄一级品	0.448	0.489
兰州	65克 洁银	0.642	0.670	塑料柄一级品	0.370	0.370
西宁	中号	0.856	1.010	塑料柄一级品	0.487	0.528
银川	中华 中号	0.809	0.948	塑料柄一级品	0.350	0.407
乌鲁木齐	中号	0.614	0.690	塑料柄一级品	0.295	0.321

29个大中城市主要商品零售价格

城市	肥皂(元/条)			普通香皂(元/块)		
	规格等级牌号	1988年	1989年	规格等级牌号	1988年	1989年
北京	灯塔一级品	0.440	0.440	100克北海一级品	0.647	0.750
天津	津产群乐	0.500	0.500	双喜 110克一级品	0.550	0.577
石家庄	地产一级品	0.628	0.710	100克一级品	0.775	0.840
太原	地产一级品	0.677	0.720	100克一级品	0.651	0.710
呼和浩特	地产一级品	0.768	0.960	100克一级品	0.620	0.640
沈阳		0.686	0.740		0.800	0.840
长春	白山牌	0.767	0.801	绿宝 95克上海	0.685	0.746
哈尔滨	地产一级品	0.683	0.760	100克一级品	0.820	0.927
上海	固本	0.650	0.700	美加净 100克	1.226	1.300
南京	地产一级品	0.585	0.700	80克一级品	0.446	0.498
杭州	地产一级品	0.677	0.720	100克一级品	0.651	0.710
合肥	淮南地产一级品	0.678	0.740	安庆一支梅100克	0.627	0.650
福州	地产一级品	0.619	0.740	100克一级品	0.773	0.842
南昌	地产一级品	0.798	0.940	100克一级品	0.753	0.840
济南	华光 复合肥皂	0.807	1.175	100克一级品	0.570	0.628
郑州	中州牌53型300克	0.699	0.787	上海牌100克	0.672	0.725
武汉	地产一级品	0.730	0.780	100克一级品	0.840	0.840
长沙	地产一级品	0.606	0.650	100克一级品	0.492	0.528
广州	穗电车牌300克	0.863	1.085	穗天丽牌80克	1.077	1.247
南宁	地产一级品	0.709	0.780	100克一级品	0.705	0.760
海口	地产一级品	0.620	0.804	100克一级品	0.821	0.902
成都	芙蓉	0.708	0.781	上海	0.703	0.752
贵阳	三羊 地产一级品	0.717	0.780	绿宝 90 克一级品	0.659	0.731
昆明	昆产春城牌 一级	0.584	0.720	100克申新华牌 一级	0.692	0.840
西安	地产一级品 中华牌	0.779	0.842	100克一级品 上海牌	0.700	0.765
兰州	晨光 一级	0.715	0.880	100克一级品	0.700	0.828
西宁	地产一级品	0.654	0.860	100克一级品	0.710	0.900
银川	地产一级品	0.611	0.669	100克一级品	0.842	0.907
乌鲁木齐	地产一级品	0.608	0.800	100克一级品	0.698	0.832

29个大中城市主要商品零售价格

城市	高档香皂(元/块) 规格等级牌号	1988年	1989年	面脂(元/小瓶) 规格等级牌号	1988年	1989年
北京	100克素馨	0.913	0.950	紫罗兰粉底霜	2.700	2.700
天津	蜂花 125克檀香皂	1.449	1.540	美加净银耳珍珠霜	5.433	5.800
石家庄	100克国产	1.259	1.684	珍珠霜	2.829	2.348
太原	100克国产	1.290	1.899	珍珠霜	2.800	3.149
呼和浩特	100克国产	1.207	1.279	珍珠霜	2.380	2.671
沈阳		2.607	2.760		2.487	3.220
长春	100克国产紫禁城	1.564	1.760	美加净银耳霜上海	2.452	2.576
哈尔滨	100克国产	1.563	1.900	珍珠霜	2.070	2.070
上海	美加净檀香皂100克	1.426	1.500	凤凰珍珠霜	1.980	2.012
南京	100克国产	0.975	1.020	珍珠霜	1.930	2.460
杭州	100克国产	1.290	1.899	珍珠霜	2.800	3.149
合肥	合肥舒尔曼 100克	1.126	1.160	沪美加净珍珠霜	2.382	2.468
福州	100克国产	1.695	1.703	珍珠霜	4.071	4.463
南昌	100克国产	1.750	1.950	珍珠霜	2.650	2.667
济南	100克国产	1.364	2.160	珍珠霜	2.356	2.520
郑州	合肥舒尔曼牌100克	1.139	1.226	美加净牌银耳珍珠霜	2.226	2.490
武汉	100克国产	0.942	1.010	珍珠霜	2.213	2.203
长沙	100克国产	2.686	2.789	上海可蒙珍珠霜	2.512	2.655
广州	进口力士牌 80克	2.443	2.915	穗人参胎素美容膏	3.043	3.335
南宁	100克国产	1.217	1.300	珍珠霜	2.531	2.680
海口	100克国产	1.780	2.144	珍珠霜	7.523	12.162
成都	英国力士 142克	2.421	3.071	珍珠霜	2.533	2.603
贵阳	蜂花牌檀香皂 125克	1.435	1.548	凤凰珍珠霜	2.237	2.749
昆明	杭州凤凰珍珠牌100克	1.010	1.010	美加净珍珠霜	2.200	2.200
西安	100克国产 力士	1.518	1.717	珍珠霜 霞飞	1.960	3.029
兰州	进口	1.735	1.775	增白粉蜜	1.844	1.958
西宁	100克 国产	2.645	3.013	珍珠霜	2.280	2.401
银川	100克紫禁城	1.506	1.921	奥琪增白粉蜜珍珠霜	2.564	2.554
乌鲁木齐	100克 国产	1.620	1.620	珍珠霜	1.058	1.036

29个大中城市主要商品零售价格

城市	洗发剂(元/瓶)			洗涤剂(元/瓶)		
	规格等级牌号	1988年	1989年	规格等级牌号	1988年	1989年
北京	300 克 华姿香波	3.594	4.152	500克 金鱼	1.625	2.087
天津	威娜宝 300 克	3.145	3.300	500克冷香洁洁灵	2.002	2.990
石家庄	300 克	3.018	3.076	500 克	1.672	2.224
太原	300 克	2.505	2.842	500 克	1.943	1.980
呼和浩特	300 克	2.490	3.486	500 克	1.000	1.000
沈阳		2.505	3.480		1.570	1.620
长春	美加净 500克上海	4.322	4.795	海鸥 500克 上海	2.194	2.740
哈尔滨	300 克	3.749	4.220	500 克	1.933	2.446
上海	300 克 蜂花	2.150	2.150	500克 白猫洗洁精	1.657	2.186
南京	300 克 蜂花	2.190	2.514	500 克白猫	1.807	2.338
杭州	300 克	2.505	2.842	500 克	1.943	1.980
合肥	300 克	2.267	2.712	长娥牌 500 克	1.531	2.137
福州	300 克	2.980	3.600	500 克	1.820	2.456
南昌	300 克	2.650	2.935	500 克	1.991	2.346
济南	300 克	2.582	2.730	500 克		
郑州	上海美加净牌300克	2.697	2.878	郑州500克瓶装	2.249	2.570
武汉	300 克	3.360	3.712	500 克	2.130	2.238
长沙	300 克	2.330	2.782	500 克	1.857	2.188
广州	穗人参田七	3.473	3.880	穗天丽牌洗洁精	2.119	2.731
南宁	300 克	3.668	3.952	500 克	2.082	2.960
海口	300 克	3.450	3.844	500 克	2.038	2.986
成都	300 克	3.475	4.182	500 克	2.317	2.610
贵阳	蜂花 500 克	3.736	4.029	达尔美 500 克	1.670	2.145
昆明	申 300 克蜂花牌	2.313	2.532	申 500克白猫洗洁精	1.871	2.180
西安	300克 美加净	2.701	3.007	500克 双猫牌	2.130	2.469
兰州	美加净 300克	2.400	2.623	兰州 500克	1.526	1.833
西宁	300 克	2.293	3.017	500 克	2.020	2.521
银川	华姿 300 克	3.784	4.726	白猫 500 克	1.843	2.409
乌鲁木齐	300 克	3.937	3.923	500 克	1.941	2.314

29个大中城市主要商品零售价格

城市	洗衣粉(元/袋)			皮鞋油(元/管)		
	规格等级牌号	1988年	1989年	规格等级牌号	1988年	1989年
北京	25型500克熊猫	1.000	1.420	35克软管黑色	0.492	0.655
天津	加酶500克袋装	1.370	1.420	金鸡软管 黑色	0.477	0.629
石家庄	25型500克袋装	1.457	1.754	35克软管 一级品	0.535	0.735
太原	25型500克袋装	1.301	1.600	35克软管 一级品	0.473	0.508
呼和浩特	25型500克袋装	1.452	1.780	35克软管 一级品	0.532	0.722
沈阳		1.042	1.320		0.529	0.720
长春	25型500克袋装	1.135	1.430	金鸡 软管 天津	0.593	0.747
哈尔滨	25型500克袋装	1.545	1.672	35克软管 一级品	0.541	0.620
上海	500克白猫 超浓缩	2.442	2.520	上海牌黑色软管	0.390	0.640
南京	30型500克袋装	1.537	1.620	35克软管 一级品	0.518	0.760
杭州	25型500克袋装	1.301	1.600	35克软管 一级品	0.473	0.508
合肥	芳草500克一级	1.401	1.570	沪 红鸟35克软管	0.447	0.708
福州	25型500克袋装	1.777	1.859	35克软管 一级品	0.500	0.575
南昌	25型500克袋装	1.487	1.550	35克软管 一级品	0.431	0.640
济南	25型500克袋装	1.309	1.535	35克软管黑色一级品	0.483	0.710
郑州	矛盾牌加香500克	1.308	1.450	金鸡牌黑色软管35克	0.533	0.700
武汉	25型500克袋装	2.150	2.150	35克软管 一级品	0.438	0.638
长沙	25型500克袋装	1.412	1.567	35克软管 一级品	0.464	0.695
广州	穗产袋装	1.522	1.684	33.5克软管 沪	0.434	0.686
南宁	25型500克袋装	1.255	1.455	35克软管 一级品	0.458	0.700
海口	25型500克袋装	2.125	3.081	35克软管 一级品	0.444	0.662
成都	红芙蓉500克袋装	1.325	1.325	35克软管 一级品	0.537	0.700
贵阳	白猫牌 1000克	3.456	3.650	35克软管 上海牌	0.456	0.542
昆明	申500克五洲牌	1.202	1.290	申黑色天鹅牌 35克	0.443	0.510
西安	25型500克袋装	1.635	1.617	35克软管 一级品	0.533	0.708
兰州	500克 加酶	1.296	1.683	35克 软管 一级品	0.519	0.571
西宁	25型500克袋装一级品	2.050	2.050	36克软管 一级品	0.532	0.739
银川	500克袋装 一级	1.144	1.297	金鸡35克软管一级品	0.636	0.865
乌鲁木齐	25型500克袋装	1.025	1.460	35克软管 一级品	0.547	0.763

29个大中城市主要商品零售价格

城 市	卫生纸(元/卷) 规格等级牌号	1988年	1989年	火 柴(元/包) 规格等级牌号	1988年	1989年
北 京	短卷纸	0.200	0.200	普通安全火柴 10盒装	0.300	0.300
天 津	短卷纸	0.267	0.280	普通安全火柴 10盒装	0.200	0.200
石家庄	短卷纸	0.254	0.258	普通安全火柴 10盒装	0.350	0.400
太 原	短卷纸	0.530	0.780	普通安全火柴 10盒装	0.383	0.500
呼和浩特	短卷纸	0.280	0.300	普通安全火柴 10盒装	0.450	0.325
沈 阳		0.620	0.840		0.425	0.542
长 春	甲级消毒 250克	0.563	0.690	长白山安全100支	0.433	0.596
哈尔滨	短卷纸	0.740	0.765	普通安全火柴 10盒装	0.391	0.500
上 海	上海白绉纸	0.240	0.260	普通安全火柴 10盒装	0.400	0.400
南 京	绉纹纸	0.200	0.260	普通安全火柴 10盒装	0.402	0.500
杭 州	短卷纸	0.530	0.780	普通安全火柴 10盒装	0.383	0.500
合 肥	合 肥	0.621	0.720	芜湖安全火柴 10盒装	0.448	0.600
福 州	短卷纸	0.657	0.855	普通安全火柴 10盒装	0.499	0.700
南 昌	短卷纸	1.013	1.400	普通安全火柴 10盒装	0.483	0.600
济 南	250克红色	0.527	0.657	普通安全火柴 10盒装	0.417	0.486
郑 州	郑州白莲花牌中等	0.815	0.893	普通安全火柴 10盒装	0.525	0.753
武 汉	短卷纸	0.615	0.670	普通安全火柴 10盒装	0.496	0.654
长 沙	短卷纸	0.638	0.798	普通安全火柴 10盒装	0.522	0.667
广 州	锦州红灯牌 短	1.164	1.478	普通安全火柴 10盒装	0.619	0.800
南 宁	短卷纸	0.708	0.862	普通安全火柴 10盒装	0.617	0.779
海 口	短卷纸	0.640	0.764	普通安全火柴 10盒装	0.500	0.700
成 都	益州牌 100克	0.200	0.200	普通安全火柴 10盒装	0.417	0.500
贵 阳	都匀 100克 包装	0.273	0.280	普通安全火柴 10盒装	0.475	0.700
昆 明	昆山茶牌	0.470	0.728	普通安全火柴 10盒装	0.421	0.600
西 安	短卷纸	0.335	0.474	普通安全火柴 10盒装	0.575	0.400
兰 州	平凉 卷纸	0.410	0.410	普通安全火柴 10盒装	0.394	0.475
西 宁	短卷纸	0.311	0.331	普通安全火柴 10盒	0.371	0.500
银 川	地产 短卷纸	0.359	0.368	普通安全火柴 10盒装	0.405	0.764
乌鲁木齐	短卷纸	0.505	0.898	普通安全火柴 10盒装	0.345	0.400

29个大中城市主要商品零售价格

城市	手电筒(元/个)			手电池(元/节)		
	规格等级牌号	1988年	1989年	规格等级牌号	1988年	1989年
北京	300尺铁皮 一级品	2.873	4.142	1号塑皮一级品	0.368	0.557
天津	300尺铁皮 一级品	2.679	3.685	光达1号 一级品	0.428	0.498
石家庄	300尺铁皮 一级品	2.716	3.738	1号 一级品	0.361	0.523
太原	300尺铁皮 一级品	2.648	3.288	1号 一级品	0.328	0.478
呼和浩特	300尺铁皮 一级品	2.631	3.754	1号 一级品	0.366	0.527
沈阳		2.625	3.326		0.369	0.463
长春	虎头300尺铁皮	2.698	3.930	全封闭金鼎1号	0.359	0.510
哈尔滨	300尺铁皮 一级品	2.667	3.935	1号 一级品	0.349	0.381
上海	300号铁皮 一级品	2.670	3.671	天鹅牌 1 号	0.398	0.530
南京	300尺铁皮 一级品	2.370	3.789	1号 一级品	0.357	0.463
杭州	300尺铁皮 一级品	2.648	3.288	1号 一级品	0.328	0.478
合肥	300尺铁皮 一级品	2.689	3.575	合肥 银球 1 号	0.361	0.492
福州	300尺铁皮 一级品	2.701	2.960	1号 一级品	0.421	0.562
南昌	300尺铁皮 一级品	2.982	4.122	1号 一级品	0.419	0.555
济南	300尺铁皮 一级品	2.688	3.672	1号 一级品	0.391	0.487
郑州	熊猫牌铁皮300尺一级	3.742	4.448	安阳金钟牌1号	0.358	0.494
武汉	300尺铁皮 一级品	2.785	3.710	1号 一级品	0.352	0.469
长沙	300尺铁皮 一级品	2.641	3.637	1号 一级品	0.384	0.518
广州	300尺铁皮 虎头牌	2.645	3.507	穗大号555牌全防	0.434	0.606
南宁	300尺铁皮 一级品	2.701	3.088	1号 一级品	0.397	0.556
海口	300尺铁皮 一级品	2.721	3.649	1号 一级品	0.464	0.613
成都	300尺铁皮 一级品	2.055	3.258	1号 一级品	0.326	0.411
贵阳	300尺铁皮 广州虎头	2.733	3.360	1号 一级品 黔光	0.320	0.417
昆明	广州虎头牌450	6.410	6.410	申灯塔牌 1号 一级品	0.440	0.570
西安	300尺铁皮 一级品	2.743	3.677	1号 一级品 白象牌	0.532	0.652
兰州	虎头牌铁皮一级	2.802	3.157	1号 一级品	0.480	0.490
西宁	300尺铁皮一级品	2.655	3.614	1号	0.433	0.603
银川	300尺铁皮一级品	3.051	4.467	1号 一级品 白象	0.587	0.719
乌鲁木齐	300尺铁皮一级品	2.924	3.507	1号 一级品	0.405	0.551

29个大中城市主要商品零售价格

城市	电灯泡(元/个)			日光灯管(元/支)		
	规格等级牌号	1988年	1989年	规格等级牌号	1988年	1989年
北京	220V 40W 一级品	0.430	0.545	220V 20W 一级品	3.350	3.522
天津	220V 40W 一级品	0.419	0.524	220V 30W 一级品	4.560	4.750
石家庄	220V 40W 一级品	0.425	0.572	220V 20W 一级品	3.579	3.645
太原	220V 40W 一级品	0.496	0.585	220V 20W 一级品	3.698	4.184
呼和浩特	220V 40W 一级品	0.443	0.460	220V 20W 一级品	3.949	4.577
沈阳		0.487	0.655		4.640	5.340
长春	220V 40W 长春	0.432	0.594	220V 20W 上海	4.003	4.279
哈尔滨	220V 40W 一级品	0.505	0.677	220V 20W 一级品	3.720	4.125
上海	220V 40W	0.450	0.525	36寸 30W	3.880	4.405
南京	220V 40W 一级品	0.450	0.590	220V 20W 一级品	3.480	3.963
杭州	220V 40W 一级品	0.496	0.585	220V 20W 一级品	3.698	4.184
合肥	220V 40W 一级品	0.448	0.562	南京 电工牌	3.517	3.907
福州	220V 40W 一级品	0.454	0.512	220V 20W 一级品	4.638	5.046
南昌	220V 40W 一级品	0.455	0.593	220V 20W 一级品	3.564	3.870
济南	220V 40W 一级品	0.454	0.598	200V 20W 一级品	3.710	3.587
郑州	郑州220V40W一级品	0.436	0.534	上海220V20W一级品	3.560	4.067
武汉	220V 40W 一级品	0.493	0.633	220V 20W 一级品	3.556	4.008
长沙	220V 40W 一级品	0.468	0.609	220V 20W 一级品	3.335	3.620
广州	穗220V 40W 插口	0.514	0.638	穗220V 20W	4.834	5.469
南宁	220V 40W 一级品	0.523	0.678	220V 20W 一级品	3.450	4.576
海口	220V 40W 一级品	0.572	0.765	220V 20W 一级品	4.145	4.553
成都	220V 40W 一级品	0.452	0.620	220V 20W 一级品	3.450	3.450
贵阳	220V 40W 一级品	0.480	0.585	220V 40W 一级品	5.048	5.677
昆明	昆 220V 40W 一级品	0.503	0.630	220V 20W 一级品	3.450	3.450
西安	220V 40W 一级品	0.433	0.545	220V 20W 一级品	3.576	3.932
兰州	220V 40W 一级品	0.430	0.562	220V 20W 一级品	3.740	3.740
西宁	220V 40W 一级品	0.448	0.568	220v 20w 一级品	5.138	5.913
银川	220V 40W 一级品	0.501	0.632	220V 20W 一级品	3.885	4.018
乌鲁木齐	220V 40W 一级品	0.492	0.560	220V 20W 一级品	3.650	3.921

29个大中城市主要商品零售价格

城市	铁柄尼龙伞(元/把)			书包(元/个)		
	规格等级牌号	1988年	1989年	规格等级牌号	1988年	1989年
北京	55cm(花折叠) 一级品	15.183	17.500	人造革双肩背学生包	6.150	10.755
天津	55cm(折叠) 一级品	13.842	16.900	帆布三用学生包	12.000	12.000
石家庄	55cm(折叠) 一级品	13.840	15.564	中档	6.538	9.483
太原	55cm(折叠) 一级品	13.900	14.950	中档	5.380	7.695
呼和浩特	55cm(折叠) 一级品	13.023	14.671	中档	5.793	7.177
沈阳		11.900	15.047		6.930	8.027
长春	58/5赛包柄自动伞	13.728	16.036	帆布30cm 3x4 长春	5.750	5.750
哈尔滨	55cm(折叠)一级品	14.000	14.041	中档	5.100	5.100
上海	8903,55/8自动缩折伞	13.235	15.500	括胶帆布三用	9.360	10.000
南京	55cm(折叠) 一级品	12.303	16.708	人革双肩一级品	5.000	5.625
杭州	55cm(折叠) 一级品	13.900	14.950	中档	5.380	7.695
合肥	沪 55cm(折叠)	13.626	16.174	帆布 合肥产	2.719	3.136
福州	55cm(折叠) 一级品	10.885	12.987	中档	5.605	6.200
南昌	55cm(折叠) 一级品	10.520	19.160	中档	7.843	8.750
济南	55cm(折叠) 一级品	13.075	16.708	中档	5.260	6.665
郑州	上海55cm/8/2一级品	12.223	15.668	合成革双肩中号	5.249	5.663
武汉	55cm(折叠) 一级品	11.737	12.678	中档	6.614	7.659
长沙	55cm(折叠) 一级品	13.117	16.392	中档	4.122	5.579
广州	穗55cm(折叠) 女装	13.305	17.022	穗中号尼龙三用	8.546	9.681
南宁	55cm(折叠) 一级品	13.071	15.483	中档	3.903	4.650
海口	55cm(折叠) 一级品	12.553	17.862	中档	5.140	5.554
成都	55cm(折叠) 一级品	14.992	18.200	36公分 人造革	9.600	10.400
贵阳	55cm(折叠) 广州产	14.175	16.450	帆布 筑产	3.500	4.917
昆明	昆 双环 55x8	12.350	13.500	申产双肩书包	10.700	10.700
西安	55cm(折叠) 一级品	13.916	16.502	中档	8.002	10.823
兰州	55cm(折叠) 一级品	12.037	12.800	合成 革双肩	6.019	6.800
西宁	55cm(折叠) 一级品	13.600	14.132	中档	5.540	5.723
银川	55cm(折叠) 一级品	11.271	14.737	大号 中档	6.056	9.402
乌鲁木齐	55cm(折叠) 一级品	15.575	16.041	中档	5.307	6.159

29个大中城市主要商品零售价格

城市	壁灯(元/个)			电动剃须刀(元/个)		
	规格等级牌号	1988年	1989年	规格等级牌号	1988年	1989年
北京	双头中档	36.500	36.500	国产中档	14.100	14.100
天津	双头中档	29.800	29.800	津产双环	9.800	11.500
石家庄	双头中档	28.816	28.837	国产	13.052	17.509
太原	双头中档	28.554	30.300	国产	16.000	16.000
呼和浩特	双头中档	41.000	41.000	国产	23.750	23.750
沈阳		30.900	34.780		11.100	11.835
长春	白玉兰双头铜BE178	48.700	48.915	双箭牌 上海	18.588	22.987
哈尔滨	双头中档	39.042	40.949	国产	8.994	11.574
上海	摇臂床头壁灯	40.600	40.600	双剪牌 单用	8.500	11.494
南京	双头中档	35.098	36.700	钱江牌	22.600	22.600
杭州	双头中档	28.554	30.300	国产	16.000	16.000
合肥	茶色双头	29.600	29.604	沪双箭牌双用	14.711	18.562
福州	双头中档	47.800	47.800	国产	9.020	9.252
南昌	双头中档	24.072	22.700	国产	16.800	20.815
济南	双头中档	30.275	30.083	国产	12.667	14.000
郑州	杭州双头中档	39.633	39.678	上海双箭牌	12.786	14.689
武汉	双头中档	27.142	28.733	国产	9.665	12.140
长沙	双头中档	54.400	54.400	国产	16.000	19.208
广州	双头茶色玻璃	32.545	35.985	穗产	11.780	11.082
南宁	双头中档	24.500	32.160	国产	9.946	14.667
海口	双头中档	56.300	76.597	国产	8.350	8.350
成都	双头中档	24.658	26.295	双箭	17.214	17.200
贵阳	双头中档	32.000	32.167	申双箭 R54	9.960	9.980
昆明	苏州双叉G型	35.100	35.100	申双剪牌	14.900	14.900
西安	双头中档	31.742	36.964	国产	16.419	26.530
兰州	双头中档	29.417	29.600	国产	13.200	13.200
西宁	双头中档	22.400	22.954	国产	7.980	16.411
银川	双头中档	25.831	32.125	国产	18.950	18.106
乌鲁木齐	双头中档	30.700	30.674	国产	17.100	16.154

29个大中城市主要商品零售价格

城市	打火机(元/个)			有机玻璃扣(元/个)		
	规格等级牌号	1988年	1989年	规格等级牌号	1988年	1989年
北京	气体 中档	5.967	10.300	四眼男上衣平扣	0.097	0.100
天津	天津 百灵牌	19.100	34.000	四眼男上衣平扣	0.100	0.100
石家庄	气体	9.643	9.801	四眼男上衣平扣	0.097	0.102
太原	气体	28.000	28.000	四眼男上衣平扣	0.093	0.100
呼和浩特	气体	4.890	4.992	四眼男上衣平扣	0.096	0.096
沈阳		10.700	12.025		0.105	0.110
长春	气体 上海	8.600	8.600	四眼男上衣平扣	0.103	0.113
哈尔滨	气体	17.800	17.778	四眼男上衣平扣	0.145	0.210
上海	汽体打火机	4.025	4.310	四眼中山装扣 32M/M	0.080	0.080
南京	气体	8.050	8.050	四眼男上衣平扣	0.150	0.150
杭州	气体	28.000	28.000	四眼男上衣平扣	0.093	0.100
合肥	金属 气体	8.547	8.767	沪 西服男上衣	0.080	0.091
福州	气体	11.400	11.400	四眼男上衣平扣	0.263	0.310
南昌	气体	17.940	17.940	四眼男上衣平扣	0.092	0.100
济南	气体	8.200	13.344	四眼男上衣平扣	0.113	0.117
郑州	上海气体电子可充式	9.563	10.000	男中山装四眼平扣	0.087	0.098
武汉	气体	13.817	14.463	四眼男上衣平扣	0.090	0.100
长沙	气体	4.366	4.730	四眼男上衣平扣	0.080	0.088
广州	塑壳火石式气体	1.671	1.703	四眼男上衣平扣	0.110	0.120
南宁	气体	5.030	5.030	四眼男上衣平扣	0.080	0.080
海口	气体	4.580	4.800	四眼男上衣平扣	0.025	0.020
成都	气体 901	6.020	6.020	四眼男上衣平扣	0.109	0.109
贵阳	进口气体	8.980	8.980	四眼男上衣平扣	0.100	0.102
昆明	广州星牌	4.390	4.390	申 四眼男上衣平扣	0.100	0.100
西安	气体	9.681	10.088	四眼男上衣平扣	0.095	0.100
兰州	气体	10.300	10.900	男上衣平扣	0.100	0.100
西宁	气体	4.522	4.935	四眼男上衣平扣	0.117	0.139
银川	气体	8.942	9.686	四眼男上衣平扣	0.125	0.124
乌鲁木齐	气体	7.449	8.930	四眼男上衣平扣	0.160	0.199

29个大中城市主要商品零售价格

城市	缝纫机(元/架)			自行车(元/辆)		
	规格等级牌号	1988年	1989年	规格等级牌号	1988年	1989年
北京	家用一级品蝴蝶牌	202.000	242.000	26型一级品永久男车	238.333	294.330
天津	家用一级品牡丹牌	166.578	191.167	26型一级品飞鸽女车	208.000	208.000
石家庄	家用一级品	169.567	217.575	26型一级品	248.125	268.569
太原	家用一级品	213.319	264.250	26型一级品	292.500	290.875
呼和浩特	家用一级品	205.025	262.883	26型一级品	250.500	291.167
沈阳		155.000	250.417		317.140	324.957
长春	JA1-9飞人 上海	200.917	279.750	飞鸽26	257.750	279.000
哈尔滨	家用一级品	201.917	252.917	26型一级品	254.000	304.103
上海	JA1-1，蝴蝶牌	164.500	219.105	凤凰，QE65型26	205.000	205.000
南京	家用一级品	161.967	186.900	26型一级品	240.925	265.290
杭州	家用一级品	213.319	264.250	26型一级品	292.500	290.875
合肥	沪 家用一级品	189.167	236.356	合肥26型永久一级	235.000	257.667
福州	家用一级品	163.667	198.226	26型一级品	303.750	345.000
南昌	家用一级品	201.433	254.998	26型一级品	269.167	323.000
济南	上海蜜蜂	224.000	258.167	26型一级品	244.000	285.342
郑州	JA1-3型蝴蝶二斗藏式	205.767	245.528	天津产飞鸽牌23型	248.772	265.778
武汉	家用一级品	218.938	263.800	26型一级品	247.083	291.995
长沙	家用一级品	213.080	257.092	26型一级品 永久	296.850	289.875
广州	穗华南牌JA2-1	187.957	223.954	穗26	215.511	234.521
南宁	家用一级品	214.717	255.000	26型一级品	280.167	303.000
海口	家用一级品	198.558	241.000	26型一级品	239.588	261.888
成都	家用一级品	212.200	255.400	永久 16型一级品	291.251	318.250
贵阳	申 飞人牌 藏式	189.000	243.833	26	261.750	281.500
昆明	昆产 飞人牌	196.417	248.000	申永久牌26寸	254.250	290.000
西安	家用一级品 申产	218.925	241.900	26型一级品	280.401	312.803
兰州	标准牌家用一级品	209.423	276.000	梅花	272.250	295.000
西宁	家用一级品	211.680	255.083	26型一级品	270.333	374.792
银川	标准家用一级品	246.782	280.730	永久 26型一级品	368.194	395.000
乌鲁木齐	家用一级品	205.825	258.700	26型一级品	235.375	300.917

29个大中城市主要商品零售价格

城市	洗衣机(元/台)			机械手表(元/只)		
	规格等级牌号	1988年	1989年	规格等级牌号	1988年	1989年
北京	白菊双缸二型一级品	426.000	456.000	19钻双菱男表一级品	45.000	45.000
天津	双缸喷淋天洋牌	516.167	598.000	19钻一级品上海牌	50.000	50.000
石家庄	普通双缸一级品	539.083	605.750	国产19钻一级品	50.000	50.000
太原	普通双缸一级品	516.750	569.250	国产19钻一级品	50.000	50.000
呼和浩特	普通双缸一级品	413.333	550.000	国产19钻一级品	50.000	50.000
沈阳		516.917	599.851		50.000	50.000
长春	君子兰双缸 长春	442.000	478.667	全钢防震19钻 上海	50.000	50.000
哈尔滨	普通双缸一级品	578.583	633.722	国产19钻一级品	51.333	51.227
上海	水仙牌，全自动	845.000	912.000	上海全钢19钻男式	50.000	50.000
南京	普通双缸一级品	454.000	504.806	国产19钻一级品	50.000	50.000
杭州	普通双缸一级品	516.750	569.250	国产19钻一级品	50.000	50.000
合肥	水仙牌12S 双缸	535.750	586.000	沪19钻无日历男表	50.000	50.000
福州	普通双缸一级品	429.083	498.917	国产19钻一级品	50.000	50.000
南昌	普通双缸一级品	523.500	593.000	国产19钻一级品	49.000	49.000
济南	普通双缸一级品	419.167	563.750	国产19钻一级品	50.000	50.000
郑州	白兰牌双缸一级品	527.473	595.750	上海牌19钻三防三针	50.000	50.000
武汉	普通双缸一级品	413.994	463.206	国产19钻一级品	50.160	50.000
长沙	普通双缸一级品	451.500	477.875	国产19钻一级品	50.000	50.000
广州	穗五羊(高宝)双缸	444.139	476.346	沪产19钻全钢男装	49.977	50.208
南宁	普通双缸一级品	428.000	446.000	国产19钻一级品	50.000	50.000
海口	普通双缸一级品	552.000	628.528	国产19钻一级品	66.810	65.000
成都	山峡牌	433.000	461.250	国产19钻一级品	50.000	49.958
贵阳	威力双缸一级品	490.833	598.667	上海19钻一级品	50.000	50.000
昆明	白玫牌普通型双缸	418.000	445.333	申19钻上海牌男式	50.000	50.000
西安	双缸一级品 双鸥	486.750	510.945	19钻一级品 蝴蝶	45.000	45.000
兰州	长风双缸五型	429.000	487.625	国产19钻一级品	50.000	50.000
西宁	普通双缸一级品	477.580	528.625	国产19钻一级品	50.200	50.200
银川	君子兰--夏普	517.653	576.389	宝石花女表19钻	50.694	50.227
乌鲁木齐	普通双缸一级品	484.000	600.083	国产19钻一级品	70.000	70.000

29个大中城市主要商品零售价格

城市	闹钟(元/个)			电风扇(元/台)		
	规格等级牌号	1988年	1989年	规格等级牌号	1988年	1989年
北京	双菱一级品	15.000	15.000	400㎜ 长城落地扇	251.917	304.917
天津	天津金鸡	14.461	15.400	400㎜落地扇长城牌	208.739	249.750
石家庄	NI型统一机芯一级品	16.544	17.405	400㎜落地扇一级品	205.208	236.056
太原	NI型统一机芯一级品	17.000	17.000	400㎜落地扇一级品	250.323	271.000
呼和浩特	NI型统一机芯一级品	19.750	20.031	400㎜落地扇一级品	242.167	268.000
沈阳		22.500	22.500		228.000	336.625
长春	3012 金鸡 天津	15.675	16.568	FS5-40D长城 落地	212.667	234.440
哈尔滨	NI型统一机芯一级品	19.400	19.357	400㎜落地扇一级品	270.000	265.492
上海	179 大众	12.800	12.800	华生豪华型落地扇	321.753	330.000
南京	NI型统一机芯一级品	13.750	14.800	400㎜落地扇一级品	240.750	264.318
杭州	NI型统一机芯一级品	17.000	17.000	400㎜落地扇一级品	250.323	271.000
合肥	钻石牌 NI型统一	25.575	25.575	黄山400㎜落地扇	191.500	225.042
福州	NI型统一机芯一级品	22.600	22.600	400㎜落地扇一级品	197.000	197.000
南昌	NI型统一机芯一级品	20.385	23.340	400㎜落地扇一级品	194.833	291.395
济南	NI型统一机芯一级品	15.550	19.142	400㎜落地扇一级品	218.000	258.667
郑州	钻石牌NI型一级品	16.625	17.744	华生牌400MM落地	228.000	253.333
武汉	NI型统一机芯一级品	23.085	24.833	400㎜落地扇一级品	215.014	274.799
长沙	普通双缸一级品	18.783	21.996	400㎜落地扇一级品	242.000	264.000
广州	穗提环统一机芯	14.929	18.642	穗16	186.779	218.557
南宁	NI型统一机芯一级品	17.300	17.300	400㎜落地扇一级品	181.000	181.000
海口	NI型统一机芯一级品	18.077	18.982	400㎜落地扇一级品	228.839	273.436
成都	406熊猫塑壳	22.700	22.700	长城400㎜落地扇	216.417	252.000
贵阳	申 单铃闹钟	19.550	19.500	400㎜落地扇菊花牌	230.833	360.833
昆明	烟台北极星	16.500	16.500	华生定时落地400㎜	237.000	237.000
西安	NI型统一机芯一级品	20.454	28.200	400㎜落地扇一级品	255.050	296.331
兰州	翻字日历	20.950	21.500	400㎜落地扇一级品	264.104	295.000
西宁	NI型统一级芯一级品	19.100	19.192			
银川	NI型江苏金鸡一级品	17.886	20.555	长城7型400㎜落地扇	229.067	294.437
乌鲁木齐	NI型统一机芯一级品	22.717	21.392	400㎜落地扇一级品	249.150	274.583

29个大中城市主要商品零售价格

城市	电冰箱(元/台) 规格等级牌号	1988年	1989年	挂钟(元/个) 规格等级牌号	1988年	1989年
北京	170B 双门雪花牌	1517.917	1650.000	双菱中档石英钟	69.000	69.000
天津	海河175升双门	1534.785	1980.000	中档石英钟	72.100	72.100
石家庄	国产185升	2367.750	2191.250	中档石英钟	60.899	79.878
太原	国产170升	2301.250	2123.333	中档石英钟	57.400	57.400
呼和浩特	国产170升	1822.500	1949.167	中档石英钟	83.763	84.924
沈阳		2118.333	1975.896		88.700	83.740
长春	170立升双门雪花	1796.667	1795.417	北极星石英钟 烟台	50.750	57.842
哈尔滨	国产158升	1838.333	2047.000	中档石英钟	77.300	77.391
上海	双鹿,双门,180升	1596.075	1640.000	企鹅牌 816	71.000	71.000
南京	国产160升伯乐	1319.691	1636.589	中档石英钟	55.900	55.900
杭州	国产170升	2301.250	2123.333	中档石英钟	57.400	57.400
合肥	155型美菱--斯顿	1830.000	2105.000	济南 康巴丝 中档	59.900	59.924
福州	国产170升	1902.000	1896.000	中档石英钟	43.100	43.808
南昌	国产170升	1903.333	1845.000	中档石英钟	59.718	59.900
济南	国产170升	1641.667	1825.833	中档石英钟	43.880	51.225
郑州	雪花牌170升双门	1709.389	1727.610	济南康巴丝石英钟	48.325	49.233
武汉	国产170升	1798.750	1809.292	中档石英钟	67.708	68.374
长沙	国产170升	1978.333	2068.167	中档石英钟	60.300	62.067
广州	穗产158A直冷式	1961.333	1876.154	组装石英钟	51.108	58.896
南宁	国产170升	2395.250	2020.500	中档石英钟	67.000	67.000
海口	国产170升	1960.833	2258.333	中档石英钟	57.000	59.000
成都	双燕-夏普170升	1847.333	1944.608	8524 小方日历	58.900	58.655
贵阳	风华牌 180 升	1947.383	1891.917	中档石英钟济南3051C	50.950	57.442
昆明	172升兰花牌双门	1660.000	1788.750	北京产双菱石英钟	73.300	73.300
西安	国产170升香雪海	2142.583	2280.367	中档石英钟	70.349	85.233
兰州	国产170升双门	2192.667	2355.667	中档石英钟	74.517	75.300
西宁	国产170升	2074.917	2721.500	中等石英钟	80.083	74.875
银川	香雪海175升	1875.167	1973.167	长城中档石英钟	67.561	61.967
乌鲁木齐	国产170升	3401.667	2634.500	中档石英钟	31.000	31.000

29个大中城市主要商品零售价格

城市	电烫斗(元/个)			皮箱(元/个)		
	规格等级牌号	1988年	1989年	规格等级牌号	1988年	1989年
北京	300W国产自动调温	26.708	31.500	人造革75cm一级品	73.408	91.576
天津	400w 自动调温	26.753	34.344			
石家庄	300W 自动调温	22.322	22.913	人造革75cm一级品	58.792	64.023
太原	300W 自动调温	24.500	24.500	人造革75cm一级品	74.000	78.000
呼和浩特	300W 自动调温	23.780	24.632	人造革75cm一级品	48.030	48.030
沈阳		22.500	24.300		71.500	72.957
长春	300W 自动调温 上海	27.168	29.550	造革铁皮包角 长春	74.288	90.612
哈尔滨	300W 自动调温	30.100	32.694	人造革75cm一级品	61.375	74.991
上海	500W红心牌自动调温	32.232	37.822	人造革75cm一级品	54.543	63.200
南京	500W 自动调温	32.164	36.100	人造革75cm一级品	39.042	43.700
杭州	300W 自动调温	24.500	24.500	人造革75cm一级品	74.000	78.000
合肥	沪 红心牌300W调温	26.567	31.585	人造革75cm无轮	47.035	55.754
福州	300W 自动调温	24.500	24.500	人造革75cm一级品	47.196	50.188
南昌	300W 自动调温	22.135	23.500	人造革75cm一级品	33.617	34.270
济南	300W 自动调温	21.992	25.450	人造革75cm一级品	52.197	59.725
郑州	红芯牌300W自动调温	25.395	30.813	人造革75cm一级品	55.753	63.783
武汉	300W 自动调温	28.595	33.931	人造革75cm一级品	39.150	47.030
长沙	300W 自动调温	24.600	24.600	人造革75cm一级品	36.183	39.700
广州	750W 自动调温	98.890	101.741	人造革	93.506	109.402
南宁	300W 自动调温	26.058	28.300	人造革75cm一级品	47.272	50.900
海口	300W 自动调温	18.900	23.460	人造革75cm一级品	71.147	117.082
成都	300W 自动调温	22.336	27.144	人造革75cm一级品	54.658	71.141
贵阳	山东 300W 自动调温	20.450	22.267	人造革75cm一级品	39.898	42.417
昆明	500w红星牌自动调温	30.200	30.200	杨州 71cm 人造革	79.900	79.900
西安	300W 自动调温 莱阳	22.033	24.150	人造革75cm一级品	53.922	67.668
兰州	300W 自动调温	23.490	23.800	人造革80cm一级品	68.000	68.000
西宁	300W 自动调温	31.533	37.672	135x58x185一级品	53.142	64.908
银川	上海300W 自动调温	25.113	30.506	地产28寸	61.761	75.767
乌鲁木齐	300W 自动调温	21.092	20.938	人造革75cm一级品	61.798	78.198

29个大中城市主要商品零售价格

城市	大衣柜(元/个)			写字台(元/张)		
	规格等级牌号	1988年	1989年	规格等级牌号	1988年	1989年
北　　京	117x59x185一级品	220.778	250.403	140x70x78一级品	189.473	247.056
天　　津	135x58x185一级品	315.833	325.000	120x60x78一级品高漆	255.375	265.000
石 家 庄	135x58x185一级品	208.833	202.894	120x60x78一级品	142.500	142.866
太　　原	135x58x185一级品	204.524	258.644	120x60x78一级品	180.417	234.956
呼和浩特	135x58x185一级品	203.661	211.708	120x60x78一级品	168.203	186.042
沈　　阳		204.000	219.500		132.367	137.000
长　　春	190x125x50三开门	266.400	266.400	130x70x78　长春	240.145	252.309
哈 尔 滨	135x58x185一级品	236.583	256.787	120x60x78一级品	174.792	189.742
上　　海	宽1.35M三门一面镜子	210.937	262.791	一锁，四斗或五斗以上	103.705	155.021
南　　京	135x58x185一级品	541.608	548.140	120x60x78一级品	323.173	327.070
杭　　州	135x58x185一级品	204.524	258.644	120x60x78一级品	180.417	234.956
合　　肥	合肥135x58x185	280.704	297.938	合肥120x60x78双头沉	163.094	183.688
福　　州	135x58x185一级品	389.917	398.000	120x60x78一级品	225.958	250.864
南　　昌	135x58x185一级品	410.833	478.500	120x60x78一级品	252.333	288.000
济　　南				120x60x78一级品	209.250	254.667
郑　　州	郑州中州135×58×185	290.486	321.433	郑州中州120×60×78	186.775	209.320
武　　汉	135x58x185一级品	170.379	207.861	120x60x78一级品	99.657	128.751
长　　沙	135x58x185一级品	269.833	283.000	120x60x78一级品	99.167	115.000
广　　州	185X90X58 美柚	395.790	438.017	100X50X78	114.929	126.489
南　　宁	135x58x185一级品	291.500	309.800	120x60x78一级品	136.500	158.133
海　　口	135x58x185一级品	470.000	470.000	120x60x78一级品	58.028	69.300
成　　都	保丽板 121x48x180	378.500	453.500	161x79x48	259.594	276.875
贵　　阳	135x58x185一级品	319.000	319.000	120x60x78一级品	176.000	176.000
昆　　明				120x60x78一级品	148.333	158.000
西　　安	135x58x185一级品	344.917	371.167	120x60x78一级品	243.655	259.588
兰　　州				120x60x78一级品	160.500	195.000
西　　宁				人造革单人全包	179.717	196.492
银　　川	京维板双开门	306.783	339.175	京维板制两头沉	205.394	235.931
乌鲁木齐	135x58x185一级品	290.548	298.000	120x60x78一级品	171.330	175.742

29个大中城市主要商品零售价格

城市	沙发(元/对) 规格等级牌号	1988年	1989年	折椅(元/把) 规格等级牌号	1988年	1989年
北京	人造革单人全包	245.861	347.667	电镀拉簧软折椅	41.244	51.542
天津		286.000	286.000	电镀拉簧软折椅	42.417	45.150
石家庄	人造革单人全包	267.153	261.243	电镀拉簧软折椅	42.406	42.408
太原	人造革单人全包	347.000	353.500	电镀拉簧软折椅	42.800	54.859
呼和浩特	人造革单人全包	276.700	276.700	电镀拉簧软折椅	48.055	54.097
沈阳		262.000	258.578		38.917	41.770
长春	70x70x95 长春	287.971	287.979	95x45 常州	47.835	49.011
哈尔滨	人造革单人全包	223.750	242.798	电镀拉簧软折椅	49.417	60.390
上海		374.829	437.720	电镀钢折椅	41.292	48.312
南京	针织尼龙面料	308.000	322.167	电镀拉簧软折椅	33.480	41.977
杭州	人造革单人全包	347.000	353.500	电镀拉簧软折椅	42.800	54.859
合肥	合肥单人全包	237.229	248.000	电镀拉簧软折椅	36.810	40.917
福州	人造革单人全包	300.000	300.000	电镀拉簧软折椅	39.800	39.800
南昌	人造革单人全包	247.333	250.000	电镀拉簧软折椅	39.223	42.960
济南	人造革单人全包	281.667	331.417	电镀拉簧软折椅	43.350	50.625
郑州	人造革单人全包带轮	250.111	295.000	电镀拉簧软折椅单面	45.545	51.803
武汉	人造革单人全包	270.094	318.941	电镀拉簧软折椅	35.581	39.074
长沙	人造革单人全包	258.000	258.000	电镀拉簧软折椅	40.250	42.771
广州	人造革单人全包	259.867	290.718	电镀冷热软折椅	43.833	51.110
南宁	人造革单人全包	221.300	240.000	电镀拉簧软折椅	38.583	42.000
海口	人造革单人全包	160.667	193.800	电镀拉簧软折椅	46.933	53.800
成都	涤美纶单人沙发	325.000	341.267	电镀拉簧软折椅	40.067	45.300
贵阳	人造革单人全包	312.333	312.400	烤漆折椅	34.200	34.200
昆明		324.167	310.000	人造革电镀折椅	36.833	41.000
西安	人造革单人全包	339.421	433.062	电镀拉簧软折椅	48.333	54.750
兰州		311.912	338.000	电镀拉簧软折椅	42.233	45.900
西宁	电镀拉簧软折椅	258.667	268.919	圆面电镀腿	51.933	52.912
银川	单人全包	368.931	377.945	电镀拉簧软折椅	47.114	51.846
乌鲁木齐	人造革单人全包	280.000	280.000	电镀拉簧软折椅	47.177	53.527

29个大中城市主要商品零售价格

城市	折叠饭桌(元/张)			木床(元/张)		
	规格等级牌号	1988年	1989年	规格等级牌号	1988年	1989年
北京	电镀腿方圆桌	106.750	144.000	192 x 150 x 70 双人	120.750	197.000
天津	园面电镀腿	49.467	57.842	192 x 150 x 70 双人	118.000	158.000
石家庄	园面电镀腿	49.692	68.460	192 x 150 x 70 双人	251.667	294.278
太原	园面电镀腿	72.800	80.133	192 x 150 x 70 双人	136.000	136.000
呼和浩特	园面电镀腿	52.246	65.874	192 x 150 x 70 双人	193.750	253.250
沈阳		47.162	48.308			
长春	90cm钢架烤漆	50.625	52.500	192 x 150 x 70 双人	198.000	198.000
哈尔滨	园面电镀腿	41.077	54.972	192 x 150 x 70 双人	335.757	364.697
上海	80CM电镀腿	66.927	65.185			
南京	园面电镀腿	50.498	56.100	192 x 150 x 70 双人	259.175	262.300
杭州	园面电镀腿	72.800	80.133	192 x 150 x 70 双人	136.000	136.000
合肥	合肥圆面电镀腿	50.552	58.192	合肥192 x 150 x 70	182.525	185.992
福州	园面电镀腿	48.500	48.500	192 x 150 x 70 双人	170.306	195.000
南昌	园面电镀腿	58.667	69.000	192 x 150 x 70 双人	223.333	242.000
济南	园面电镀腿	54.700	83.750	192 x 150 x 70 双人	248.667	264.250
郑州	90cm双凤园面电镀腿	56.539	63.900	中州192x150x70包箱	203.667	225.000
武汉	园面电镀腿	54.259	66.812	192 x 150 x 70 双人	104.119	113.331
长沙	园面电镀腿	61.125	69.500	192 x 150 x 70 双人	125.950	134.292
广州	园面电镀腿	62.147	72.253	190 x 150 x220	304.933	373.006
南宁	园面电镀腿	50.667	60.000	192 x 150 x 70 双人	240.583	306.667
海口	园面电镀腿	54.427	56.033			
成都	园面电镀腿	58.000	64.375	133x200 双人	323.719	398.333
贵阳	园面电镀腿	48.400	48.400	192 x 150 x 70 双人	180.600	180.600
昆明	园面电镀腿	82.917	94.000	192 x 140 x 85 双人	153.333	183.333
西安	园面电镀腿	72.892	79.904	192 x 150 x 70 双人	178.279	187.500
兰州	电镀腿	73.358	74.000			
西宁		65.203	76.686	150*192尼龙面双人	114.600	114.600
银川	园面电镀腿 天坛	62.831	61.833			
乌鲁木齐	园面电镀腿	61.177	70.425	192 x 150 x 70 双人	124.769	128.480

29个大中城市主要商品零售价格

城市	席梦思床垫(元/个)			茶几(元/个)		
	规格等级牌号	1988年	1989年	规格等级牌号	1988年	1989年
北京	150x192 尼龙面双人	302.208	430.125	110 x 42 钢木	40.847	47.173
天津	150x192 尼龙面双人	308.000	336.500	110 x 42 钢木	40.050	46.500
石家庄	150x192 尼龙面双人	224.569	254.777	110 x 42 钢木	68.861	66.843
太原	150x192 尼龙面双人	229.333	251.778	110 x 42 钢木	67.458	71.000
呼和浩特	150x192 尼龙面双人	319.900	322.763	110 x 42 钢木	53.062	55.400
沈阳		280.000	281.632		35.300	35.300
长春	150x192 尼龙面双人	246.000	288.000	110 x 42 钢木	50.000	50.000
哈尔滨	150x192 尼龙面双人	276.000	275.104			
上海	135公分,沙发涤纶面	213.390	302.670	110 X 42 玻璃面	90.482	90.861
南京	150 x 192 双人	332.060	345.950	110 x 42 钢木	44.045	49.700
杭州	150 x 192	229.333	251.778	110 x 42 钢木	67.458	71.000
合肥	150x192 尼龙面双人	277.988	303.167	合肥110 x 42 钢木	46.672	48.400
福州	150 x 192	253.000	253.000	110 x 42 钢木	26.300	26.300
南昌	150 x 192	219.667	250.000	110 x 42 钢木	62.333	69.000
济南	150 x 192	252.667	287.858	110 x 42 钢木	75.000	76.000
郑州	150x192沙发布面	413.750	428.167	110x42双凤烤漆钢木	39.075	41.333
武汉	150 x 192	297.863	296.804	110 x 42 钢木	43.476	49.433
长沙	150 x 192	284.833	288.000	110 x 42 钢木	52.833	54.500
广州	150x192 尼龙面双人	293.356	333.602	100X45电镀茶色玻璃	87.832	91.234
南宁	150 x 192	292.500	332.500	110 x 42 钢木	44.000	58.333
海口	150 x 192	245.000	334.167	110 x 42 钢木	44.253	44.120
成都	197x135 尼龙面双人	249.667	275.012	110 x 40 钢木	65.300	65.300
贵阳	广州 双人	217.000	227.333	筑产 曲线茶几	47.200	47.200
昆明	昆140x192x15尼龙面	217.667	245.333	昆110x42玻璃钢 双台	87.250	99.500
西安	150 x 192	305.457	373.034	110 x 42 钢木	54.805	54.865
兰州	150 x 192	313.716	322.000	110 x 42 钢木	55.700	55.000
西宁		274.500	279.306		60.875	69.833
银川	150 x 192	283.361	304.333	110 x 42 钢木	56.139	59.561
乌鲁木齐	150 x 192	174.495	210.000	110 x 42 钢木	46.655	47.420

29个大中城市主要商品零售价格

城市	折叠钢丝床(元/张)			细瓷饭碗(元/个)		
	规格等级牌号	1988年	1989年	规格等级牌号	1988年	1989年
北京	190 x 73 两折	50.833	68.600	彩花 16CM 一级品	1.015	1.480
天津	190 x 73 两折	53.200	59.650	江西一类金边	0.900	1.250
石家庄	190 x 73 两折	62.682	72.623	彩花 16CM 一级品	0.874	0.880
太原	190 x 73 两折	54.000	66.175	彩花 16CM 一级品	0.830	1.050
呼和浩特	190 x 73 两折	58.353	74.147	彩花 16CM 一级品	0.794	1.144
沈阳		49.500	68.158		1.410	1.890
长春	190 x 73 两折	64.942	87.200	银边 贴花 景德镇	1.108	1.180
哈尔滨	190 x 73 两折	55.671	66.259	彩花 16CM 一级品	0.788	1.300
上海	190 x 73 三折	50.349	64.038	江西四类花锅三大碗	0.959	1.200
南京	190 x 73 两折	56.150	65.600	彩花 14cM 一级品	0.900	0.968
杭州	190 x 73 两折	54.000	66.175	彩花 16CM 一级品	0.830	1.050
合肥	190 x 73 两折	57.090	69.368	江西彩花16CM一级品	0.843	1.110
福州	190 x 73 两折	51.000	51.000	彩花 16CM 一级品	1.532	1.764
南昌	190 x 73 两折	52.500	66.044	彩花 16CM 一级品	0.746	1.114
济南	190 x 73 两折	59.542	70.500	彩花 16CM 一级品	0.933	0.885
郑州	190 x 73 两折	61.686	72.353	湖南礼陵彩花12cm	1.100	1.293
武汉	190 x 73 两折	54.862	69.402	彩花 16CM 一级品	0.914	1.060
长沙	190 x 73 两折	63.875	74.557	彩花 16CM 一级品	0.550	0.691
广州	190 x 73 两折	59.685	76.348	红边花 16CM 一级品	0.772	0.782
南宁	190 x 73 两折	62.667	75.000	彩花 16CM 一级品	0.665	0.753
海口	190 x 73 两折	62.146	81.087	彩花 16CM 一级品	0.704	0.833
成都	上海 两折 80-1	58.817	67.767	彩花 16CM 一级品	1.027	1.313
贵阳	宁波 190 x 73 两折	50.933	69.542	金边红花罗汉汤	0.714	0.860
昆明	昆 200x74 两折	58.500	68.667	江西 5 英寸	0.879	0.975
西安	190 x 73 两折	63.036	73.415	彩花 16CM 一级品	1.868	2.038
兰州	190 x 73 两折	58.988	78.775	彩花 16CM 一级品	0.612	0.780
西宁		59.208	85.358	彩花16CM一级品	1.032	1.199
银川	190 x 73 两折	64.679	77.578	景德镇14CM 一级品	0.686	1.013
乌鲁木齐	190 x 73 两折	61.935	85.990	彩花 16CM 一级品	0.975	1.240

29个大中城市主要商品零售价格

城市	铁锅(元/口) 规格等级牌号	1988年	1989年	菜刀(元/把) 规格等级牌号	1988年	1989年
北京	家用炒菜锅正品	2.735	3.922	中号正品	4.100	5.350
天津	双耳一级品	3.070	4.158	三号开平刀正品	4.021	4.545
石家庄	家用炒菜锅正品	2.161	2.465	中号正品	4.080	4.315
太原	家用炒菜锅正品	2.340	2.632	中号正品	3.280	3.610
呼和浩特	家用炒菜锅正品	2.816	3.068	中号正品	3.457	4.453
沈阳		4.330	5.272		4.063	5.126
长春	尖底大号耳锅 长春	4.450	6.017	2号 长春	4.050	4.140
哈尔滨	家用炒菜锅正品	4.070	4.404	中号正品	3.286	3.842
上海	边大耳、一等、上海产	1.750	2.517	350克普通嵌钢	2.740	3.360
南京	家用炒菜锅正品	2.645	3.478	中号正品	4.187	4.820
杭州	家用炒菜锅正品	2.340	2.632	中号正品	3.280	3.610
合肥	家用炒菜锅正品张	3.406	4.370	芜湖中号正品方型	2.601	2.869
福州	家用炒菜锅正品	3.387	3.760	中号正品	3.709	3.820
南昌	家用炒菜锅正品	2.876	3.500	中号正品	2.169	2.307
济南	家用炒菜锅正品	3.493	3.472	中号正品	2.729	3.446
郑州	40cm家用炒菜锅	3.581	4.281	邵东二号正品	2.981	3.645
武汉	家用炒菜锅正品	4.162	5.099	中号正品	3.374	3.578
长沙	家用炒菜锅正品	2.879	4.005	中号正品	3.064	3.812
广州	家用炒菜锅正品	4.975	6.536	中号正品 穗产	5.684	7.184
南宁	家用炒菜锅正品	3.192	4.182	中号正品	2.986	3.480
海口	家用炒菜锅正品	4.092	5.867	中号正品	4.300	5.150
成都	40cm家用炒菜锅正品	2.617	3.633	中号正品	1.917	2.177
贵阳	铸铁 40cm 一级	3.033	3.805	安顺 中号正品	2.724	3.069
昆明	安宁40cm家用	2.531	3.298	2号广州双狮牌	5.731	5.980
西安	家用炒菜锅正品	3.385	4.086	中号正品	3.832	4.817
兰州	家用炒菜锅正品	3.150	3.800	中号正品	4.950	4.950
西宁	家用炒菜锅正品	3.806	4.717	中号正品	6.436	7.910
银川	家用炒菜锅正品	2.952	3.610	中号正品 东升	3.982	4.290
乌鲁木齐	家用炒菜锅正品	4.119	4.844	中号正品	6.940	7.570

29个大中城市主要商品零售价格

城　市	案　板(元/块)			凉　席(元/领)		
	规格等级牌号	1988年	1989年	规格等级牌号	1988年	1989年
北　京	70x39x2.3 正品三号	9.000	10.161	双人普通草席 甲级	7.500	8.700
天　津	61X36X2.3 正品独木	8.330	8.511	双人席 甲级	7.549	8.933
石家庄	70 x 39 x 2.3 正品	6.783	7.662	双人席 甲级	6.907	8.194
太　原	70 x 39 x 2.3 正品	8.300	8.300	双人席 甲级	7.180	7.180
呼和浩特	70 x 39 x 2.3 正品	15.764	16.313	双人席 甲级	5.503	5.953
沈　阳		8.731	8.957		6.320	7.352
长　春	800x550x20 长春	12.100	12.100	44寸 丙级 浙江	7.016	10.167
哈尔滨	70x39x2.3正品	8.612	9.843	双人席 甲级	6.600	7.485
上　海				宁波白双41寸甲级品	10.780	10.780
南　京	塑　料	12.210	12.210	双人席 甲级	11.589	14.703
杭　州	70 x 39 x 2.3 正品	8.300	8.300	双人席 甲级	7.180	7.180
合　肥	70 x 39 x 2.3 正品	6.708	7.500	潜山双人席 甲级	9.706	10.660
福　州	70 x 39 x 2.3 正品	9.697	10.325	双人席 甲级	26.949	30.360
南　昌				双人席 甲级	5.455	6.470
济　南	70 x 39 x 2.3 正品	6.862	7.500	双人席 甲级	8.040	8.980
郑　州				双人双层甲级草席	7.232	8.615
武　汉				双人席 甲级	19.460	24.787
长　沙				双人席 甲级	52.355	55.700
广　州	塑料 正品	11.698	14.044	双人席 甲级 肇庆	22.301	23.500
南　宁				双人席 甲级	10.650	10.928
海　口	70x39x2.3 正品	11.348	18.003	双人席 甲级	5.500	6.400
成　都				双人席 甲级	13.382	17.122
贵　阳						
昆　明						
西　安				双人席 甲级	19.812	24.940
兰　州						
西　宁	70x39x2.3 正品	10.633	12.100			
银　川	70x39x2.3 正品	10.717	12.097	双人席 甲级	4.990	6.225
乌鲁木齐						

29个大中城市主要商品零售价格

城市	条帚(元/把)			筷子(元/把)		
	规格等级牌号	1988年	1989年	规格等级牌号	1988年	1989年
北京	室内地条帚	0.842	1.954	中档双色漆筷	0.760	0.760
天津	地条帚	0.829	1.517	中档竹木筷双色	0.933	1.585
石家庄	室内地条帚	1.440	1.861	中档竹木筷	1.711	1.683
太原	室内地条帚	0.692	0.800	中档竹木筷	1.900	1.900
呼和浩特	室内地条帚	0.885	1.362	中档竹木筷	1.900	1.900
沈阳		1.336	1.600		1.300	1.300
长春	民用扫地	0.913	0.993	白竹筷	0.777	0.808
哈尔滨	室内地条帚	0.994	1.127	中档竹木筷	1.772	2.350
上海	芦花帚,竹柄一级	0.620	0.626	中档竹木漆筷	0.720	0.720
南京	室内地条帚	0.442	0.636	中档竹筷	0.620	0.620
杭州	室内地条帚	0.692	0.800	中档竹木筷	1.900	1.900
合肥	室内地条帚 棕	1.738	1.845	中档竹木筷	1.700	2.480
福州	室内地条帚	0.610	0.898	中档竹木筷	0.521	0.550
南昌	室内地条帚	1.854	1.960	中档竹木筷	1.787	1.872
济南	室内地条帚	0.476	0.893	中档竹木筷	0.760	0.762
郑州	郑州室内用棕毛	2.800	3.020	省内中档竹木筷方形	0.244	0.319
武汉	室内地条帚	1.837	2.240	中档竹木筷	1.870	1.879
长沙	室内地条帚	1.401	1.460	中档竹木筷	0.200	0.200
广州	穗7子地条帚	1.648	1.973	福州中档漆木筷	0.733	0.760
南宁	室内地条帚	1.371	1.400	中档竹木筷	0.600	0.638
海口	室内地条帚	0.700	1.308	中档竹木筷	0.658	0.800
成都	室内地塑料条帚	2.710	3.190	中档竹木筷	0.560	0.560
贵阳	棕室内地条帚	2.525	2.522			
昆明	云南大号	1.215	1.300	中档竹木筷 贵州产	0.200	0.240
西安	室内地笤帚	1.079	1.481	中档竹木筷	0.814	0.799
兰州	室内地条帚	0.944	1.185	中档竹木筷	0.730	0.730
西宁	室内地条帚	1.027	1.675	中档竹木筷	2.209	2.580
银川	室内地条帚	0.821	1.278	中档油漆筷	1.586	1.662
乌鲁木齐	室内地条帚	0.849	1.245	中档竹木筷	1.223	1.620

29个大中城市主要商品零售价格

城市	信纸(元/本)			信封(元/十个)		
	规格等级牌号	1988年	1989年	规格等级牌号	1988年	1989年
北京	18k 100页	0.618	0.729	70克一号书写纸 24k	0.152	0.250
天津	18k 50页有光纸	0.390	0.488	70克一号书写纸 24k	0.140	0.292
石家庄	18k 100页	0.680	0.845	70克一号书写纸 24k	0.156	0.260
太原	18k 100页	0.685	0.946	70克一号书写纸 24k	0.200	0.350
呼和浩特	18k 100页	0.757	0.984	70克一号书写纸 24k	0.189	0.231
沈阳		0.770	0.940		0.170	0.235
长春	40g 有光纸 长春	0.416	0.601	70克 胶版纸	0.178	0.212
哈尔滨	18k 100页	0.750	1.152	70克一号书写纸 24k	0.190	0.248
上海	18#30单色散装	0.370	0.373	87-88-3,20开牛皮纸	0.186	0.200
南京	18k 100页	0.920	1.170	70克一号书写纸 24k	0.123	0.160
杭州	18k 100页	0.685	0.946	70克一号书写纸 24k	0.200	0.350
合肥	合肥 18k 100页	0.857	1.171	70克一号书写纸 24k	0.126	0.183
福州	18k 100页	0.380	0.558	70克一号书写纸 24k	0.571	0.872
南昌	18k 100页	1.407	1.667	70克一号书写纸 24k	0.117	0.170
济南	18k 100页	0.705	0.952	70克一号书写纸 24k	0.229	0.300
郑州	郑州18K100页普通	0.681	0.971	70克一号书写纸 24K	0.183	0.203
武汉	18k 100页	0.392	0.605	70克一号书写纸 24k	0.128	0.167
长沙	18k 100页	0.740	0.943	70克一号书写纸 24k	0.400	0.450
广州	穗16k 100页	1.067	1.343	穗双层航空24K	0.273	0.342
南宁	18k 100页	0.674	0.807	70克一号书写纸 24k	0.163	0.317
海口	18k 100页	1.105	1.359	70克一号书写纸 24k	0.217	0.499
成都	18k 100页	0.720	0.720	70克一号书写纸 24k	0.227	0.278
贵阳	筑 双格 18k 100页	0.449	0.550	申 航空信封	0.430	0.578
昆明	昆产 16k 100页	0.903	1.140	广州307 70克24K	0.155	0.150
西安	18k 100页	0.787	0.945	70克一号书写纸 24k	0.202	0.333
兰州	18k 100页	0.689	0.875	70克一号书写纸 24k	0.185	0.200
西宁	18K 100页	0.710	1.050	70克一号书写纸 24K	0.173	0.292
银川	18k 100页	0.915	1.063	70克一号书写纸 24k	0.162	0.197
乌鲁木齐	18k 100页	0.287	0.503	70克一号书写纸 24k	0.160	0.203

29个大中城市主要商品零售价格

城市	小学生作业本(元/本)			塑料皮日记本(元/本)		
	规格等级牌号	1988年	1989年	规格等级牌号	1988年	1989年
北京	书写纸32k	0.090	0.090	70g书写纸36k120P	1.681	2.100
天津	书写纸36k20页	0.050	0.065	36k100页 六图塑膜	1.458	2.420
石家庄	书写纸32k	0.082	0.103	70g书写纸36k100P	1.678	2.013
太原	书写纸32k	0.375	0.588	70g书写纸36k100P	1.709	2.283
呼和浩特	书写纸32k	0.120	0.147	70g书写纸36k100P	1.961	2.160
沈阳		0.130	0.161		1.363	2.188
长春	40克有光纸32k	0.118	0.144	70g书写纸36k100P	1.836	2.074
哈尔滨	书写纸32k	0.107	0.147	70g书写纸36k100P	1.480	1.730
上海	24x16花面	0.110	0.110	3984-30,22开104页	2.300	2.300
南京	书写纸32k	0.164	0.218	70g书写纸36k100P	1.455	1.680
杭州	书写纸32k	0.375	0.588	70g书写纸36k100P	1.709	2.283
合肥	合肥 书写纸32k	0.106	0.155	北京 70g书写纸36k	1.701	2.054
福州	书写纸32k	0.161	0.207	70g书写纸36k100P	1.620	1.900
南昌	书写纸32k	0.087	0.126	70g书写纸36k100P	1.870	1.870
济南	书写纸32k	0.097	0.130	70g书写纸36k100P	2.135	2.346
郑州	郑州32K22页书写纸	0.102	0.129	天津36K120页70克	1.772	1.934
武汉	书写纸32k	0.120	0.120	70g书写纸36k100P	1.837	2.125
长沙	书写纸32k	0.119	0.150	70g书写纸36k100P	1.612	1.830
广州	50-60克24K16页	0.150	0.202	70g书写纸36k100P	1.915	2.173
南宁	书写纸32k	0.085	0.113	70g书写纸36k100P	1.360	1.558
海口	书写纸32k	0.136	0.207	70g书写纸36k100P	1.843	2.090
成都	书写纸32k	0.107	0.135	70g书写纸36k100P	1.765	2.177
贵阳	70G书写纸24K16页	0.093	0.110	70g书写纸36k100P	2.033	2.373
昆明	书写纸36k 16页	0.080	0.090	北京36K120页	1.610	2.500
西安	书写纸32k 笔记本	0.169	0.194	70g书写纸36k100P	2.061	2.665
兰州	书写纸32k	0.110	0.150	70g书写纸36k100P	1.735	1.740
西宁	书写纸32K	0.216	0.284	70g书写纸36K100p	1.410	1.896
银川	书写纸32k	0.140	0.169	70g书写纸36k100P	2.280	2.308
乌鲁木齐	书写纸32k	0.113	0.159	70g书写纸36k100P	1.770	2.381

29个大中城市主要商品零售价格

城市	铅笔(元/支)			圆珠笔(元/支)		
	规格等级牌号	1988年	1989年	规格等级牌号	1988年	1989年
北京	金鱼3208 HB 带橡皮	0.080	0.080	821金星钢笔式 中档	1.430	1.445
天津	仙鹤 带橡皮	0.095	0.100	钢笔式 半金属套	0.993	1.010
石家庄	HB 带橡皮	0.085	0.106	钢笔式	1.613	1.724
太原	HB 带橡皮	0.090	0.108	钢笔式	1.520	1.800
呼和浩特	HB 带橡皮	0.095	0.135	钢笔式	1.498	1.631
沈阳		0.080	0.149		2.120	2.120
长春	HB 带橡皮 长城	0.086	0.114	92丰华 塑料管 沪	2.842	3.610
哈尔滨	HB 带橡皮	0.142	0.180	钢笔式	1.360	1.360
上海	3544,长城牌HB带橡皮	0.080	0.083	732,丰华圆珠笔	0.820	0.820
南京	HB 带橡皮	0.085	0.085	钢笔式	2.641	2.650
杭州	HB 带橡皮	0.090	0.108	钢笔式	1.520	1.800
合肥	沪产长城 HB 带橡皮	0.085	0.089	沪产钢笔式	2.574	2.598
福州	HB 带橡皮	0.085	0.106	钢笔式	2.610	2.660
南昌	HB 带橡皮	0.090	0.101	钢笔式	1.580	1.599
济南	HB 带橡皮	0.090	0.094	钢笔式	1.615	1.690
郑州	上海长城HB带橡皮	0.086	0.107	上海钢笔式双色	1.954	2.320
武汉	HB 带橡皮	0.094	0.102	钢笔式	2.524	2.666
长沙	HB 带橡皮	0.080	0.080	钢笔式	1.620	1.620
广州	沪 HB 带橡皮	0.179	0.197	青年牌732	0.312	0.338
南宁	HB 带橡皮	0.084	0.118	钢笔式	1.580	1.647
海口	HB 带橡皮	0.167	0.220	钢笔式	2.835	3.059
成都	HB 带橡皮	0.190	0.200	钢笔式	1.580	1.633
贵阳	长城牌 HB 带橡皮	0.096	0.108	申 风华219双色	1.596	1.798
昆明	3544长城牌皮头 HB	0.081	0.107	申92英雄牌双色	2.650	2.650
西安	HB 带橡皮 中华牌	0.124	0.180	钢笔式	2.249	3.185
兰州	HB 带橡皮	0.100	0.110	钢笔式	1.556	1.570
西宁	HB 带橡皮	0.180	0.188	钢笔式	3.660	3.972
银川	中华 HB 带橡皮	0.090	0.103	钢笔式	1.450	1.602
乌鲁木齐	HB 带橡皮	0.167	0.180	钢笔式	2.943	3.110

29个大中城市主要商品零售价格

城市	铱金笔(元/支)			墨水(元/瓶)		
	规格等级牌号	1988年	1989年	规格等级牌号	1988年	1989年
北京	普通 703 钢套	2.400	3.300	蓝黑瓶装60毫升	0.419	0.555
天津	上海英雄	2.940	2.940	驼鸟蓝黑瓶装57毫升	0.281	0.388
石家庄	普通	3.350	3.322	蓝黑瓶装60毫升	0.409	0.588
太原	普通	2.825	2.967	蓝黑瓶装57毫升	0.413	0.440
呼和浩特	普通	3.304	4.148	蓝黑瓶装57毫升	0.267	0.362
沈阳		3.023	3.394		0.473	0.625
长春	329 英雄 沪	2.850	2.850	60 ml兰色 长春	0.370	0.500
哈尔滨	普通	2.850	2.850	蓝黑瓶装57毫升	0.410	0.600
上海	329-2英雄普通铱金笔	2.700	2.683	英雄牌60毫升	0.440	0.545
南京	普通	2.092	2.250	蓝黑瓶装57毫升	0.460	0.576
杭州	普通	2.825	2.967	蓝黑瓶装57毫升	0.413	0.440
合肥	合肥产普通	2.680	2.680	沪产蓝黑瓶装57毫升	0.464	0.541
福州	普通	2.874	2.900	蓝黑瓶装57毫升	0.499	0.573
南昌	普通	2.868	2.910	蓝黑瓶装57毫升	0.365	0.400
济南	普通	2.755	2.840	蓝黑瓶装57毫升	0.258	0.325
郑州	上海永生235	3.487	3.500	上海英雄57毫升兰黑	0.480	0.589
武汉	普通	2.804	2.615		0.482	0.571
长沙	普通	2.821	2.830	蓝黑瓶装57毫升	0.340	0.460
广州	沪永生牌727两用	3.501	3.499	穗 蓝黑瓶装60毫升	0.451	0.551
南宁	普通	2.423	2.640	蓝黑瓶装57毫升	0.460	0.589
海口	普通	3.186	3.360	蓝黑瓶装57毫升	0.583	0.560
成都	612 永生	2.943	3.010	蓝黑瓶装59毫升	0.405	0.516
贵阳	申 永生712	2.840	2.840	高潮蓝黑瓶装57毫升	0.365	0.420
昆明	申616英雄牌 中号	2.753	2.855	昆产绿叶 60ml	0.380	0.380
西安	普通	3.210	3.891	蓝黑瓶装57毫升	0.473	0.543
兰州	普通	2.817	2.820	蓝黑瓶装57毫升	0.405	0.438
西宁	普通	4.592	6.421		0.473	0.595
银川	普通	3.380	4.028	蓝黑瓶装57毫升	0.400	0.490
乌鲁木齐	普通	3.420	4.633	蓝黑瓶装57毫升	0.435	0.480

29个大中城市主要商品零售价格

城市	塑料彩笔(元/套)			晶体管收音机(元/架)		
	规格等级牌号	1988年	1989年	规格等级牌号	1988年	1989年
北京	12色	2.760	3.200	6管2波段袖珍 北京	14.700	14.700
天津	12色	2.800	3.075	蝴蝶牌6管107-2型	11.938	13.308
石家庄	12色	2.978	3.156	6管2波段袖珍	16.311	21.419
太原	12色	3.041	3.698	6管2波段袖珍	12.100	12.100
呼和浩特	12色	3.014	3.348	6管2波段袖珍	41.300	41.300
沈阳		2.793	3.075		24.300	22.083
长春	12色 941-12 沪	3.012	3.524	白鹤 4T8B7管	50.700	50.700
哈尔滨	12色	2.900	3.198	6管2波段袖珍	43.700	43.678
上海	全套12色	2.640	2.800	蝴蝶,802型	11.750	13.250
南京	12色	2.829	3.179	6管2波段袖珍	13.006	14.600
杭州	12色	3.041	3.698	6管2波段袖珍	12.100	12.100
合肥	沪产12色	2.825	3.255	咏梅6管2波段袖	25.833	27.867
福州	12色	2.913	3.205			
南昌	12色	2.825	3.225	6管2波段袖珍	29.667	30.500
济南	12色	2.779	3.250	6管2波段袖珍	19.308	23.963
郑州	温州 12色	2.673	3.082	咏梅六管二波段	16.131	17.645
武汉	12色	2.913	3.228	6管2波段袖珍	24.114	23.642
长沙	12色	2.820	2.895	6管2波段袖珍	30.000	29.750
广州	12色	2.874	3.146	穗SB6-8袖珍	15.765	20.932
南宁	12色	2.880	3.817	6管2波段袖珍	44.218	45.200
海口	12色	3.000	3.050	6管2波段袖珍	52.000	62.891
成都	12色	2.859	3.142	6管2波段袖珍	27.000	27.000
贵阳	申 12色	2.970	3.203	咏梅6管2波段袖珍	26.508	28.783
昆明	北京 12色	2.840	3.230	申海燕 D321	41.300	41.300
西安	12色	2.901	3.123	6管2波段袖珍咏梅	26.850	28.775
兰州	12色	3.050	3.070	袖珍式2波6管	12.842	14.300
西宁	12色	2.960	3.263	6管2波袖珍	11.133	12.217
银川	12色	2.898	3.154			
乌鲁木齐	12色	3.067	3.209	6管2波段袖珍	9.900	9.900

29个大中城市主要商品零售价格

城市	彩色电视机(元/架)			黑白电视机(元/架)		
	规格等级牌号	1988年	1989年	规格等级牌号	1988年	1989年
北京	45cm牡丹	1643.597	2735.000	35cm昆仑	440.000	496.667
天津	45cm北京	1949.952	2699.167	35cm长城	459.181	526.667
石家庄	45 cm	2123.333	2643.333	35 cm	455.451	533.056
太原	45 cm	2140.833	2832.500	35 cm	510.917	560.000
呼和浩特	45 cm	2249.250	2696.250	35 cm	486.667	495.667
沈阳		2330.583	2611.083		410.000	502.938
长春	45cm北京	2220.833	2750.417	35cm飞跃	504.375	535.208
哈尔滨	45 cm	2288.333	2837.377	35 cm	484.000	531.550
上海	45cm金星	1640.500	2675.000	35cm凯歌	465.228	500.000
南京	45cm熊猫	1752.081	2762.742	35cm熊猫	473.642	519.234
杭州	45 cm	2140.833	2832.500	35 cm	510.917	560.000
合肥	45cm黄山	1613.000	2508.556	35cm黄山	441.833	495.000
福州	45 cm	2193.000	2662.000	35 cm	414.500	420.000
南昌	45 cm	2520.780	2860.833	35 cm	509.602	567.917
济南	45 cm	2112.500	2816.917	35 cm	492.250	550.000
郑州	45cm金星	2299.667	2687.504	35cm北京	507.250	557.111
武汉	45 cm	2164.333	2656.574	35 cm	450.542	539.597
长沙	45 cm	2210.830	2623.208	35 cm	476.667	559.667
广州	45 cm	2037.917	2859.454	35 cm	691.643	781.177
南宁	45 cm	2511.667	2772.583	35 cm	520.917	593.083
海口	45 cm	2899.667	3911.833	35 cm	725.417	854.153
成都	45cm长虹	2266.333	2747.500	35 cm	458.750	519.167
贵阳	45cm华日	1845.333	2590.833	35cm华日	430.000	543.000
昆明	45cm成都	2019.083	2775.917	35cm飞跃	461.000	461.000
西安	45cm黄河	2405.000	2753.792	35cm海燕	463.750	517.878
兰州	45cm春风	2414.472	2654.792	35cm春风	499.667	551.000
西宁	45cm	1679.750	2732.755	35 cm	507.667	577.863
银川	45cm长虹	2274.667	2822.130	35cm昆仑	479.750	516.593
乌鲁木齐	45 cm	1670.278	2690.361	35 cm	489.125	567.500

29个大中城市主要商品零售价格

城市	收录机(元/架)			照相机(元/架)		
	规格等级牌号	1988年	1989年	规格等级牌号	1988年	1989年
北京	牡丹MB223A	485.000	485.000	海鸥DF-135	500.583	626.729
天津	海鸥C-311双卡四喇叭	628.000	588.000	东方S4型 135	187.000	179.917
石家庄	国产双卡四喇叭	578.021	523.697	海鸥 135	556.097	565.292
太原	国产双卡四喇叭	540.992	574.000	海鸥 135	495.573	542.000
呼和浩特	国产双卡四喇叭	720.000	720.000	海鸥 135	496.800	543.092
沈阳		662.000	626.517		546.250	605.617
长春	美多 双卡四喇叭	780.000	780.000	海鸥 135DF 沪	491.000	548.000
哈尔滨	国产双卡四喇叭	584.000	627.004	海鸥 135	491.000	546.768
上海	双卡,上海 L990型	439.000	439.000	海鸥 DF-1 135	469.000	469.000
南京	国产双卡四喇叭	680.000	680.000	海鸥 135	188.667	195.000
杭州	国产双卡四喇叭	540.992	574.000	海鸥 135	495.573	542.000
合肥	南京熊猫SL-861双卡	694.000	694.000	沪产 海鸥 TF135	531.750	570.025
福州	国产双卡四喇叭	644.000	644.000	海鸥 135	537.785	593.333
南昌	国产双卡四喇叭	708.000	708.000	海鸥 135	499.775	601.470
济南	国产双卡四喇叭	687.750	701.083	海鸥 135	209.440	255.222
郑州	红灯双卡四喇叭	556.750	596.722	上海海鸥牌DF135	514.000	616.334
武汉	国产双卡四喇叭	546.333	522.750	海鸥 135	487.750	527.667
长沙	国产双卡四喇叭	494.000	473.000	DF-1 海鸥 135	571.070	636.766
广州	国产双卡四喇叭	615.500	618.125	海鸥 135	576.125	606.806
南宁	国产双卡四喇叭	496.000	496.000	海鸥 135	171.000	172.000
海口	国产双卡四喇叭	395.000	501.579	海鸥 135	136.958	153.000
成都	国产双卡四喇叭	600.000	600.000	海鸥 135	536.000	607.944
贵阳	筑 东乐242 立体声	625.000	600.000	浙江 海燕 35F 135	114.000	114.000
昆明	申cp6941美多牌双卡	499.000	499.000	申海鸥 DF135	486.000	504.750
西安	国产双卡四喇叭	518.967	541.667	海鸥 135	231.000	222.310
兰州	国产双卡四喇叭	545.000	545.500	海鸥 135	549.583	620.000
西宁	国产双卡四喇叭	734.250	768.542	海鸥 135	488.000	546.378
银川	国产双卡四喇叭	420.000	418.030	df-1 海鸥 135	558.350	618.409
乌鲁木齐	国产双卡四喇叭	843.017	827.000	海鸥 135	515.250	636.500

29个大中城市主要商品零售价格

城市	录音机(元/架)			电子琴(元/台)		
	规格等级牌号	1988年	1989年	规格等级牌号	1988年	1989年
北京	菲利浦D7160	168.000	168.000	SIV-4986上南牌	474.000	474.000
天津	便携式海鸥牌	269.000	269.000	常州佳莺牌	159.000	159.000
石家庄	便携式	132.000	135.000	国产49键	485.425	441.833
太原	便携式	165.000	165.000	国产49键	377.000	377.000
呼和浩特	便携式	105.000	105.000	国产49键	591.700	591.700
沈阳		95.208	105.417		360.000	446.250
长春	L182型 中南放音机	131.667	140.417	49键 DQ49型-A	591.000	589.500
哈尔滨	便携式	136.000	135.444	国产49键	498.000	495.933
上海	上海L370单放便携式	69.000	69.000	华星牌863C型49键	360.000	360.000
南京	便携式熊猫SZ-08	127.000	127.000	国产49键 康德	314.000	319.500
杭州	便携式	165.000	165.000	国产49键	377.000	377.000
合肥	沪产美多便携式	90.800	90.800	常州佳音49键	396.000	395.411
福州	便携式	92.900	92.900	国产49键	326.167	337.200
南昌	便携式	96.000	96.000	国产49键	557.000	557.000
济南	便携式	278.000	380.000	国产49键	536.000	536.000
郑州	美多牌袖珍式录放机	93.090	95.700	佳丽牌49键复音琴	277.333	249.556
武汉	便携式	147.000	147.417		1350.333	1398.500
长沙	便携式	92.100	88.733	国产49键	147.000	155.600
广州	单声道 便携式	151.233	157.333	国产49键	365.000	357.083
南宁	便携式	70.000	70.000	国产49键	411.500	411.500
海口				国产49键	190.460	190.000
成都	便携式红灯牌	125.000	125.000	日本 cd-310卡西欧	1164.750	1197.000
贵阳	长州 C504-1录放机	107.000	106.333	申 H-100 49键	393.000	393.000
昆明	CP6010美多牌便携式	91.800	91.733	常州182-28 49键	333.000	333.000
西安	便携式	127.472	128.000	国产49键华星h_660型	824.000	824.000
兰州	便携式	168.000	168.000	国产37键	426.000	415.000
西宁	便携式	66.000	110.167		440.000	480.000
银川	便携式	140.000	165.667	佳莺4941 国产49键	434.833	410.192
乌鲁木齐	便携式	79.500	79.500	国产49键	222.000	222.000

29个大中城市主要商品零售价格

城市	羽毛球拍(元/副)			扑克(元/副)		
	规格等级牌号	1988年	1989年	规格等级牌号	1988年	1989年
北京	铁杆中档	9.894	12.350	一级金鱼	1.204	1.500
天津	铁杆尼龙弦	9.740	11.000	红羽毛	0.930	1.153
石家庄	铁杆	10.824	9.959	一级	1.054	1.195
太原	铁杆	9.930	10.233	一级	1.103	1.220
呼和浩特	铁杆	15.249	16.303	一级	1.037	1.142
沈阳		11.067	14.975		1.020	1.158
长春	铁杆 保定	9.662	10.041	6802 金凤凰 长春	0.978	1.086
哈尔滨	铁杆	9.367	12.601	一级	1.083	1.190
上海	201普及钢管航空牌	11.453	12.430	868飞轮牌,一级	1.004	1.090
南京	铁杆			一级	0.730	0.922
杭州	铁杆	9.930	10.233	一级	1.103	1.220
合肥	铁杆	14.700	14.700	合肥黄山	0.853	0.939
福州	铁杆	17.820	17.800	一级	0.849	0.850
南昌	铁杆	26.300	26.300	一级	1.880	1.880
济南	铁杆	16.800	16.900	一级	1.055	1.033
郑州	南京铁杆尼龙网	14.000	14.567	上海金狮牌一级品	0.933	0.993
武汉	铁杆	13.572	15.817	一级	1.026	1.114
长沙	铁杆	11.977	13.060	一级	1.070	1.070
广州	铁杆	10.914	12.199	一级	1.005	1.292
南宁	铁杆	11.000	11.000	一级	1.190	1.261
海口	铁杆	9.453	10.125	一级	0.914	1.162
成都	铁杆	8.359	10.540	一级	0.888	0.970
贵阳	重庆 长城牌 铁杆	12.250	14.120	申 双狮 3008	1.080	1.930
昆明	申 201 铁杆	13.772	13.460	申 狮牌 一级	0.958	1.100
西安	铁杆 航空315号	22.174	26.174	一级	1.373	1.484
兰州	铁杆	23.000	25.000	一级	1.140	1.140
西宁	铁杆	12.270	16.721	一级	1.205	1.640
银川	铁杆	14.574	14.472	红楼梦 一级	1.282	1.801
乌鲁木齐	铁杆	9.882	13.116	一级	1.037	1.230

29个大中城市主要商品零售价格

城市	象棋(元/副)			吉它(元/个)		
	规格等级牌号	1988年	1989年	规格等级牌号	1988年	1989年
北京	木制 2号凸型	3.700	4.121	西班牙吉它（大号）	128.000	128.000
天津	木制 2号凸型	2.460	3.160	普通西班牙吉它大号	49.492	50.000
石家庄	木制 2号凸型	3.918	3.704	西班牙吉它（大号）	53.234	59.002
太原	木制 2号凸型	4.724	5.305	西班牙吉它（大号）	89.500	93.525
呼和浩特	木制 2号凸型	3.202	3.697	西班牙吉它（大号）	79.540	79.540
沈阳		3.943	3.620		55.500	59.526
长春	中号压字 延边	4.404	4.807	普通（大号）广州	63.713	70.325
哈尔滨	木制 2号凸型	2.292	4.607	西班牙吉它（大号）	47.240	49.239
上海	2号彩色象棋	2.240	2.240	美声 851(附背带)	53.256	56.300
南京	木制 2号凸型	1.280	1.280	西班牙吉它（大号）	71.000	79.000
杭州	木制 2号凸型	4.724	5.305	西班牙吉它（大号）	89.500	93.525
合肥	木制 2号凸型	1.330	1.330	普通西班牙式	61.500	61.500
福州	木制 2号凸型	1.181	1.420	西班牙吉它（大号）	67.217	69.500
南昌	木制 2号凸型	1.860	1.860	西班牙吉它（大号）	49.517	51.000
济南	木制 2号凸型	4.960	4.366	西班牙吉它（大号）	61.875	60.300
郑州	吉林木制二号凸型	3.023	3.322	凤凰普通西班牙式	50.133	50.133
武汉	木制 2号凸型	2.889	3.414	西班牙吉它（大号）	81.650	87.206
长沙	木制 2号凸型	1.456	1.777	西班牙吉它（大号）	58.831	62.500
广州	木制大号凸型	0.531	0.669	西班牙吉它(大号)	54.836	58.243
南宁	木制 2号凸型	1.350	1.630	西班牙吉它（大号）	64.858	75.508
海口	木制 2号凸型	0.860	1.150	西班牙吉它（大号）	55.302	61.694
成都	木制 2号凸型	5.116	5.747	西班牙吉它（大号）	82.608	87.889
贵阳	浙江 人造牛角棋	4.063	4.991	广州金雀牌（大号）	67.600	67.600
昆明	申 2号 塑 料	1.410	1.410	广州红棉吉它（大号）	64.758	79.025
西安	木制 2号凸型	5.513	5.972	西班牙吉它（大号）	73.392	73.237
兰州	木制 2号凸型	4.395	4.740	西班牙吉它（大号）	57.767	88.642
西宁	木制 2号凸型	6.250	7.860	普通西班牙式	76.047	92.917
银川	木制 2号凸型	5.446	4.704	西班牙吉它（大号）	67.672	72.569
乌鲁木齐	木制 2号凸型	5.352	5.309	西班牙吉它（大号）	85.275	87.950

29个大中城市主要商品零售价格

城市	胶卷(元/卷) 规格等级牌号	1988年	1989年	录音磁带(元/盒) 规格等级牌号	1988年	1989年
北京	乐凯135彩色21锭36张	5.900	5.900	盒式空白磁带 索尼	5.000	5.000
天津	富士135彩色21锭36张	15.400	18.092	索尼盒式空白磁带	4.960	4.960
石家庄	135彩色21锭36张	16.090	19.751	盒式空白磁带	5.131	5.264
太原	135彩色21锭36张	16.600	20.144	盒式空白磁带	4.395	4.400
呼和浩特	135彩色21锭36张	17.328	20.431	盒式空白磁带	3.140	3.140
沈阳		15.308	18.708		5.140	5.184
长春	富士135彩卷 日本	15.900	18.699	TDK 日本	5.224	5.032
哈尔滨	135彩色21锭36张	15.900	19.650	盒式空白磁带	4.680	5.138
上海	135富士21锭彩色36张	14.000	19.000	盒式空白TDK磁带	4.915	5.127
南京	135彩色21锭36张	14.467	18.000	盒式空白磁带	5.010	5.416
杭州	135彩色21锭36张	16.600	20.144	盒式空白磁带	4.395	4.400
合肥	柯达135彩色36张	15.994	19.116	广东盒式空白磁带	2.900	2.904
福州	135彩色21锭36张	15.167	18.417	盒式空白磁带	3.800	4.000
南昌	135彩色21锭36张	14.954	18.450	盒式空白磁带	3.150	3.150
济南	135彩色21锭36张	14.583	18.354	盒式空白磁带	5.140	5.140
郑州	富士135彩色21锭36张	15.251	18.591		3.470	3.620
武汉	135彩色21锭36张	16.917	19.088	盒式空白磁带	2.708	2.800
长沙	135彩色21锭36张	14.968	18.533	盒式空白磁带	4.437	4.918
广州	135彩色公元牌	11.448	12.527	日本盒式空白磁带	4.480	4.696
南宁	135彩色21锭36张	14.542	18.067	盒式空白磁带	2.590	2.965
海口	135彩色21锭36张	14.225	17.434	盒式空白磁带	3.347	3.300
成都	135彩色21锭36张	14.600	16.100	盒式空白磁带	5.140	5.140
贵阳	富士 135彩色36张	14.900	18.525	TDK 盒式空白磁带	4.336	5.367
昆明	日本富士135彩卷21锭	14.500	16.833		4.470	4.100
西安	135彩色21锭36张	16.838	20.068	盒式空白磁带 索尼	5.167	5.550
兰州	135彩色21定36张	14.525	18.500		2.670	2.670
西宁	135彩色21锭36张	16.192	19.440	盒式空白磁带	3.055	3.530
银川	富士135彩色21锭36张	16.071	19.451	盒式空白磁带E-WIDE	2.903	3.035
乌鲁木齐	135彩色21锭36张	13.204	13.061	盒式空白磁带	2.890	2.985

29个大中城市主要商品零售价格

城市	影集(元/册) 规格等级牌号	1988年	1989年	健身球(元/副) 规格等级牌号	1988年	1989年
北京	12x9cm 6格 中档	7.167	7.500	不锈钢中号	7.083	7.720
天津	12x9cm 6格塑皮压模	5.165	6.685	不锈钢中号	6.110	6.670
石家庄	12x9cm 6格	7.810	7.480	不锈钢	7.329	7.536
太原	12x9cm 6格	5.700	6.548	不锈钢	8.030	8.713
呼和浩特	12x9cm 6格	8.566	9.101	不锈钢	9.263	11.427
沈阳		8.067	9.497		11.100	10.488
长春	12x9cm 6格1349 绒面	11.405	13.125	不锈钢中号盒 保定	12.829	12.470
哈尔滨	12x9cm 6格	5.700	5.700	不锈钢	7.030	7.270
上海	82D六袋96张插袋式	4.960	5.725			
南京	12x9cm 6格	6.135	6.950	不锈钢	7.380	7.380
杭州	12x9cm 6格	5.700	6.548	不锈钢	8.030	8.713
合肥	沪产12x9cm 6格	5.792	6.082	保定不锈钢中号	7.295	7.339
福州	12x9cm 6格	4.417	4.908	不锈钢	7.289	7.400
南昌	12x9cm 6格	5.778	6.220			
济南	12x9cm 6格	6.875	8.158	不锈钢	6.870	8.780
郑州	广州12×9cm16格72张	5.364	5.354	保定普通不锈钢中号	11.733	12.389
武汉	12x9cm 6格	17.933	19.817		6.625	7.305
长沙	12x9cm 6格	6.060	6.060	不锈钢	8.190	8.190
广州	彩面8K 插袋8页	7.364	7.614	镀铬中号	6.213	6.404
南宁	12x9cm 6格	8.650	8.650	不锈钢	8.270	8.726
海口	12x9cm 6格	6.273	6.440	不锈钢	7.290	7.924
成都	12x9cm 6格	8.740	8.740	不锈钢小号	6.679	6.642
贵阳	申贴塑面粘胶	5.925	6.640	河北 不锈钢	10.300	10.300
昆明	申103	8.110	8.110	保定7号不锈钢	7.720	7.720
西安	12x9cm 6格	13.500	13.813	不锈钢 保定产	11.647	13.133
兰州	12x9cm 6格	6.070	6.180	不锈钢	11.165	11.400
西宁	12X9cm 6格	10.100	11.113		8.216	8.388
银川	飞鹰12x9cm 6格	9.690	10.494	保定寿星 不锈钢	7.489	7.777
乌鲁木齐	12x9cm 6格	11.630	11.529	不锈钢	11.500	9.923

29个大中城市主要商品零售价格

城市	人民日报(元/份)			省报(元/份)		
	规格等级牌号	1988年	1989年	规格等级牌号	1988年	1989年
北京		0.100	0.200	北京日报	0.050	0.130
天津		0.100	0.200	天津日报	0.100	0.200
石家庄		0.100	0.200		0.050	0.180
太原		0.100	0.200		0.050	0.150
呼和浩特		0.100	0.200		0.050	0.130
沈阳		0.100	0.200		0.050	0.150
长春		0.100	0.200	吉林日报	0.050	0.150
哈尔滨		0.100	0.200		0.050	0.150
上海		0.100	0.200	文汇报	0.080	0.150
南京		0.100	0.200	新华日报	0.050	0.150
杭州		0.100	0.200		0.050	0.150
合肥		0.100	0.200	安徽日报	0.050	0.160
福州		0.100	0.200		0.050	0.150
南昌		0.100	0.200		0.050	0.150
济南		0.100	0.200		0.050	0.150
郑州		0.100	0.200	河南日报	0.050	0.150
武汉		0.100	0.200		0.050	0.150
长沙		0.100	0.200		0.050	0.150
广州		0.100	0.200	羊城晚报	0.060	0.172
南宁		0.100	0.200		0.050	0.140
海口		0.100	0.200		0.075	0.300
成都		0.100	0.200	四川日报	0.050	0.130
贵阳		0.100	0.200		0.050	0.150
昆明		0.100	0.200	云南日报	0.050	0.150
西安		0.100	0.200	陕西日报	0.050	0.150
兰州		0.100	0.200	甘肃日报	0.050	0.130
西宁		0.100	0.200	份/日零售价	0.050	0.130
银川		0.100	0.200	宁夏日报	0.050	0.130
乌鲁木齐		0.100	0.200		0.050	0.130

29个大中城市主要商品零售价格

城市	大众电影(元/本) 规格等级牌号	1988年	1989年	电视报(元/份) 规格等级牌号	1988年	1989年
北京		0.720	1.500	中国电视报	0.097	0.200
天津		0.706	1.500	天津广播电视报	0.100	0.200
石家庄		0.720	1.500		0.112	0.150
太原		0.720	1.500		0.063	0.120
呼和浩特		0.729	1.517		0.080	0.152
沈阳		0.706	1.500		0.100	0.220
长春		0.720	1.500	长春	0.067	0.150
哈尔滨		0.720	1.500		0.060	0.150
上海		0.720	1.500	每周广播电视	0.120	0.250
南京		0.720	1.500	南京广播报	0.060	0.120
杭州		0.720	1.500		0.063	0.120
合肥		0.720	1.500	合肥电视报	0.059	0.120
福州		0.720	1.500		0.070	0.130
南昌		0.720	1.500		0.085	0.160
济南		0.698	1.500		0.113	0.150
郑州		0.720	1.500	河南广播电视报	0.075	0.130
武汉		0.720	1.500		0.100	0.120
长沙		0.720	1.500		0.120	0.232
广州		0.720	1.500	广东	0.120	0.250
南宁		0.720	1.500		0.112	0.240
海口		0.720	1.500		0.200	0.200
成都		0.720	1.500	四川广播电视报	0.079	0.102
贵阳		0.720	1.500			
昆明		0.720	1.500	云南	0.050	0.100
西安		0.720	1.500	陕西广播电视报	0.050	0.163
兰州		0.720	1.500	甘肃广播电视报	0.100	0.200
西宁		0.720	1.500	份/周零售价	0.060	0.120
银川		0.720	1.500	宁夏广播电视报	0.050	0.120
乌鲁木齐		0.720	1.500		0.062	0.120

29个大中城市主要商品零售价格

城市	儿童读物(元/册)			工具书(元/本)		
	规格等级牌号	1988年	1989年	规格等级牌号	1988年	1989年
北京	故事大王	0.390	0.650	现代汉语小词典	3.500	3.500
天津	故事大王	0.418	0.647	现代汉语小词典	4.354	5.833
石家庄	故事大王	0.390	0.650	现代汉语小词典	7.000	7.000
太原	故事大王	0.390	0.650	现代汉语小词典	3.500	3.500
呼和浩特	故事大王	0.399	0.667	现代汉语小词典	3.500	5.542
沈阳		0.897	0.910		9.300	14.700
长春	故事大王	0.874	1.346	现代汉语词典	9.300	13.350
哈尔滨	故事大王	0.390	0.650	现代汉语小词典	3.500	3.500
上海				英汉词典	10.142	14.833
南京	故事大王	0.390	0.650	现代汉语小词典	3.500	4.667
杭州	故事大王	0.390	0.650	现代汉语小词典	3.500	3.500
合肥	故事大王	0.380	0.650	现代汉语小词典	3.500	3.500
福州	故事大王	0.390	0.650	现代汉语小词典	1.733	2.467
南昌	故事大王	0.390	0.650	现代汉语小词典	3.500	6.116
济南	故事大王	1.700	1.800	现代汉语小词典	9.300	14.700
郑州	故事大王	0.390	0.650	现代汉语词典	1.775	2.300
武汉	故事大王	0.390	0.650	现代汉语小词典	9.300	14.700
长沙	故事大王	0.390	0.650	现代汉语小词典	3.500	5.333
广州	故事大王	1.700	1.700	新华字典塑面	3.500	3.500
南宁	故事大王	0.390	0.650	现代汉语小词典	3.500	3.750
海口	故事大王	0.390	0.650	现代汉语小词典	1.550	2.300
成都	故事大王	0.390	0.650	现代汉语小词典	3.279	5.562
贵阳						
昆明	故事大王	0.390	0.650	现代汉语小词典	3.500	3.500
西安	故事大王	0.390	0.650	现代汉语小词典	1.383	2.508
兰州	故事大王	0.360	0.650	现代汉语小词典	2.000	2.300
西宁	故事大王	0.390	0.650	现代汉语小词典	1.550	2.816
银川	故事大王	0.390	0.650	现代汉语小词典	1.812	2.000
乌鲁木齐	故事大王	0.390	0.650	现代汉语小词典	9.300	14.700

29个大中城市主要商品零售价格

城市	课本(元/本) 规格等级牌号	1988年	1989年	黄连(元/公斤) 规格等级牌号	1988年	1989年
北京	高中语文第一册	0.847	1.121	二等	84.444	100.000
天津	高中语文第一册	0.878	1.150	二等	80.667	86.000
石家庄	高中语文第一册	0.780	0.780	二等	83.083	80.583
太原	高中语文第一册	0.985	1.692	二等	92.000	83.756
呼和浩特	高中语文第一册	0.930	1.617	二等	92.000	72.000
沈阳		0.720	1.350		68.917	89.333
长春	高中语文第一册	0.753	1.453	四川 味净	90.000	94.688
哈尔滨	高中语文第一册	0.780	2.110	二等	98.000	97.167
上海	高中语文第一册	0.878	1.150	二等	74.409	90.000
南京	高中语文第一册	0.980	1.813	二等	105.849	121.000
杭州	高中语文第一册	0.985	1.692	二等	92.000	83.756
合肥	高中语文第一册	0.937	1.625	二等	106.458	110.771
福州	高中语文第一册	1.020	1.863	二等	78.000	73.033
南昌	高中语文第一册	1.037	1.817	二等	80.680	109.000
济南	高中语文第一册	0.937	1.616	二等	83.583	90.300
郑州	高中语文第一册	0.940	1.620	省内二等片	84.333	89.347
武汉	高中语文第一册	1.054	1.800	二等	100.833	99.306
长沙	高中语文第一册	0.960	1.837	二等	71.803	72.394
广州	高中语文第一册	1.208	2.138	二等	67.214	79.184
南宁	高中语文第一册	0.980	1.767	二等	77.083	95.000
海口	高中语文第一册	0.500	1.956	二等	90.750	91.078
成都	高中语文第一册	0.943	1.590	二等	69.000	80.000
贵阳				二等	95.000	79.375
昆明	高中语文第一册	0.720	1.455	二等	74.417	76.667
西安	高中语文第一册	0.878	1.438	二等	74.433	86.750
兰州	高中语文第一册	1.021	1.650	二等	86.000	86.000
西宁	高中语文第一册	0.943	1.713	二等	93.000	84.944
银川	高中语文第一册	0.972	2.289	二等	80.000	80.000
乌鲁木齐	高中语文第一册	0.720	0.720	二等	47.111	58.000

29个大中城市主要商品零售价格

城市	甘草(元/公斤) 规格等级牌号	甘草 1988年	甘草 1989年	党参(元/公斤) 规格等级牌号	党参 1988年	党参 1989年
北京	二等	8.667	12.275	二等	10.111	13.625
天津	二等	6.500	6.758	二等混	12.317	21.667
石家庄	二等	7.208	6.563	二等	17.958	19.458
太原	二等	5.000	5.000	二等	15.170	18.540
呼和浩特	二等	4.500	4.500	二等	10.375	11.750
沈阳		7.000	7.208		20.250	29.000
长春	省内统片	5.927	8.427		16.000	30.583
哈尔滨	二等	8.292	8.683	二等	26.333	33.183
上海	二等	6.229	8.000	二等	14.269	23.000
南京	二等 20-2生片	6.861	8.000	二等	26.203	36.960
杭州	二等	5.000	5.000	二等	15.170	18.540
合肥	二等	11.125	17.333	二等	14.917	29.729
福州	二等	6.806	7.221	二等	16.650	16.311
南昌	二等	7.583	9.746	二等	14.958	24.000
济南	二等	7.125	7.000	二等	30.667	33.000
郑州	省内二等片	8.056	10.084	省内二等片	16.264	15.292
武汉	二等	11.333	14.007	二等	17.567	21.854
长沙	二等	9.313	11.917	二等	21.093	23.000
广州	二等	12.608	14.868	二等	22.679	28.073
南宁	二等	7.325	8.050	二等	16.375	22.250
海口	二等	10.022	12.583	二等	19.000	24.007
成都	新疆条草	4.625	5.500	二等	4.333	9.667
贵阳	二等	6.917	10.375	二等	14.468	21.083
昆明	二等	4.500	4.333	二等	5.000	5.000
西安	二等	5.389	5.115	二等	16.461	16.354
兰州	二等	5.167	6.000	二等	14.667	17.000
西宁	二等	4.833	5.500	二等	18.125	22.250
银川	二等	4.481	5.000	二等	11.907	16.667
乌鲁木齐	二等	3.000	3.000	二等	5.500	5.500

29个大中城市主要商品零售价格

城市	当归(元/公斤)			黄芪(元/公斤)		
	规格等级牌号	1988年	1989年	规格等级牌号	1988年	1989年
北京	二等	9.861	14.000	二等	13.194	15.000
天津	混装	10.792	18.000	二等	10.310	10.000
石家庄	二等	13.667	15.500	二等	13.563	16.708
太原	二等	17.056	15.844	二等	16.134	18.285
呼和浩特	二等	18.058	26.333	二等	10.500	11.000
沈阳		10.375	16.333		8.958	14.333
长春	甘肃统片	11.917	24.875	省内统片	10.396	13.667
哈尔滨	二等	16.100	26.750	二等	12.000	14.472
上海	二等	10.909	17.000	二等	10.828	18.000
南京	二等	16.510	24.000	二等 32-18	14.309	17.333
杭州	二等	17.056	15.844	二等	16.134	18.285
合肥	二等	11.583	24.083	统片	19.562	24.229
福州	二等	16.765	14.379	二等	12.626	17.875
南昌	二等	14.750	27.000	二等	21.333	36.000
济南	二等	20.917	22.875	二等	11.750	14.167
郑州	省内二等片	16.930	16.792	省内二等片	20.084	26.500
武汉	二等	13.246	21.229	二等	15.923	22.167
长沙	二等	17.981	15.167	二等	29.323	33.000
广州	二等	35.806	36.223	二等	40.794	48.625
南宁	二等	14.333	29.000	二等	17.508	23.500
海口	二等	13.247	19.953	二等	18.301	25.011
成都	二等	10.667	13.361	省内混等	12.492	15.700
贵阳	二等	10.579	15.750	二等	13.000	15.167
昆明	二等	5.500	5.500	二等	6.500	7.000
西安	二等	10.707	15.292	二等	11.509	11.646
兰州	二等	9.042	11.958	二等	8.000	8.000
西宁	二等	10.292	13.014	二等	12.292	16.304
银川	二等	15.889	21.000	二等	10.083	15.639
乌鲁木齐	二等	9.000	9.000	二等	9.000	9.000

29个大中城市主要商品零售价格

城市	银花(元/公斤)			菊花(元/公斤)		
	规格等级牌号	1988年	1989年	规格等级牌号	1988年	1989年
北京	二等	20.000	20.600	二等	8.556	10.000
天津	二等冬	25.858	38.000	白，黄	8.638	10.370
石家庄	二等	21.583	22.917	二等	8.250	8.708
太原	二等	18.511	21.613	二等	7.950	8.675
呼和浩特	二等	24.833	32.000	二等	9.000	9.000
沈阳		19.000	19.500		11.000	9.667
长春	河南净货	19.208	30.917	安徽净货	9.646	14.521
哈尔滨	二等	26.000	25.250	二等	9.667	14.000
上海				二等	8.500	8.500
南京	二等505-1	26.142	30.000	一等	5.000	5.733
杭州	二等	18.511	21.613	二等	7.950	8.675
合肥	二等	24.875	35.000	二等	15.635	22.927
福州	二等	20.092	25.449	二等	12.547	18.541
南昌	二等	14.000	14.000	二等	10.667	20.000
济南	二等	24.167	31.000	二等	7.333	9.000
郑州	省内二等	24.305	29.750	省内统装	10.042	12.153
武汉	二等	20.729	22.882	二等	13.038	29.188
长沙	二等	20.408	28.000	二等	9.444	10.000
广州	二等	17.172	23.193	二等	34.174	22.546
南宁	二等	12.525	16.833	二等	9.008	11.083
海口	二等	15.398	17.500	二等	10.464	20.750
成都	二等	7.625	10.167	二等	4.750	6.500
贵阳	黔二等	16.250	13.417	黔白色 二等	4.000	10.250
昆明	二等	9.500	9.167	二等	4.500	4.500
西安	二等	16.985	21.562	二等	11.602	12.167
兰州	二等	18.667	20.500	二等	10.000	10.000
西宁	二等	18.000	18.611	二等	8.750	11.222
银川	二等	21.000	21.000	二等	11.167	11.416
乌鲁木齐	二等	17.000	17.000	二等	5.000	5.000

29个大中城市主要商品零售价格

城市	陈皮(元/公斤)			牛黄解毒片(元/瓶)		
	规格等级牌号	1988年	1989年	规格等级牌号	1988年	1989年
北京	统装	3.000	3.000	小瓶	0.550	0.650
天津	统装	2.800	2.800	0.25gX20片糖衣	0.489	0.620
石家庄	统装	6.563	5.167	小瓶	0.813	1.030
太原	统装	2.558	3.000	小瓶	0.720	0.901
呼和浩特	统装	4.000	4.000	小瓶	0.301	0.380
沈阳		5.000	5.000		0.307	0.726
长春	广东丝	8.875	10.000	省内0.5gx12	0.302	0.593
哈尔滨	统装	5.867	4.925	小瓶	0.369	0.435
上海				一袋6片装	0.110	0.110
南京	统装	2.500	2.500	小袋4片	0.450	0.450
杭州	统装	2.558	3.000	小瓶	0.720	0.901
合肥	统装	3.000	3.000	0.3gx4	0.434	0.398
福州	统装	3.481	3.500	小瓶	0.763	0.900
南昌	统装	1.667	2.000	小瓶	0.458	0.580
济南	统装	4.000	5.750	小瓶	0.707	1.120
郑州	省内统装切丝	3.473	4.729	郑州24片小瓶装	0.925	0.996
武汉	统装	3.256	4.195		0.488	0.548
长沙	统装	1.400	2.000	小瓶	0.520	0.520
广州	统装	5.915	4.711	广州小瓶	0.415	0.495
南宁	统装	2.908	3.500	小瓶	0.355	0.420
海口	统装	4.225	6.511	小瓶	0.402	0.826
成都	统装	3.000	3.000	济生	0.340	0.442
贵阳	统装	3.000	3.208	安顺小瓶	0.300	0.375
昆明	统装	2.500	2.500	昆产0.5gx16片	0.438	0.490
西安	统装	3.069	3.104	小瓶	0.884	1.116
兰州	统装	2.611	3.000	小瓶	0.393	0.493
西宁	统装	4.125	4.354		0.920	1.421
银川	统装	3.500	3.333	0.3x24片小瓶	0.832	1.021
乌鲁木齐	统装	5.500	5.500	小瓶	0.270	0.270

29个大中城市主要商品零售价格

城市	银翘解毒丸(元/盒)			板兰根(元/盒)		
	规格等级牌号	1988年	1989年	规格等级牌号	1988年	1989年
北京	十丸	1.200	1.200	十袋	2.877	3.650
天津	十丸	1.200	1.200	十袋	2.655	2.900
石家庄	十丸	1.188	1.143	十袋	3.313	3.492
太原	十丸	1.287	1.463	十袋	2.443	2.573
呼和浩特	十丸	1.400	1.592	十袋	3.417	4.775
沈阳		1.200	1.733		1.930	2.079
长春	省内0.9x10S	1.800	2.200	广东十袋	2.010	6.167
哈尔滨	十丸	1.542	1.762	十袋	2.217	2.400
上海	一瓶三十六片装	0.807	1.040	冲剂十袋装15gx10	2.392	2.530
南京				十袋 10g一小袋	3.122	3.300
杭州	十丸	1.287	1.463	十袋	2.443	2.573
合肥	0.3g x 20	1.140	1.134	1x10	3.026	2.994
福州	十丸	1.587	2.073	十袋	3.087	3.500
南昌	十丸	1.429	1.520	十袋	3.442	3.400
济南	十丸	1.533	1.700	十袋	2.083	2.800
郑州	省内10丸盒装	1.940	3.243	开封产冲剂10袋装	3.900	3.900
武汉				十袋	2.477	2.703
长沙	十丸	1.518	1.688	十袋	2.129	2.765
广州	广州十丸	1.293	1.315	十袋	2.013	1.992
南宁	十丸	1.433	2.050	十袋	2.238	2.608
海口	十丸	1.564	1.947	十袋	2.283	2.593
成都	十丸	2.000	2.000	十袋	2.108	2.250
贵阳	重庆 4.5g 十丸	1.900	1.900	广西 15g 十袋	2.974	4.129
昆明	昆产 0.5x10 丸	1.240	1.240	昆产 10gx10冲剂	2.750	2.654
西安	十丸	1.326	1.738	十袋	2.422	2.600
兰州	十丸	1.675	1.800	十袋	1.950	2.317
西宁	十丸	1.275	1.587	十袋	2.360	2.372
银川	十丸	1.338	1.604	十袋	2.196	3.770
乌鲁木齐	十丸	1.375	1.450	十袋	1.800	1.800

29个大中城市主要商品零售价格

城市	至宝锭(元/十丸)			霍香正气丸(元/盒)		
	规格等级牌号	1988年	1989年	规格等级牌号	1988年	1989年
北京	1.5克(蜜丸)	1.000	1.300	十丸	1.000	1.035
天津	1.5克(蜜丸)	1.062	1.200			
石家庄	1.5克(蜜丸)	1.166	1.158	十丸	1.333	1.396
太原	1.5克(蜜丸)	1.071	1.425	十丸	1.640	1.900
呼和浩特	1.5克(蜜丸)	1.250	1.296	十丸	1.433	1.700
沈阳		0.900	0.900		1.400	2.000
长春	1.5gx10S 小儿	0.917	1.280	9gx10S 长春	1.700	2.100
哈尔滨	1.5克(蜜丸)	1.053	1.012	十丸	1.333	1.513
上海						
南京				十丸 小丸30克	1.140	1.140
杭州	1.5克(蜜丸)	1.071	1.425	十丸	1.640	1.900
合肥				十丸	1.453	2.473
福州				十丸	1.150	1.150
南昌				十丸	1.317	1.330
济南	1.5克(蜜丸)	1.300	1.300	十丸	1.717	1.725
郑州				郑州产十丸装	1.426	1.712
武汉						
长沙				十丸	1.650	1.650
广州				小丸 瓶装	1.579	1.908
南宁				十丸	1.642	2.625
海口				十丸	1.697	1.877
成都				十丸	3.750	5.200
贵阳						
昆明	山东 1.5克(蜜丸)	1.170	1.170	昆产 10克x10丸	1.631	2.203
西安				十丸	1.222	1.339
兰州				十丸	1.555	1.660
西宁	1.5克(蜜丸)	0.940	0.940	十丸	1.600	1.511
银川	1.5克(蜜丸)	1.150	1.284	十丸	1.367	1.600
乌鲁木齐	1.5克(蜜丸)	0.600	0.600	十丸	1.400	1.400

29个大中城市主要商品零售价格

城市	青霉素针剂(元/支)			庆大霉素针剂(元/支)		
	规格等级牌号	1988年	1989年	规格等级牌号	1988年	1989年
北京	40万单位	0.198	0.213	4万单位	0.115	0.150
天津	40万单位	0.204	0.221	4万单位	0.122	0.152
石家庄	80万单位	0.381	0.388	4万单位	0.141	0.187
太原	40万单位	0.193	0.240	4万单位	0.134	0.200
呼和浩特	40万单位	0.228	0.286	4万单位	0.144	0.176
沈阳		0.180	0.272		0.115	0.157
长春	钾盐40万单位	0.193	0.260	4万单位	0.137	0.177
哈尔滨	40万单位	0.293	0.310	4万单位	0.129	0.171
上海	40万单位	0.271	0.300	4万单位	0.115	0.146
南京	80万单位	0.384	0.400	8万单位	0.181	0.221
杭州	40万单位	0.193	0.240	4万单位	0.134	0.200
合肥	40万单位	0.290	0.302	4万单位	0.140	0.184
福州	40万单位	0.259	0.370	4万单位	0.145	0.187
南昌	40万单位	0.302	0.413	4万单位	0.136	0.190
济南	40万单位	0.201	0.220	4万单位	0.151	0.162
郑州	省内40万单位	0.208	0.211	省内4万单位	0.130	0.195
武汉	40万单位	0.383	0.433	4万单位	0.115	0.176
长沙	40万单位	0.198	0.210	4万单位	0.115	0.165
广州	40万单位	0.199	0.211	4万单位	0.142	0.197
南宁	40万单位	0.200	0.283	4万单位	0.120	0.190
海口	40万单位	0.237	0.284	4万单位	0.158	0.216
成都	40万单位	0.198	0.210	4万单位	0.115	0.150
贵阳	80万单位	0.272	0.428	4万单位	0.144	0.188
昆明	钾盐40万单位	0.199	0.207	4万单位	0.124	0.166
西安	40万单位	0.213	0.308	4万单位	0.149	0.165
兰州	40万单位	0.307	0.320	8万单位	0.201	0.260
西宁	40万单位	0.198	0.248	4万单位	0.122	0.185
银川	40万单位	0.218	0.253	4万单位	0.147	0.192
乌鲁木齐	40万单位	0.206	0.210	4万单位	0.119	0.168

29个大中城市主要商品零售价格

城市	黄连素片(元/百片)			复方阿斯匹林(元/百片)		
	规格等级牌号	1988年	1989年	规格等级牌号	1988年	1989年
北京	0.10克x100片	3.500	4.560	0.42克x100片	1.601	2.065
天津	0.10克x100片	3.500	3.500	0.42克x100片	2.085	2.625
石家庄	0.10克x100片	3.586	3.717	0.42克x100片	1.283	2.431
太原	0.10克x100片	3.620	4.086	0.42克x100片	1.150	1.325
呼和浩特	0.10克x100片	3.600	4.693	0.42克x100片	1.592	2.275
沈阳		3.500	4.804		1.300	1.717
长春	0.10克x100片	3.771	5.615	0.42克x100片	1.533	2.050
哈尔滨	0.10克x100片	3.879	4.807	0.42克x100片	1.600	2.010
上海	0.10克x100片	3.608	4.421	0.42克x100片	1.593	2.019
南京	0.10克x100片	3.606	4.824	0.42克x100片	1.601	1.800
杭州	0.10克x100片	3.620	4.086		1.150	1.325
合肥	0.10克x100片	3.780	4.743	0.42克x100片	1.613	1.987
福州	0.10克x100片	3.682	5.144	0.42克x100片	1.592	1.976
南昌	0.10克x100片	3.584	5.542	0.42克x100片	1.500	1.889
济南	0.10克x100片	3.545	5.033	0.42克x100片	1.633	1.800
郑州	省内0.1克x100片	3.831	5.091	省内0.42克x100片	1.497	2.142
武汉	0.10克x100片	3.578	3.888	0.42克x100片	1.333	2.087
长沙	0.10克x100片	3.627	5.232	0.42克x100片	1.360	2.005
广州	0.10克x100片	3.506	5.307	0.42克x100片	1.550	1.900
南宁	0.10克x100片	3.665	5.858	0.42克x100片	1.550	2.226
海口	0.10克x100片	3.778	5.333	0.42克x100片	1.335	1.782
成都	0.10克x100片	3.500	5.433	0.42克x100片	1.550	2.050
贵阳	0.10克x100片	3.625	4.725	0.3 克x100片	1.450	2.142
昆明	0.10克x100片	3.655	4.275	0.42克x100片	1.613	1.800
西安	0.10克x100片	3.575	4.883	0.42克x100片	1.183	1.667
兰州	0.10克x100片	3.517	3.589	0.42克x100片	1.600	1.900
西宁	0.01克x100片	3.366	4.148	0.42克x100片	1.592	1.964
银川	0.10克x100片	3.561	4.141	0.42克x100片	1.450	2.099
乌鲁木齐	0.10克x100片	3.000	3.000	0.42克x100片	1.586	2.093

29个大中城市主要商品零售价格

城市	盖胃平(元/百片)			维生素C片(元/百片)		
	规格等级牌号	1988年	1989年	规格等级牌号	1988年	1989年
北京	0.25克x100片	3.560	3.560	0.10克x100片	1.120	1.308
天津	0.25克x100片	3.560	3.560	0.10克x100片	1.120	1.330
石家庄	0.25克x100片	3.383	3.456	0.10克x100片	1.156	1.283
太原	0.25克x100片	3.574	3.238	0.10克x100片	1.222	1.379
呼和浩特	0.25克x100片	3.560	3.560	0.10克x100片	1.213	1.480
沈阳		3.560	3.560		1.241	1.367
长春	0.25克x100片	3.560	3.560	0.10克x100片	1.145	1.458
哈尔滨	0.25克x100片	3.562	3.533	0.10克x100片	1.274	1.472
上海	胃舒平片 120片	0.643	0.889	0.10克x100片	1.117	1.310
南京	0.25克x100片	3.560	3.560	0.10克x100片	1.120	1.310
杭州	0.25克x100片	3.574	3.238	0.10克x100片	1.222	1.379
合肥	0.25克x100片	3.647	3.574	0.10克x100片	1.139	1.385
福州	0.25克x100片	2.910	3.181	0.10克x100片	1.185	1.402
南昌				0.10克x100片	1.083	1.600
济南	0.25克x100片	2.725	2.750	0.10克x100片	1.245	1.335
郑州	省内0.25克x100片	3.570	3.570	省内0.1克x100片	1.212	1.440
武汉				0.10克x100片	1.120	1.365
长沙				0.10克x100片	1.120	1.338
广州	0.25克x100片	3.560	3.560	0.10克x100片	1.304	1.692
南宁				0.10克x100片	1.125	1.408
海口				0.10克x100片	1.271	1.800
成都				0.10克x100片	1.117	1.325
贵阳				0.10克x100片	1.229	1.594
昆明	天津 0.25克x100片	3.477	3.560	0.10克x100片	1.213	1.500
西安	0.25克x100片	3.575	3.560	0.10克x100片	1.147	1.200
兰州	0.25克x100片	3.555	3.570	0.10克x100片	1.271	1.480
西宁	0.25克×100片	3.570	3.426	0.10克×100片	1.117	1.384
银川	0.25克x100片	3.570	3.568	0.10克x100片	1.109	1.493
乌鲁木齐				0.10克x100片	1.114	1.344

29个大中城市主要商品零售价格

城市	甘草片(元/百片)			异烟肼片(元/百片)		
	规格等级牌号	1988年	1989年	规格等级牌号	1988年	1989年
北京		0.737	1.000	0.10克x100片	1.000	1.162
天津		0.589	0.650	0.10克x100片	1.137	1.387
石家庄		0.573	0.666	0.10克x100片	1.115	1.390
太原		0.583	0.725	0.10克x100片	1.080	1.262
呼和浩特		0.583	0.796	0.10克x100片	1.233	1.430
沈阳		0.550	0.766		1.150	1.366
长春	100T60滴 含鸦	0.615	1.035	0.10克x100片	1.150	1.360
哈尔滨		0.638	0.876	0.10克x100片	1.165	1.371
上海	复方1000X60滴 含鸦	5.500	5.500	0.10克x100片	1.176	1.355
南京	复方	0.614	0.750	0.10克x100片	1.181	1.355
杭州		0.583	0.725	0.10克x100片	1.080	1.262
合肥	含鸦60滴	0.550	0.693	0.10克x100片	1.106	1.450
福州		0.575	0.683	0.10克x100片	1.142	1.460
南昌		0.550	0.550	0.10克x100片	1.125	1.423
济南		1.000	1.000	0.10克x100片	1.137	1.300
郑州	省内0.1克x100片	0.570	0.765	省内0.1克x100片	1.179	1.465
武汉		0.566	0.932	0.10克x100片	1.048	1.476
长沙		0.550	0.650	0.10克x100片	1.067	1.355
广州		0.608	0.770	0.10克x100片	1.200	1.559
南宁		0.550	0.752	0.10克x100片	1.175	1.503
海口		0.690	1.000	0.10克x100片	1.234	1.672
成都	含鸦 60滴x100片	0.713	1.000	0.10克x100片	1.162	1.392
贵阳	复方 含鸦60滴	0.590	0.810	0.10克x100片	1.000	1.405
昆明	复方含鸦60滴x100片	0.550	0.625	0.10克x100片	1.000	1.329
西安		0.682	1.000	0.10克x100片	1.075	1.300
兰州	100 片	0.571	0.683	0.10克x100片	1.179	1.370
西宁		0.550	0.829	0.10克x100片	1.032	1.372
银川		0.696	1.000	0.10克x100片	1.188	1.362
乌鲁木齐		0.550	0.550	0.10克x100片	1.000	1.316

29个大中城市主要商品零售价格

城市	咳嗽糖浆(元/瓶)			速效感冒丸(元/盒)		
	规格等级牌号	1988年	1989年	规格等级牌号	1988年	1989年
北京	100 毫升	0.732	0.965	十 粒	0.773	0.903
天津	100 毫升镇咳宁	0.710	0.915	十 粒	0.623	0.780
石家庄	100 毫升	0.986	1.141	十 粒	0.760	0.833
太原	100 毫升	0.874	1.181	十 粒	0.774	0.863
呼和浩特	100 毫升	0.870	1.120	十 粒	0.778	0.950
沈阳		0.670	0.670		0.755	0.922
长春	100 毫升	0.652	1.307	十 粒	0.779	0.900
哈尔滨	100 毫升	0.890	1.228	十 粒	0.550	0.837
上海	100 毫升	1.476	1.580	十 粒	0.689	0.770
南京	100 毫升	0.724	0.800	十 粒	0.793	0.870
杭州	100 毫升	0.874	1.181	十 粒	0.774	0.863
合肥	100 毫升	0.786	0.956	十 粒	0.796	0.906
福州	100 毫升	1.001	1.160	十 粒	0.805	0.920
南昌	100 毫升	0.680	0.848	十 粒	0.638	0.790
济南	100 毫升	1.130	1.130	十 粒	0.756	0.937
郑州				省内十粒盒装胶囊	0.681	0.903
武汉	100 毫升	0.952	1.183	十 粒	0.840	0.960
长沙	100 毫升	0.880	1.107	十 粒	0.689	0.960
广州	止咳 100 毫升	0.733	0.911	十 粒	0.925	1.167
南宁	100 毫升	0.735	0.834	十 粒	0.825	0.860
海口	100 毫升	0.842	0.998	十 粒	0.890	0.985
成都	100 毫升	1.073	1.370	十 粒	0.808	1.025
贵阳	川贝咳糖100毫升	0.897	1.153	吉林 十粒	0.827	0.943
昆明	成都川贝枇杷100毫升	1.124	1.430	吉林 十粒	0.570	0.570
西安	100 毫升	0.958	1.250	十 粒	0.699	0.890
兰州	100 毫升	0.983	1.007	十 粒	0.780	0.959
西宁	100 毫升	0.731	1.161	十 粒	0.807	0.903
银川	100 毫升	0.774	1.013	十 粒	0.839	0.932
乌鲁木齐	100 毫升	0.780	0.780	十 粒	0.550	0.550

29个大中城市主要商品零售价格

城市	紫药水(元/瓶)			风油精(元/瓶)		
	规格等级牌号	1988年	1989年	规格等级牌号	1988年	1989年
北京	20 毫升	0.230	0.253	小 瓶	0.460	0.530
天津	20 毫升	0.260	0.275	小 瓶	0.460	0.721
石家庄	20 毫升	0.250	0.426	小 瓶	0.562	0.673
太原	20 毫升	0.260	0.293	小 瓶	0.571	0.584
呼和浩特	20 毫升	0.333	0.360	小 瓶	0.460	0.670
沈阳		0.250	0.364		0.460	0.628
长春	20 毫升	0.310	0.404	小 瓶	0.447	0.720
哈尔滨	20 毫升	0.335	0.375	小 瓶	0.470	0.672
上海	20 毫升	0.234	0.266	3 克	0.500	0.740
南京	20 毫升	0.255	0.303	小瓶 3毫升	0.480	0.731
杭州	20 毫升	0.260	0.293	小 瓶	0.571	0.584
合肥	20 毫升	0.250	0.293	小 瓶	0.481	0.677
福州	20 毫升	0.281	0.320	小 瓶	0.487	0.698
南昌	20 毫升	0.327	0.423	小 瓶	0.460	0.676
济南	20 毫升	0.273	0.293	小 瓶	0.473	0.720
郑州	省内20毫升	0.257	0.292	省内3克小瓶	0.470	0.732
武汉	20 毫升	0.248	0.286	小 瓶	0.460	0.460
长沙	20 毫升	0.248	0.300	小 瓶	0.470	0.740
广州	20 毫升	0.263	0.300	小 瓶	0.645	0.901
南宁	20 毫升	0.230	0.311	小 瓶	0.640	0.701
海口	20 毫升	0.374	0.383	小 瓶	0.553	0.820
成都	100 毫升	0.317	0.517	小 瓶	0.497	0.740
贵阳	20 毫升	0.372	0.403	3毫升小瓶	0.460	0.610
昆明	渝 20 毫升	0.238	0.240	南通 3毫升	0.485	0.679
西安	20 毫升	0.340	0.370	小 瓶	0.477	0.707
兰州	20 毫升	0.273	0.309	小 瓶	0.600	0.610
西宁	20 毫升	0.280	0.280	小 瓶	0.460	0.608
银川	20 毫升	0.259	0.316	小 瓶	0.503	0.705
乌鲁木齐	20 毫升	0.240	0.240	小 瓶	0.460	0.460

29个大中城市主要商品零售价格

城市	体温表(元/支)			医用胶布(元/盒)		
	规格等级牌号	1988年	1989年	规格等级牌号	1988年	1989年
北京	口腔	1.583	1.900	小盒	0.250	0.333
天津	口腔	1.057	1.385	小盒 2.5X100cm	0.221	0.617
石家庄	口腔	1.682	1.752	小盒	0.853	1.015
太原	口腔	1.545	2.028	小盒	0.436	0.277
呼和浩特	口腔	1.950	2.044	小盒	0.227	0.280
沈阳		0.640	0.912		0.220	0.266
长春	口腔	1.300	1.848	2.5x500cm 长春	0.800	1.140
哈尔滨	口腔	1.233	1.762	小盒	0.854	1.068
上海	口腔	0.870	1.040	2.5x100cm	0.250	0.291
南京	口腔	1.183	1.330	小盒 13x100cm	1.280	1.635
杭州	口腔	1.545	2.028	小盒	0.436	0.277
合肥	口腔	1.419	1.594	小盒	1.012	1.333
福州	口腔	1.401	1.889	小盒	1.094	1.330
南昌	口腔	0.940	1.407	小盒	0.230	0.344
济南	口腔	1.547	2.372	小盒	0.275	0.303
郑州	上海口腔	1.102	1.818	省内产小盒	1.267	1.538
武汉	口腔	1.245	1.630			
长沙	口腔	1.221	1.775	小盒	1.118	1.360
广州	口腔	1.463	1.791	小盒	0.199	0.219
南宁	口腔	1.375	1.706	小盒	1.083	1.489
海口	口腔	1.158	1.825	小盒	1.071	1.137
成都	口腔	1.305	1.390	小盒	0.237	0.280
贵阳	口腔	1.485	1.850	小盒	0.261	0.304
昆明	上海 塑壳口腔	1.220	1.232	13x100cm	0.645	0.740
西安	口腔	1.432	1.797	小盒	0.210	0.308
兰州	口腔	1.480	2.000	小盒	0.225	0.352
西宁	口腔	1.336	1.688	小盒	0.180	0.339
银川	口腔	1.500	1.874	小盒	0.287	0.336
乌鲁木齐	口腔	0.610	0.640	小盒	0.250	0.280

29个大中城市主要商品零售价格

城市	人参蜂王浆(元/盒)			保健按摩器(元/个)		
	规格等级牌号	1988年	1989年	规格等级牌号	1988年	1989年
北京	10 x 1	5.289	6.231	中档	20.175	21.300
天津	10 x 1北京产	6.197	6.790	中档	21.200	21.200
石家庄	10 x 1	6.105	5.985	中档	20.819	18.442
太原	10 x 1	7.200	7.100	中档	19.450	19.450
呼和浩特	10 x 1	6.000	6.000	中档	37.700	39.625
沈阳		6.300	6.305		24.500	26.262
长春	10 x 10ml 长春	5.800	5.744	中档福州	21.970	21.970
哈尔滨	10 x 1	6.800	6.554	中档	21.900	21.900
上海	10cc×10支	6.900	6.900	86-24型,长丰	28.000	28.525
南京	10 x 1	6.800	6.777	中档	29.800	29.800
杭州	10 x 1	7.200	7.100	中档	19.450	19.450
合肥	10 x 1	6.749	6.665	中档	25.862	24.669
福州	10 x 1	6.075	5.946	中档	21.000	21.075
南昌	10 x 1	7.110	7.110			
济南	10 x 1	6.353	7.050	中档	31.250	31.250
郑州	吉林10x10ml	6.128	6.727			
武汉	10 x 1	6.300	6.745	中档	27.500	28.700
长沙	10 x 1	5.970	5.970	中档	21.200	21.200
广州	沪产 10 x 1	6.943	6.941	中档	20.215	28.157
南宁	10 x 1	6.083	6.500	中档	22.000	22.000
海口	10 x 1	7.247	7.382			
成都	10 x 10	5.140	6.160	福州中档	18.900	18.900
贵阳	吉林 10 x 10ml	6.929	5.819	杭州中档	18.400	18.400
昆明	吉林 10 x 1	5.970	5.970	广州五头中档	19.200	19.200
西安	10 x 1	5.750	6.183	中档	26.725	28.767
兰州	10 x 1	5.970	5.970	中档	21.500	21.500
西宁	10 x 1	6.340	6.878			
银川	吉林 10 x 1	6.092	6.200	中档	21.775	26.000
乌鲁木齐	10 x 1	5.520	5.520	中档	21.300	21.300

29个大中城市主要商品零售价格

城市	砖 (元/百块)			水泥(元/袋)		
	规格等级牌号	1988年	1989年	规格等级牌号	1988年	1989年
北京						
天津	普通	5.580	11.388	500 号	7.125	9.188
石家庄	普通	4.843	7.422	500 号	5.150	5.150
太原	普通	6.617	10.000	500 号	8.000	8.000
呼和浩特	普通	5.300	6.070	500 号	6.000	6.867
沈阳		7.821	9.000		8.500	11.622
长春	普通	8.316	9.542	500 号 50kg	9.202	12.010
哈尔滨	普通	8.083	8.667	500 号	8.550	10.521
上海	95 标准砖	14.611	18.592	425 号 50kg	8.596	9.850
南京	普通	7.915	11.667	500 号 50kg	7.920	11.716
杭州	普通	6.617	10.000	500 号	8.000	8.000
合肥	普通	6.000	7.250	500 号	7.500	8.875
福州	普通	10.569	11.542	500 号	12.465	17.083
南昌	普通	7.083	9.296	500 号	9.750	12.942
济南	普通	8.938	11.850	500 号	8.225	9.417
郑州	省内普通红砖	5.396	6.490	硅酸盐500号50kg	8.042	11.042
武汉	普通	7.622	10.417	500 号	5.917	7.767
长沙	普通	9.100	12.608	500 号	8.150	9.617
广州	红	17.994	21.692	500 号	15.771	16.379
南宁	普通	12.000	14.750	500 号	8.949	10.500
海口	普通	17.342	22.792	500 号	15.833	17.250
成都				425 号	8.292	10.014
贵阳	筑普通	9.158	13.000	筑 50kg 500 号	9.167	10.115
昆明	普通	5.792	8.667	500 号	7.321	8.042
西安				500 号	8.049	11.581
兰州	普通	5.492	6.000	500 号	6.203	8.325
西宁	普通	4.500	4.875	500 号	6.500	6.938
银川	普通	5.441	7.625			
乌鲁木齐	普通	4.000	4.000	500 号	7.390	7.390

29个大中城市主要商品零售价格

城市	玻璃(元/平方米) 规格等级牌号	1988年	1989年	木材(元/立方米) 规格等级牌号	1988年	1989年
北京	3mm	8.455	10.386	二等中板	401.000	401.000
天津	3mm	8.850	10.575	板材	500.000	500.000
石家庄	3mm	7.000	7.000	板材	850.000	850.000
太原	3mm	6.917	8.500	板材	750.000	750.000
呼和浩特	3mm	7.375	9.417	板材	918.000	1279.333
沈阳		6.000	8.886		663.333	800.000
长春	3mm	7.505	9.990	板材落叶松	643.215	860.847
哈尔滨	3mm	7.032	8.000	板材	1104.333	1200.000
上海	3mm 平板,标箱	7.038	7.367	国产松木 板材	1453.000	1480.450
南京	3mm	6.922	8.457	板材	704.167	694.167
杭州	3mm	6.917	8.500	板材	750.000	750.000
合肥	3mm	7.750	8.146	板材	720.000	793.333
福州	3mm	8.108	9.000	板材	730.000	850.000
南昌	3mm	8.000	11.667	板材	641.667	655.704
济南	3mm	6.417	11.000	板材	763.507	1027.250
郑州	省内3mm*1.0*1.2	8.163	9.300	东北红松中厚板	994.250	1217.000
武汉	3mm	8.188	11.479	板材	820.000	846.667
长沙	3mm	6.515	7.925	板材 杉元条14mm	1007.917	1088.333
广州	3mm	9.833	10.542	松杂木 板材	704.167	745.833
南宁	3mm	7.063	9.667	板材	1383.333	1433.333
海口	3mm	7.717	9.983	板材	1621.667	2130.750
成都	3mm	8.890	9.473	厚板	808.878	967.500
贵阳	株洲 3mm	8.611	9.583			
昆明	3mm	7.293	8.196	板材	338.480	352.980
西安	3mm	8.086	10.104	板材	634.828	817.511
兰州	3mm	5.846	7.042	福建 板材	808.333	900.000
西宁	3mm	6.222	7.800	板木	481.667	680.000
银川	3mm	8.425	10.350	红松中厚板材	621.117	649.675
乌鲁木齐	3mm	6.220	6.220	板材	662.000	662.000

29个大中城市主要商品零售价格

城市	白灰(元/袋) 规格等级牌号	1988年	1989年	原煤(元/百公斤) 规格等级牌号	1988年	1989年
北京						
天津	熟 25kg	3.350	4.183			
石家庄						
太原	熟 25kg	1.500	1.833	民用	2.100	2.100
呼和浩特	熟 25kg	1.000	1.000	民用	4.540	4.540
沈阳		2.573	3.352		1.710	1.710
长春	熟 25kg	3.346	3.656	鹤岗10-12级	2.790	2.790
哈尔滨	熟 25kg	1.825	2.217	民用	3.070	3.070
上海	熟石灰25kg	1.904	1.908	煤球 民用	4.800	4.800
南京						
杭州	熟 25kg	1.500	1.833	民用	2.100	2.100
合肥	熟 25kg	1.200	1.200	民用	3.200	3.200
福州	熟 25kg	3.823	4.716			
南昌	熟 25kg	4.125	5.083			
济南						
郑州	郑州块灰25kg	1.292	1.708	省内民用无烟煤	3.200	3.200
武汉	熟 25kg	1.113	1.125			
长沙	熟 25kg	1.925	2.875	民用	3.100	3.100
广州	熟 25kg	4.897	5.895			
南宁	熟 25kg	6.950	9.000			
海口	熟 25kg	4.950	5.958			
成都				二号原煤	4.142	4.300
贵阳	筑熟 25kg	1.717	2.473			
昆明	熟 20kg	1.525	1.507	民用块煤	3.810	5.770
西安	熟 25kg	2.209	2.964	民用	3.900	3.900
兰州	熟 25kg	0.900	0.906	民用	6.910	7.284
西宁	熟 25KG	2.975	2.975	民用	2.740	2.740
银川	熟 25kg	0.450	0.450	民用	4.476	4.923
乌鲁木齐	熟 25kg	2.500	2.500	民用	3.000	3.000

29个大中城市主要商品零售价格

城市	蜂窝煤(元/百公斤)			煤油(元/公斤)		
	规格等级牌号	1988年	1989年	规格等级牌号	1988年	1989年
北京		3.100	3.100	灯用	0.760	0.760
天津	民用	3.400	3.400	灯用	0.670	0.670
石家庄		2.900	2.900	灯用	0.680	0.680
太原		2.800	2.800			
呼和浩特		3.387	3.540			
沈阳		4.400	4.400		0.660	0.660
长春		3.000	3.000	灯用 2号	0.656	0.656
哈尔滨		3.500	3.500	灯用	0.660	0.660
上海		5.200	5.200	灯用	0.660	0.660
南京	小块北京式1.5公斤	4.600	4.600	灯用	0.660	0.660
杭州		2.800	2.800			
合肥	民用	3.200	3.200			
福州		3.592	3.556	灯用	0.783	0.769
南昌		3.400	3.400	灯用	0.700	0.700
济南		3.200	3.200	灯用	0.660	0.660
郑州	省内4寸块	3.280	3.280	省内灯用	0.690	0.690
武汉		3.700	3.700	灯用	0.700	0.700
长沙		3.400	3.400	灯用	0.760	0.780
广州		4.509	4.243	灯用	2.000	2.333
南宁		4.000	4.000	灯用	1.233	1.605
海口		7.720	8.240	灯用	0.780	0.780
成都	普通大蜂窝煤	3.733	3.840	灯用	1.311	1.311
贵阳						
昆明		4.214	7.142	灯用	1.044	1.011
西安	西安 2号	3.864	3.861	灯用	0.680	0.680
兰州		4.453	7.150	灯用	0.961	1.180
西宁	民用	4.000	4.000	灯用	0.680	0.680
银川		2.312	2.612			
乌鲁木齐				灯用	0.580	0.580

29个大中城市主要商品零售价格

城市	液化石油气(元/公斤)			劈柴(元/百公斤)		
	规格等级牌号	1988年	1989年	规格等级牌号	1988年	1989年
北京		0.240	0.240		6.000	6.000
天津	民用	0.240	0.240	民用	7.200	7.200
石家庄		0.250	0.250			
太原						
呼和浩特		1.194	1.333		12.000	12.000
沈阳		0.370	0.370		14.000	14.000
长春	一万大卡发热量	0.381	0.435	松木	4.400	4.400
哈尔滨		0.525	0.537		4.600	4.600
上海		0.300	0.300		15.419	20.000
南京	民用	0.240	0.240			
杭州						
合肥	民用	0.476	0.476			
福州		1.133	1.255		16.931	18.000
南昌		0.350	0.350			
济南		0.211	0.224			
郑州	省内罐装	0.593	0.727			
武汉		0.362	0.439		7.400	7.400
长沙		0.330	0.490		15.500	20.500
广州	瓶装	0.999	1.314	杂柴	36.700	51.667
南宁		0.714	0.767		16.667	18.333
海口		2.111	2.617		18.583	31.167
成都	民用	0.605	0.634	引火柴	18.667	28.000
贵阳						
昆明					14.082	17.637
西安	混等	0.789	0.815			
兰州		0.452	0.895		12.250	15.000
西宁		0.800	0.967			
银川		0.400	0.400			
乌鲁木齐		0.200	0.200		8.000	8.000

各地区主要农副产品收购价格

	小 麦（元/百公斤）			籼 稻（元/百公斤）		
	规格等级	1988年	1989年	规格等级	1988年	1989年
全国平均		54.93	66.97		47.02	61.09
北京	中等	65.90	85.10			
天津	中等	66.47	81.40			
河北	中等	54.50	70.28			
山西	中等	63.63	101.44			
内蒙古	中等	53.43	68.33			
辽宁						
吉林	中等	64.44	108.36			
黑龙江	三等	60.70	62.71			
上海		50.00	64.60		44.60	74.10
江苏	中等	52.33	61.53	中等	39.83	55.60
浙江		53.05	77.31		36.26	50.68
安徽	中等	54.15	65.40	中等	49.51	60.80
福建	中等	65.59	87.78	中等	54.13	65.18
江西	中等	49.00	89.50	中等	41.41	51.89
山东	中等	61.48	76.97			
河南	中等	54.46	66.70			
湖北	中等	51.67	63.57	中等	44.17	59.26
湖南	中等	55.94	67.38	中等	50.49	66.57
广东	中等	81.81	103.50	中等	57.66	82.25
广西				中等	67.60	59.20
四川	中等	48.12	60.84	中等	42.35	64.07
贵州	中等	57.93	70.40	中等	42.01	50.74
云南		52.21	78.46		47.27	63.42
西藏						
陕西	中等	52.65	59.20	中等	51.53	51.04
甘肃	中等	56.34	64.55			
青海	中等	52.64	69.78			
宁夏	中等	52.09	64.31			
新疆		48.74	54.33			

各地区主要农副产品收购价格

	玉米（元/百公斤）			高粱（元/百公斤）		
	规格等级	1988年	1989年	规格等级	1988年	1989年
全国平均		38.65	50.95		44.99	54.31
北　京	中等	47.30	51.30	中等	57.20	61.40
天　津	中等	46.71	59.69	中等	49.08	55.20
河　北	中等	37.99	52.31			
山　西	中等	40.60	62.35	中等	47.50	58.88
内蒙古	中等	34.28	38.67	中等	41.92	49.11
辽　宁	中等	32.34	38.82	中等	42.18	50.45
吉　林	中等	32.58	40.54	中等	39.73	48.10
黑龙江	二等	30.72	40.56	二等	41.60	48.77
上　海		56.00	67.20			
江　苏	中等	52.88	53.60			
浙　江		51.70	74.65			
安　徽	中等	40.72	55.70			
福　建						
江　西	中等	62.83	66.20			
山　东	中等	42.57	63.78	中等	52.46	72.94
河　南	中等	44.29	65.16	中等	48.20	55.36
湖　北	中等	42.82	57.46	中等	53.18	61.33
湖　南	中等	65.00	77.00	中等	64.00	70.00
广　东	中等	71.00	97.70			
广　西	中等	70.91	52.46			
四　川	中等	48.51	65.75	中等	68.64	89.65
贵　州	中等	42.59	50.35			
云　南		49.17	54.44			59.54
西　藏						
陕　西	中等	40.37	47.35	中等	53.48	54.87
甘　肃	中等	41.57	46.34			
青　海						
宁　夏	中等	40.22	54.88	中等	40.60	54.00
新　疆		36.94	38.39			46.50

各地区主要农副产品收购价格

	谷子（元/百公斤）			黄豆（元/百公斤）		
	规格等级	1988年	1989年	规格等级	1988年	1989年
全国平均		44.28	67.58		89.82	110.31
北京				中等	104.40	140.00
天津	中等	55.00	71.00	中等	112.99	140.99
河北	中等	40.32	66.55	中等	88.57	126.96
山西	中等	48.15	73.59		107.00	139.94
内蒙古	中等	41.94	47.51	中等	82.83	97.87
辽宁	中等	35.43	54.55	中等	82.56	99.49
吉林		35.94	50.13	中等	86.84	108.27
黑龙江				三等	79.54	95.26
上海					106.60	137.90
江苏			132.00	中等	130.54	128.25
浙江					130.00	167.33
安徽				中等	113.59	116.30
福建				中等	147.19	206.24
江西				中等	155.02	177.22
山东	中等	55.38	65.25	中等	113.29	141.09
河南				中等	108.45	139.90
湖北				中等	112.93	154.58
湖南				中等	115.43	158.85
广东				中等	168.23	211.20
广西				中等	145.31	162.75
四川				中等	102.52	126.86
贵州				中等	116.10	161.67
云南			53.48		91.57	139.79
西藏						
陕西	中等	39.70	62.44	中等	101.26	137.53
甘肃	中等	40.72	67.77	中等	84.66	118.53
青海						
宁夏				中等	102.28	132.97
新疆					105.27	120.59

各地区主要农副产品收购价格

	花生果（元/百公斤）			芝麻（元/百公斤）		
	规格等级	1988年	1989年	规格等级	1988年	1989年
全国平均		127.63	144.87		255.85	363.06
北京	出仁率60%	141.70	173.90			
天津	中等	85.00	113.43	中等	359.73	440.32
河北	出仁率60%	115.27	149.59	中等	215.69	448.91
山西	出仁率60%	168.94	206.87	中等	249.39	275.28
内蒙古				中等	229.24	358.81
辽宁	出仁率60%	112.77	130.65			
吉林						
黑龙江						
上海						
江苏	出仁率60%	133.05	137.43	中等	296.98	374.94
浙江		140.00	200.00		200.00	380.00
安徽	出仁率60%	149.54	171.40	中等	263.16	351.10
福建	中等	155.50	172.40			
江西	出仁率60%	230.04	271.67			
山东	出仁率60%	136.24	179.07	中等	241.95	451.38
河南	出仁率60%	114.66	125.06	中等	257.95	364.83
湖北	中等	139.14	138.92	中等	220.79	337.92
湖南	出仁率60%	193.92	250.65	中等	360.00	505.00
广东	出仁率60%	202.42	266.00	中等	325.00	431.50
广西	出仁率60%	183.28	196.55			
四川	中等	198.85	209.38			
贵州	出仁率60%	144.09	163.98	中等	191.94	317.02
云南		147.14	158.71		260.94	214.72
西藏						
陕西	出仁率60%	135.03	131.30	中等	203.79	236.88
甘肃						
青海						
宁夏						
新疆		189.90	234.76		249.90	257.78

各地区主要农副产品收购价格

	油菜子（元/百公斤）			棉子（元/百公斤）		
	规格等级	1988年	1989年	规格等级	1988年	1989年
全国平均		112.48	131.49		48.70	43.40
北京						
天津						
河北						
山西	中等	108.68	141.22	中等	68.80	74.82
内蒙古	中等	97.91	119.95			
辽宁						
吉林						
黑龙江						
上海		106.00	117.90		36.00	40.86
江苏	中等	109.01	132.11	中等	51.49	42.66
浙江		103.32	146.43		31.34	43.27
安徽	中等	114.71	149.10			
福建	中等	109.44	131.00			
江西	中等	105.60	122.69	中等	46.30	64.68
山东	中等	100.00	107.60	中等	105.16	122.30
河南	中等	115.70	123.42			
湖北	中等	112.45	125.48	中等	36.80	40.76
湖南	中等	103.46	130.00			
广东						
广西						
四川	中等	116.97	132.52			
贵州	中等	103.83	121.02			
云南		131.25	163.34			
西藏						
陕西	中等	103.94	124.24	中等	31.00	68.52
甘肃	中等	104.14	115.36			
青海	中等	117.37	121.74			
宁夏						
新疆		100.40	113.03		30.65	34.19

各地区主要农副产品收购价格

	葵花子（元/百公斤）			皮　棉（元/百公斤）		
	规格等级	1988年	1989年	规格等级	1988年	1989年
全国平均		100.04	110.65		377.45	472.95
北　京						
天　津					352.84	477.51
河　北	中　等	127.62	141.32	标准级三级27mm	355.80	468.77
山　西	中　等	133.27	139.24	标准级三级27mm	372.84	472.84
内蒙古	中　等	104.43	124.21			
辽　宁	中　等	108.10	127.63	标准级三级27mm	343.49	418.15
吉　林	中　等	87.07	92.92			
黑龙江	二　等	99.65	108.06			
上　海					352.84	472.84
江　苏	中　等		170.19	标准级三级27mm	365.24	470.15
浙　江					420.00	674.00
安　徽				标准级三级27mm	370.28	421.90
福　建						
江　西				标准级三级27mm	396.27	472.36
山　东		394.21	459.47			
河　南				三级 27 mm	396.98	466.73
湖　北				三级 27 mm	380.98	472.48
湖　南				标准级三级27mm	400.00	520.00
广　东						
广　西						
四　川				标准级三级27mm	441.28	532.36
贵　州	中　等	128.58	173.73			
云　南		162.56	189.43		320.00	800.00
西　藏						
陕　西		76.72	129.43	三级 27 mm	366.23	492.53
甘　肃	中　等	120.40	123.11	标准级三级27mm	352.80	472.84
青　海						
宁　夏	中　等	149.50	147.04			
新　疆		105.94	107.39		372.66	430.82

各地区主要农副产品收购价格

	棉短绒（元/百公斤）			大麻（元/百公斤）		
	规格等级	1988年	1989年	规格等级	1988年	1989年
全国平均		136.80	183.73		219.11	244.09
北京						
天津						
河北	各等级平均	140.00	188.40			
山西	各等级平均	201.00	218.00	二等	256.00	376.00
内蒙古				二等	230.08	340.00
辽宁						
吉林						
黑龙江				二等	196.00	196.00
上海						
江苏	各等级平均	143.11	204.63	二等	146.67	218.64
浙江		170.00	230.00			
安徽				二等	113.85	169.20
福建						
江西	各等级平均	140.56	150.94			
山东	各等级平均	123.09	111.68	二等	226.95	251.57
河南				二级	104.46	154.19
湖北	混合平均	124.19	188.10			
湖南						
广东						
广西						
四川	各等级平均	95.37	103.41			
贵州						
云南					149.06	151.46
西藏						
陕西	各等级平均	86.91	102.15	二等	236.63	226.15
甘肃	各等级平均	208.20	260.00	二等	260.00	246.02
青海						
宁夏				二等	200.00	220.00
新疆			169.72			

各地区主要农副产品收购价格

	苎麻（元/百公斤）			黄红麻(熟麻)（元/百公斤）		
	规格等级	1988年	1989年	规格等级	1988年	1989年
全国平均		246.90	233.57		123.64	153.07
北京						
天津						
河北						
山西						
内蒙古						
辽宁						
吉林						
黑龙江						
上海						
江苏		273.57	264.67	二等熟麻	130.12	135.09
浙江		250.00	300.00		136.00	166.00
安徽	中等	231.28	216.70	二等熟麻	138.44	151.50
福建	中等	484.02	473.90	二等熟麻	111.87	121.00
江西	中等	252.63	264.06	二等熟麻	128.51	159.60
山东				二等熟麻	117.16	199.94
河南				二级	109.61	131.75
湖北	二级	207.54	202.17	二级	119.41	154.09
湖南	中等	303.20	250.78	二等熟麻	120.03	160.00
广东	中等	547.72	600.00	二等熟麻	154.93	181.80
广西		262.94	247.23		126.31	156.75
四川	中等	220.43	240.63	二等熟麻	127.08	154.41
贵州	中等	767.47	380.00			
云南			577.26			
西藏						
陕西	二等	891.57				
甘肃						
青海						
宁夏						
新疆						

各地区主要农副产品收购价格

	烤　烟（元/百公斤）			晒　烟（元/百公斤）		
	规格等级	1988年	1989年	规格等级	1988年	1989年
全国平均		218.92	207.97		274.48	315.93
北　京						
天　津						
河　北	金黄四级	279.11	279.44			
山　西	金黄四级	234.69	220.00			
内蒙古	金黄四级	216.27	239.22	中　等	317.00	560.00
辽　宁	金黄四级	175.35	176.00	中　等	354.64	375.86
吉　林	金黄四级	176.00	176.00	中　等	200.00	200.00
黑龙江	金黄四级	166.00	166.00	二　等	188.00	188.00
上　海						
江　苏	金黄四级	282.24	277.61			
浙　江					200.00	224.00
安　徽	金黄四级	181.07	180.20			
福　建	中部四黄	279.10	356.93	三　级	499.05	754.83
江　西	金黄四级	326.20	401.15	中　等	313.26	523.50
山　东	金黄四级	188.19	188.43			
河　南	金黄四级	179.91	193.96			
湖　北	中黄四级	222.87	232.22	中四级	327.80	329.84
湖　南		440.00	234.00	金黄四级	450.00	380.00
广　东	金黄四级	586.00	741.60	中　等	640.00	798.50
广　西		285.09	363.22		589.94	517.16
四　川	金黄四级	247.36	230.28	中　等	218.24	211.03
贵　州	金黄四级	195.06	219.32			
云　南		184.00	217.10			
西　藏						
陕　西	金黄四级	179.43	174.20			346.67
甘　肃	金黄四级	180.00	180.00			
青　海						
宁　夏						
新　疆		172.95	172.95			

各地区主要农副产品收购价格

	甘蔗（元/百公斤）			甜菜（元/百公斤）		
	规格等级	1988年	1989年	规格等级	1988年	1989年
全国平均		9.10	12.79		12.30	14.37
北京						
天津						
河北				中等	15.00	16.35
山西				中等甜萝卜	14.00	15.00
内蒙古				中等	12.70	14.68
辽宁				中等	10.00	10.63
吉林				混等	12.08	14.44
黑龙江				混等	12.00	14.00
上海						
江苏				中等	14.00	18.00
浙江		16.00	16.00			
安徽						
福建	中等	10.61	17.62			
江西	中等	9.81	11.78			
山东				中等	16.98	20.00
河南						
湖北						
湖南		10.00	12.00			
广东	中等	9.50	15.00			
广西		9.25	10.22			
四川	中等	8.49	12.01	中等	15.00	16.00
贵州	中等	7.34	10.91			
云南		6.78	10.33			
西藏						
陕西				中等	18.70	20.01
甘肃				中等	11.41	12.00
青海						
宁夏				中等	12.00	13.45
新疆					14.34	23.12

各地区主要农副产品收购价格

	红毛茶（元/百公斤）			绿毛茶（元/百公斤）		
	规格等级	1988年	1989年	规格等级	1988年	1989年
全国平均		618.08	662.59		655.33	636.33
北京						
天津						
河北						
山西						
内蒙古						
辽宁						
吉林						
黑龙江						
上海						
江苏	三级中准	610.34	756.97	三级中准	985.43	866.05
浙江		352.50	436.00		574.12	564.00
安徽				三级中准	853.31	691.90
福建	三级中等	473.75	633.88	三级中等	775.21	622.96
江西	三级中准	566.52	581.09	三级中准	712.59	856.75
山东						
河南						
湖北	三级	669.92	709.23	三级	702.16	967.78
湖南		472.17	451.26	三级中准	578.87	554.28
广东	三级中准	744.98	836.90	三级中准	813.81	888.19
广西					530.34	313.03
四川	三级中准	549.78	562.14	三级中准	560.16	521.44
贵州				三级中准	484.00	614.82
云南		645.79	591.37		614.31	631.16
西藏						
陕西				三级中等	543.44	533.45
甘肃				三级中准	942.33	763.44
青海						
宁夏						
新疆						

各地区主要农副产品收购价格

	松原木（元/立方米）			杉原木（元/立方米）		
	规格等级	1988年	1989年	规格等级	1988年	1989年
全国平均		189.00	189.95		378.47	405.73
北京						
天津						
河北						
山西	白杆松檩	389.54	389.54			
内蒙古						
辽宁	长2-3.8m径20-28二等	207.82	185.18			
吉林						
黑龙江						
上海						
江苏						
浙江		267.46	194.91		521.82	437.15
安徽	2-3.8m 20-28CM二等	224.77	239.97			
福建	二等	168.00	178.00	二等	445.00	465.00
江西	二等	122.53	140.69	二等	300.67	338.55
山东						
河南						
湖北	2-3.8m 20-28cm	204.86	235.96	4-5.8m 14-18cm	442.54	434.46
湖南		276.07	231.73	长2-3.8m径级20-28cm	517.54	430.57
广东	长2-3.8m径20-28cm	150.42	178.58	长4-5.8m径14-18cm	392.60	466.00
广西		142.77	154.46		343.31	412.80
四川	长2-3.8m径级20-28cm	152.63	181.73	长4-5.8m径级14-18cm	372.37	320.89
贵州	长2-3.8m径级20-28cm	103.71	115.41	长4-5.8m径级14-18cm	271.62	234.83
云南		244.88	228.53			183.12
西藏						
陕西	长 2-3.8m径20-28cm	225.00	236.00		360.00	385.00
甘肃						
青海						
宁夏						
新疆						

各地区主要农副产品收购价格

	杂原木（元/立方米）			毛竹（元/立方米）		
	规格等级	1988年	1989年	规格等级	1988年	1989年
全国平均		154.31	153.08		255.02	270.58
北京						
天津						
河北						
山西	二等	150.00	263.55			
内蒙古	二等	180.00	180.00			
辽宁	二等	156.51	149.07			
吉林	二等	150.91	213.12			
黑龙江						
上海						
江苏				围径23.3cm以上	465.89	618.02
浙江		239.58	164.12		249.00	204.00
安徽	二等	164.89	194.06	围径23.3CM以上	250.50	316.50
福建	二等	135.85	160.67	围径29.7CM	343.76	359.27
江西				围径23.3cm以上	271.68	285.75
山东						
河南						
湖北	2-3.8M 20-28CM	178.68	188.35	围径23.3CM以上	228.81	227.98
湖南	二等	142.49	104.97		310.00	250.00
广东	二等	119.58	137.70	围径23.3cm以上	202.94	281.50
广西		92.34	93.22		205.80	204.43
四川				围径23.3cm以上	493.76	631.51
贵州				围径23.3cm以上	165.68	165.44
云南			219.09			
西藏						
陕西	二等	195.00	212.16			300.00
甘肃						
青海						
宁夏						
新疆		103.50	120.00			

各地区主要农副产品收购价格

	桐油（元/百公斤）			蓖麻子（元/百公斤）		
	规格等级	1988年	1989年	规格等级	1988年	1989年
全国平均		351.46	402.07		198.88	204.45
北京						
天津				二等	204.00	220.00
河北				中等	159.66	242.52
山西				中等	234.00	245.00
内蒙古				中等	173.87	175.43
辽宁				中等	140.09	340.00
吉林				中等	210.08	208.79
黑龙江				二等	141.46	200.00
上海						
江苏						
浙江						
安徽				中等	170.00	161.10
福建	中等	339.46	413.68			
江西	中等	433.87	468.28			
山东						
河南	中等生净油	379.67	465.12			
湖北	中等	311.16	376.52			
湖南	中等	431.47	450.00			
广东	中等	424.29	498.12	中等	86.00	88.00
广西						
四川				中等		
贵州	中等	331.98	380.00	中等	148.35	143.69
云南		413.56	238.47		129.31	191.90
西藏						
陕西	中等	358.31	430.23		160.00	180.00
甘肃						
青海						
宁夏						
新疆						

各地区主要农副产品收购价格

	生漆（元/百公斤）			肥猪（元/百公斤）		
	规格等级	1988年	1989年	规格等级	1988年	1989年
全国平均		2140.59	1798.10		321.99	355.80
北京				出肉率66%	310.00	361.00
天津				出肉率63-66%	306.50	320.88
河北				出肉率63%-66%	318.88	317.37
山西				出肉率63--66%	404.00	390.00
内蒙古				出肉率63-66%	295.15	364.85
辽宁				出肉率63-66%	290.94	338.84
吉林					280.70	326.96
黑龙江				三等	277.98	325.41
上海					228.60	317.70
江苏				出肉率63-66%	331.48	346.65
浙江					318.00	366.00
安徽				出肉率63-66%	370.89	357.70
福建				中等	395.77	489.70
江西				出肉率63-66%	376.56	416.18
山东				混等混级	314.86	318.44
河南	含纯漆 65%	3090.81	1950.12	出肉率63--68%	340.11	343.53
湖北	大木含漆量 65%	2125.24	1848.00	统装	356.02	383.40
湖南		2050.00	2100.00	估净肉中等	355.08	391.49
广东				出肉率63-66%	497.80	599.00
广西		5396.58	4000.00		357.46	504.17
四川	大木含漆量65%	2370.43	2062.21		249.27	271.66
贵州	大木含漆量65%	1893.16	2460.00	出肉率 63-66%	306.70	318.58
云南		2164.00	2216.36		335.82	354.77
西藏						
陕西	大小木含漆量 65 %	1920.19	1436.08	三等出肉率63-66 %	278.32	295.41
甘肃	大木含漆量65%	2047.08	2017.92	出肉率63-66%	222.28	254.08
青海				出肉率63-66%	269.39	303.79
宁夏				出肉率63-66%	327.33	320.74
新疆					350.10	380.04

各地区主要农副产品收购价格

	菜牛（元/百公斤）			绵羊（元/百公斤）		
	规格等级	1988年	1989年	规格等级	1988年	1989年
全国平均		550.86	585.57		414.17	421.22
北京	估净肉，中等	711.00	760.00	估净肉，中等	730.00	683.00
天津						
河北	估净肉，中等	285.41	277.41	估净肉，中等	317.96	360.32
山西	估净肉，中等	466.00	429.00	估净肉，中等	550.00	550.00
内蒙古	估净肉，中等	561.38	483.41	估净肉，中等	574.67	509.06
辽宁	估净肉，中等	478.15	640.88	估净肉，中等	765.96	665.77
吉林	混等	617.96	767.58			
黑龙江	估净肉，中等	417.94	517.70	估净肉，中等	589.81	600.00
上海		477.87	577.80			
江苏	估净肉，中等	651.47	745.81	估净肉，中等	305.30	300.00
浙江		480.00	600.00		240.00	280.00
安徽	估净肉，中等	470.69	604.50	估净肉，中等	281.81	331.00
福建	估净肉，中等	629.58	728.71			
江西	估净肉，中等	523.75	658.20			
山东	估净肉，中等	513.74	552.85	估净肉，中等	512.61	534.64
河南	黄牛估净肉中等	618.55	630.68	估净肉，中等	301.49	386.69
湖北	估净肉	408.16	481.12			
湖南		423.44	575.30			
广东	估净肉，中等	646.67	787.40			
广西		493.22	639.02			
四川	估净肉，中等	481.18	540.12			
贵州	估净肉，中等	275.24	356.02			
云南		398.57	479.37			120.58
西藏						
陕西	估净肉，中等	361.00	253.95	估净肉，中等	624.89	540.64
甘肃	估净肉，中等	430.80	346.04	估净肉，中等	543.19	365.73
青海	估净肉，中等	341.35	358.16	估净肉，中等	302.96	260.89
宁夏	估净肉，中等	519.50	594.30	估净肉，中等	568.49	550.19
新疆		290.34	342.62		426.98	399.75

各地区主要农副产品收购价格

	山羊（元/百公斤）			活鸡（元/百公斤）		
	规格等级	1988年	1989年	规格等级	1988年	1989年
全国平均		371.42	411.17		538.67	624.32
北京				二等活鸡	382.00	405.00
天津				二等	464.64	434.74
河北				二等活公鸡	362.11	373.17
山西	估净肉，中等	542.00	505.00	二等活公鸡	385.00	403.00
内蒙古	估净肉，中等	675.54	487.16	二等活公鸡	381.82	395.48
辽宁	估净肉中等	352.00	587.17	二等活公鸡	479.51	520.43
吉林				二等活公鸡	400.00	504.68
黑龙江				二等活鸡	403.77	410.00
上海					519.13	583.01
江苏	估净肉，中等	392.15	405.50	二等活公鸡	457.05	554.58
浙江					560.00	640.00
安徽				二等活公鸡	521.15	649.38
福建	估净肉，中等	897.14	1045.69	二等种公鸡	660.40	893.68
江西				二等活母鸡	652.53	698.69
山东	估净肉，中等	564.14	569.27	二等活公鸡	418.55	474.72
河南	估净肉，中等	299.75	378.83	二等活公鸡	421.22	449.89
湖北	混合平均	336.89	400.97	一公斤左右	492.78	508.99
湖南		457.28	544.65		619.62	667.77
广东				公鸡二等	775.25	1003.30
广西		332.83	391.16		827.22	1015.8
四川	估净肉，中等	300.22	352.94	二等活公鸡	375.35	466.19
贵州				二等活公鸡	420.90	365.00
云南		160.98	213.61		472.60	550.37
西藏						
陕西	估净肉，中等	410.00	473.15	活公鸡	360.25	426.62
甘肃			540.00	二等	412.20	568.93
青海	估净肉，中等	349.11	255.81	二等活公鸡	600.00	598.74
宁夏	估净肉，中等	511.64	496.38	二等活公鸡	511.22	496.32
新疆		232.11	232.11		472.17	590.55

各地区主要农副产品收购价格

	活鸭（元/百公斤）			鸡蛋（元/百公斤）		
	规格等级	1988年	1989年	规格等级	1988年	1989年
全国平均		446.36	508.41		363.69	408.79
北京				新鲜完整	361.44	385.88
天津				新鲜完整	320.37	329.66
河北				新鲜完整	367.11	402.85
山西				新鲜完整	447.00	463.00
内蒙古	二等活鸭	256.92	580.00	新鲜完整	372.04	435.02
辽宁	二等活鸭	254.00	380.00	新鲜完整	443.96	390.75
吉林	二等活鸭	269.77	217.76	新鲜完整	372.60	442.52
黑龙江				新鲜完整	393.95	420.00
上海		310.03	311.21		286.61	326.64
江苏	二等活鸭	377.02	418.28	新鲜完整	371.47	453.92
浙江		480.00	580.00		400.00	500.00
安徽	二等活鸭	417.62	522.49	新鲜完整	422.63	502.73
福建	二等活鸭	488.98	590.63	新鲜完整	537.67	613.55
江西	二等活鸭	476.58	503.11	新鲜完整	451.66	526.33
山东	二等活鸭	332.77	412.08	新鲜完整	418.78	474.50
河南				新鲜完整	338.19	411.95
湖北	1.25公斤左右	421.27	479.28	新鲜完整	360.07	417.20
湖南		454.99	491.56		442.60	488.19
广东	二等活鸭	499.72	593.00	新鲜完整	588.40	690.00
广西		472.99	530.47		484.77	658.58
四川	二等活鸭	378.18	453.11	新鲜完整	381.31	435.76
贵州						
云南			305.37		340.00	475.50
西藏						
陕西				新鲜完整	315.41	403.35
甘肃				新鲜完整	338.88	404.50
青海				新鲜完整	337.42	416.34
宁夏				新鲜完整	391.09	407.65
新疆					397.50	413.00

各地区主要农副产品收购价格

	鸭蛋（元/百公斤）			绵羊皮（元/张）		
	规格等级	1988年	1989年	规格等级	1988年	1989年
全国平均		341.51	391.03		33.78	28.28
北京				甲级干皮	35.93	39.93
天津				当地一级	29.59	27.18
河北				甲级干皮	34.53	23.88
山西				甲级干皮	37.17	34.26
内蒙古				甲级干皮	36.78	29.41
辽宁	新鲜完整	333.00	545.46	甲级干皮	27.15	26.57
吉林				甲级干皮	27.32	27.71
黑龙江				甲级	25.34	27.88
上海		253.70	288.40			
江苏	新鲜完整	356.73	417.03	甲级干皮	32.53	25.35
浙江		320.00	400.00		32.20	30.90
安徽	新鲜完整	363.72	418.48	甲级干皮	33.75	27.83
福建	新鲜完整	409.85	479.40			
江西	新鲜完整	398.62	461.67			
山东	新鲜完整	363.14	407.01	甲级干皮	22.91	39.21
河南	新鲜完整	322.17	472.27	甲级干皮	34.32	47.60
湖北	新鲜完整	406.11	422.09			
湖南	新鲜完整	429.09	462.04			
广东	新鲜完整	469.20	539.00			
广西		461.21	539.90			
四川	新鲜完整	401.09	431.34	甲级干皮	14.60	15.91
贵州				甲级干皮	10.09	11.76
云南					12.58	9.67
西藏						
陕西				甲级干皮	27.47	28.63
甘肃				甲级干皮	38.94	31.46
青海				甲级干皮	28.36	27.40
宁夏				甲级干皮	30.40	25.80
新疆					20.87	21.01

各地区主要农副产品收购价格

	山羊板皮（元／张）			黄牛皮（元／张）		
	规格等级	1988年	1989年	规格等级	1988年	1989年
全国平均		15.56	16.64		74.57	83.67
北京						
天津	华北路一等	21.62	20.43			
河北	一等干皮	23.98	26.18			
山西	一等干皮	23.57	21.90	甜干板中磅皮	101.10	175.80
内蒙古	一等干皮	17.40	14.23	甜干板中磅皮	57.46	62.31
辽宁	一等干皮	13.52	12.70			
吉林	一级干皮	11.65	13.32	甜干板中磅皮	87.25	97.48
黑龙江	甲级	13.37	14.83	甲级	63.93	78.16
上海						
江苏	一等干皮	16.86	15.22	甜干板中磅皮	132.97	101.45
浙江		26.00	24.40		110.50	90.00
安徽	一等干皮	13.28	14.96			
福建						
江西	一等干皮	10.22	8.12	甜干板中磅皮	108.53	101.74
山东	一等干皮	19.05	26.03			
河南	汉口路干皮一等	19.16	19.83	甜干板甲级	130.00	147.53
湖北	干皮一等	15.18	17.26	甜干板甲级	40.49	36.51
湖南		11.97	12.47		31.47	43.51
广东	一等干皮	25.79	25.15		45.83	55.00
广西		11.30	12.11		57.69	65.82
四川				甜干板中镑皮	75.22	62.69
贵州	一等干皮	11.17	10.78	甜干板中磅皮	48.44	55.00
云南		10.50	11.52		45.22	79.33
西藏						
陕西	一等	20.26	22.08	甜干板中磅皮	106.80	162.76
甘肃	一等干皮	23.00	20.42	甜干板中磅皮	60.98	59.81
青海	一等干皮	17.64	15.80	甜干板中磅皮	54.80	51.00
宁夏	一等干皮	25.06	21.71			
新疆		17.69	20.30		41.33	46.02

各地区主要农副产品收购价格

	绵羊粗毛（元/百公斤）			绵羊细毛（元/百公斤）		
	规格等级	1988年	1989年	规格等级	1988年	1989年
全国平均		829.78	810.70		961.94	953.29
北京				手抖净货，一等改良	483.00	464.00
天津						
河北				手抖净货，一等改良	1070.99	931.37
山西	手抖净货，本种绵羊毛	686.00	665.00	手抖净货，一等改良	944.00	801.00
内蒙古	手抖净货，本种绵羊毛	870.62	804.42		917.63	921.51
辽宁	手抖净货，本种绵羊毛	678.28	870.23	手抖净货，一等改良	995.08	992.45
吉林	手抖净货，本种绵羊毛	597.74	675.10	手抖净货，一等改良	966.61	945.40
黑龙江				手抖净货，本种绵羊毛	862.54	804.19
上海						
江苏				手抖净货，一等改良	729.25	1044.74
浙江		924.00	890.00			
安徽						
福建						
江西						
山东	手抖净货本种绵羊毛	822.83	867.49	手抖净货，一等改良	831.66	1422.51
河南				手抖净货，一等改良	959.77	1142.69
湖北						
湖南						
广东						
广西						
四川				手抖净货，一等改良	1436.67	1567.74
贵州				手抖净货，一等改良	986.30	960.00
云南		684.75	621.74		1008.53	1056.29
西藏						
陕西	手抖净货，本种	847.93	929.91	手抖净货，本种	766.61	893.38
甘肃	手抖净货，本种绵羊毛	872.03	892.94	手抖净货，一等改良	266.42	900.00
青海	手抖净货本种棉羊毛	763.76	905.36	手抖净货，一等改良	1004.49	867.64
宁夏	手抖净货，本种绵羊毛	1271.19	953.07	手抖净货，一等改良	1313.03	873.18
新疆		470.04	574.03		1094.00	1085.94

各地区主要农副产品收购价格

	山羊毛（元/百公斤）			山羊绒（元/百公斤）		
	规格等级	1988年	1989年	规格等级	1988年	1989年
全国平均		568.44	505.92		16222.47	16871.37
北京				手抖净货,头路紫绒	45795.00	47523.00
天津		414.14	317.60			
河北	白色5cm以上	577.00	550.00	手抖净货,头路紫绒	18027.00	18118.82
山西	白色cm以上	630.00	602.00	手抖净货,头路紫绒	13283.00	10270.00
内蒙古	白色5cm以上	492.35	444.19	手抖净货,头路紫绒	17750.35	18058.55
辽宁	白色5cm以上	544.92	506.45	手抖净货,头潞紫绒	6245.00	6435.00
吉林						
黑龙江						
上海						
江苏	白色5cm以上	850.50	980.02	手抖净货,头路紫绒	7850.00	7850.00
浙江		1800.00	1160.00			
安徽	白色5cm以上	324.06	347.86			
福建						
江西						
山东				手抖净货,头路紫绒	6903.61	15084.55
河南	白色5cm以上	525.62	423.44	手抖净货紫绒	10264.50	18707.14
湖北						
湖南						
广东						
广西						
四川						
贵州						
云南		311.81	450.00			
西藏						
陕西	白色5cm以上	767.03	384.74	手抖净货,头路紫绒	9592.15	12239.27
甘肃	白色5cm以上	574.80	424.99	手抖净货,头路紫绒	18169.81	16136.59
青海	白色5cm以上	411.07	239.20	手抖净货,头路紫绒	12999.35	10209.89
宁夏	白色5cm以上	594.70	437.63	手抖净货,头路紫绒	16976.05	14237.10
新疆		452.07	358.21		13722.64	14668.74

各地区主要农副产品收购价格

	兔毛（元/百公斤）			猪鬃（元/百公斤）		
	规格等级	1988年	1989年	规格等级	1988年	1989年
全国平均		8105.12	8956.16		1355.47	1482.89
北京						
天津	白色一等	8000.00	8000.00	黑7cm以上	1996.39	2253.45
河北						
山西	一等安哥拉兔毛	15000.00	11904.00	6.5cm以上100%黑鬃	2096.00	2466.50
内蒙古				6.5cm以上100%黑	1314.57	1308.65
辽宁	一等安哥拉兔毛	6122.00	6556.24	6.5cm以上100%黑生鬃	2597.98	2985.88
吉林						
黑龙江					394.50	422.56
上海						
江苏	一等安哥拉兔毛	7744.06	9283.72	6.5cm以上，100%黑	1199.43	1397.30
浙江		10260.00	10260.00		1700.00	1683.00
安徽				6.5cm以上100%黑生鬃	874.40	1096.35
福建	一等安哥拉	7307.50	7380.58	6.5cm以上	448.86	600.00
江西	一级安哥拉兔毛	5909.90	6257.98	3cm以上100%鬃	1988.48	2441.78
山东	一等安哥拉兔毛	7969.25	9018.54			
河南	一等安哥拉兔毛	6699.58	9641.65	6.3cm以上	1999.58	1429.76
湖北				纯黑生统货	824.46	1581.57
湖南		6107.14	6687.32		2286.42	2626.50
广东		9390.93	8240.00		1060.79	1060.79
广西						
四川	一等安哥拉	6992.82	9826.49	6.5cm以上100%黑生鬃	1035.51	1368.41
贵州	一等安哥拉兔毛	4387.29	6274.29	6.5cm以上100%黑生鬃	1232.33	1128.56
云南		6400.00	6751.67		1746.89	1385.72
西藏						
陕西						
甘肃	一等安哥拉毛	6300.00	5953.43	6.5cm以上黑鬃	2400.18	2931.82
青海				6.5cm以上，100%黑鬃	600.00	475.67
宁夏	一等安哥拉兔毛	5400.00	3600.00	6.6cm以上100%黑生鬃	1376.87	1433.33
新疆						

各地区主要农副产品收购价格

	猪肠衣（元/万根）			绵羊肠衣（元/万根）		
	规格等级	1988年	1989年	规格等级	1988年	1989年
全国平均		19644.48	24378.80		46456.66	41334.83
北京	原肠	16700.00	16400.00	原肠	96400.00	89300.00
天津	原肠新鲜	20092.09	29772.76			
河北	原肠	9981.57	15894.43	原肠	8000.00	13923.00
山西	原肠	20900.00	23900.00	原肠	28500.00	39250.00
内蒙古	原肠	32837.87	17598.64		46235.53	44208.39
辽宁						
吉林						
黑龙江						
上海		22500.00	29600.00			
江苏	原肠	12421.01	24983.62			
浙江		21500.00	18000.00			
安徽	原肠	17793.56	25754.00			
福建						
江西	原肠	25379.01	23244.82			
山东	原肠	20300.55	24563.33	原肠	59043.50	41900.00
河南	半成品	21112.58	23056.37			
湖北	原肠统货	21703.32	22363.95			
湖南		22820.91	25842.80			
广东		28183.24	39794.79			
广西						
四川	胚肠	21188.00	23251.00			
贵州	原肠	17921.52	17685.83			
云南		9363.00	14868.40			
西藏						
陕西	原肠	12303.69	18788.94	原肠	8778.92	8916.00
甘肃	原肠	14311.49	10030.81	原肠	67318.05	63736.53
青海				原肠	51183.40	39527.58
宁夏	原肠	11246.23	12773.33	原肠	52650.50	31252.00
新疆						

各地区主要农副产品收购价格

	桑蚕茧（元/百公斤）			柞蚕茧（元/百公斤）		
	规格等级	1988年	1989年	规格等级	1988年	1989年
全国平均		941.70	967.13		269.63	331.11
北京						
天津						
河北	茧层率 16%	910.00	982.98			
山西	茧层率 16%	1201.00	1080.00			
内蒙古				茧层率8.5%	2242.00	3328.00
辽宁				茧层率 18%	231.11	302.79
吉林					360.00	340.00
黑龙江				二等	312.00	360.00
上海		883.00	1126.10			
江苏	上鲜茧	1088.97	1027.35			
浙江		1061.00	966.00			
安徽	茧层率 16%	1313.87	986.60			
福建	茧层率 16%	2222.19	2400.00			
江西						
山东	茧层率 23%	721.47	952.51	茧层率 8.5%	444.79	427.75
河南	上茧率100%茧层20%	1300.00	1020.00	茧层率9.5%	397.30	360.00
湖北	茧层率21%	1180.93	1032.84	茧层率8.5%	296.00	414.00
湖南		1039.80	814.80			
广东		560.00	1546.00			
广西		940.07	1013.49			
四川	正茧均价	749.50	883.71			
贵州	茧层率 16%	540.00	910.00			
云南		1021.72	1431.04			
西藏						
陕西	上茧率100%茧层16%	754.95	1002.32			
甘肃	茧层率16%	1015.81	1000.00			
青海						
宁夏						
新疆		444.03	496.11			

各地区主要农副产品收购价格

	苹果（元/百公斤）			梨（元/百公斤）		
	规格等级	1988年	1989年	规格等级	1988年	1989年
全国平均		160.89	140.14		93.15	105.08
北京	一等小国光或青香蕉	136.00	123.00	一等	70.00	75.00
天津	红香蕉	215.00	220.00	鸭梨	112.24	110.00
河北	一等小国光或青香蕉	128.45	109.56	一等	81.30	95.17
山西	一等小国光或青香蕉	111.00	103.00	一等	79.00	70.00
内蒙古	一等小国光或青香蕉	243.00	84.00	一等	76.00	67.00
辽宁	一等小国光或青香蕉	127.12	145.36	一等	101.11	123.48
吉林				一等	139.94	150.00
黑龙江						
上海					46.53	87.00
江苏	一等小国光或青香蕉	172.22	151.88	一等	120.40	98.02
浙江					150.00	160.00
安徽	一等小国光	123.06	95.84			
福建						
江西				一等	120.28	127.14
山东	一等小国光	204.48	143.29	中等	145.16	132.43
河南	一等小国光或青香蕉	123.55	119.59			
湖北	乙级	250.38	251.12	伏梨统装	153.74	205.29
湖南						
广东	一等	166.35	222.00	一等	142.50	186.00
广西						
四川	一等小国光或青香蕉	91.23	87.74	一等	51.07	56.40
贵州	一等小国光或青香蕉	110.34	98.00			
云南			102.31		85.43	119.05
西藏						
陕西	一级小国光	121.65	69.72	一等	172.88	152.52
甘肃	一等小国光或青香蕉	139.29	146.60	一等	144.56	108.56
青海	一等黄元帅	103.46	170.00	一等	92.40	127.80
宁夏	一等小国光	141.56	120.00	一等	124.50	140.00
新疆		116.98	151.43		143.74	150.00

各地区主要农副产品收购价格

	橘子（元/百公斤）			西瓜（元/百公斤）		
	规格等级	1988年	1989年	规格等级	1988年	1989年
全国平均		170.25	121.90		34.96	39.47
北京				一等	33.70	33.10
天津				优质	28.16	27.60
河北						
山西				一等	21.00	20.00
内蒙古				一等	24.00	22.00
辽宁				一等	21.00	21.20
吉林						
黑龙江				一等	30.82	20.00
上海		243.37	131.52		30.62	29.40
江苏	一等	210.80	142.60	一等	36.55	32.49
浙江		168.30	120.68		34.96	34.02
安徽				一等	29.00	32.89
福建	中等	184.31	135.57	中等	40.24	39.28
江西	一等	126.83	101.61	一等	30.31	49.78
山东				一等	34.19	38.21
河南				一等	24.91	22.00
湖北	乙级	215.15	119.11			
湖南		157.80	100.00		49.67	55.13
广东	一等	177.00	196.00	中等	50.00	68.00
广西		176.19	134.98		30.53	29.19
四川	一等	183.61	90.37			
贵州				一等	37.55	46.80
云南		151.05	134.78			75.73
西藏						
陕西	一等	72.00	92.00		28.47	30.24
甘肃	一等	109.43	93.40	一等	32.62	28.44
青海						
宁夏				一等	18.49	19.05
新疆					24.03	26.82

各地区主要农副产品收购价格

	核桃（元/百公斤）			红枣（元/百公斤）		
	规格等级	1988年	1989年	规格等级	1988年	1989年
全国平均		268.89	249.00		320.46	283.93
北京	中等	285.00	299.00	一等干枣	215.00	300.00
天津	蓟县统	300.00	376.00			
河北	中等	343.38	280.03	一等干枣	287.40	286.68
山西	中等	311.00	310.00	一等干枣	225.00	195.00
内蒙古						
辽宁	中等	40.00	79.81			
吉林						
黑龙江						
上海						
江苏				一等干枣	304.00	313.34
浙江		550.00	400.00			
安徽	中等	293.75	300.00			
福建						
江西						
山东	中等	338.05	376.37	一等干枣	304.62	271.94
河南	中等	224.47	191.44	一等干枣	335.59	434.27
湖北	乙级	238.16	229.74	乙级	265.10	259.60
湖南						
广东				一等	487.32	380.81
广西						
四川	中等	199.56	211.80			
贵州	中等	204.00	198.95			
云南		250.73	286.81			
西藏						
陕西	中等	210.49	179.67	一等干枣	220.44	167.92
甘肃	中等	227.59	191.00	一等干枣	132.99	133.53
青海						
宁夏	中等	296.00	276.16	一等干枣	220.00	180.16
新疆		255.50	259.30		276.22	288.11

各地区主要农副产品收购价格

	栗子（元/百公斤）			黑瓜子（元/百公斤）		
	规格等级	1988年	1989年	规格等级	1988年	1989年
全国平均		312.05	323.60		421.98	376.83
北京	一等	286.00	333.00			
天津	蓟县统	220.00	300.00			
河北	一等	331.24	340.81	二等	480.12	297.37
山西				二等	479.00	538.00
内蒙古				二等	316.95	269.98
辽宁	一等	349.00	381.69	二等		
吉林				二等	171.35	222.56
黑龙江						
上海						
江苏	一等	504.48	462.92			
浙江						
安徽	一等	333.92	246.19	二等	485.28	450.91
福建				二等	554.59	598.17
江西	一等	260.43	310.43	二等	518.00	504.20
山东	一等	369.01	391.56			
河南	一等	314.21	299.38			
湖北	乙级	302.31	259.51			
湖南						
广东						
广西		360.00	252.32			
四川						
贵州						
云南						172.13
西藏						
陕西	一等	211.89	247.02	二等	354.25	313.33
甘肃				二等	559.66	585.65
青海						
宁夏				二等	450.00	249.45
新疆					473.54	375.03

各地区主要农副产品收购价格

	黄花菜（元/百公斤）			黑木耳（元/百公斤）		
	规格等级	1988年	1989年	规格等级	1988年	1989年
全国平均		434.29	434.29		3245.24	2901.25
北京						
天津						
河北	中等	507.00	530.00	中等	3737.78	3200.00
山西	中等	465.00	500.00	中等	3658.00	3658.00
内蒙古				中等	3694.44	3303.62
辽宁	中等	594.00	894.35	中等	4379.58	4069.70
吉林				中等	3070.29	2790.36
黑龙江				一等	3213.73	2889.17
上海						
江苏	中等	485.16	359.58	中等		4987.09
浙江		446.00	510.00		3600.00	3600.00
安徽				中等	3352.95	2642.89
福建	甲级	600.38	501.76	中等	1654.68	1298.60
江西	中等	430.00	450.00			
山东	中等	536.53	519.60			
河南	中等	481.95	500.00	中等	3888.70	3137.04
湖北	二等	356.40	370.02	统装	3203.06	2934.46
湖南		384.17	415.00	中等	3670.00	3000.00
广东					3023.92	3665.00
广西					3199.17	3407.25
四川	中等	429.97	665.54	中等	3496.34	2941.16
贵州	中等	514.52	471.02	中等	3362.59	3195.43
云南		484.50	480.28		1814.38	1505.49
西藏						
陕西	中等	430.00	346.09	中等	3287.90	2701.40
甘肃	中等	452.23	288.44	中等	3304.82	2956.98
青海						
宁夏						
新疆						

各地区主要农副产品收购价格

	干辣椒（元/百公斤）			花椒（元/百公斤）		
	规格等级	1988年	1989年	规格等级	1988年	1989年
全国平均		411.98	379.85		1252.01	1061.71
北京						
天津						
河北	中等	334.14	300.00	中等	1204.99	1001.63
山西	中等	372.43	442.00	中等	1336.00	1024.00
内蒙古	中等	394.63	820.00			
辽宁	中等	356.34	444.06			
吉林						
黑龙江						
上海		620.70	558.00			
江苏	中等	424.10	517.74	中等	1212.29	1100.00
浙江						
安徽						
福建	中等	472.22	647.27			
江西	中等	606.46	663.31			
山东	中等	341.84	558.76	中等	955.98	830.52
河南				大红袍	803.00	970.71
湖北	中等	583.69	769.23			
湖南		824.00	550.00			
广东	中等	560.00	1000.12			
广西						
四川	中等	418.71	324.25	中等	2219.77	2037.98
贵州	中等	525.62	345.51			
云南		401.80	396.00		1536.00	1086.04
西藏						
陕西	中等	291.75	290.71	中等	1120.00	823.56
甘肃	中等	407.41	737.37	中等	1537.82	1392.71
青海	中等	192.00	280.00	中等	3070.00	2533.00
宁夏						
新疆		438.27	372.45			

各地区主要农副产品收购价格

	黄 连 （元/百公斤）			甘 草 （元/百公斤）		
	规格等级	1988年	1989年	规格等级	1988年	1989年
全国平均		3269.77	2668.14		175.09	183.15
北 京						
天 津						
河 北						
山 西				二 等	292.00	234.40
内 蒙 古				二 等	369.66	424.14
辽 宁				二 等	123.00	175.56
吉 林				二 等	140.00	169.18
黑 龙 江						
上 海						
江 苏				二 等	352.84	300.67
浙 江						
安 徽						
福 建	二等味莲	4000.00	3000.00			
江 西						
山 东						
河 南						
湖 北	二等味连	3275.00	2118.91			
湖 南		3550.00	3500.00	二等统装	450.00	550.00
广 东	二 等	4445.50	3371.00	二 等	541.30	344.00
广 西		2383.33	2385.67			
四 川						
贵 州						
云 南		4000.00	4100.00			
西 藏						
陕 西	二 等	3800.00	3402.00	二 等	201.67	206.00
甘 肃	二等统装	3400.00	4300.00	二 等	122.63	140.29
青 海				二 等	234.00	191.79
宁 夏				二 等	270.00	200.00
新 疆						

各地区主要农副产品收购价格

	党参(元/百公斤)			当归(元/百公斤)		
	规格等级	1988年	1989年	规格等级	1988年	1989年
全国平均		735.39	566.99		573.39	721.32
北京						
天津						
河北	二等	546.16	600.00			
山西	二等	559.00	437.00			
内蒙	二等	373.47	476.85			
辽宁						
吉林		434.46	376.91			
黑龙江		494.90	494.90			
上海						
江苏	二等	293.33	296.33	二等	742.00	600.00
浙江						
安徽						
福建	二等	750.00	700.00			
江西						
山东	二等	1317.90	857.67			
河南	二等	450.00	390.00			
湖北	条二等	1010.10	408.02	二等	802.18	538.89
湖南	二等	1000.00	900.00	二等	500.00	300.00
广东	二等	1041.83	708.00			
广西						
四川	二等	620.00	554.00			
贵州	二等	409.56	790.65			
云南		552.16	777.07		334.78	498.01
陕西	二等	514.29	619.00	二等	530.00	482.00
甘肃						
青海	二等	563.60	485.67	二等	454.75	645.00
宁夏	二等	440.00	350.00	二等	650.00	300.00
新疆						

各地区主要农副产品收购价格

	川芎（元/百公斤）			生地（元/百公斤）		
	规格等级	1988年	1989年	规格等级	1988年	1989年
全国平均		1465.74	406.01		591.47	453.66
北京						
天津						
河北				二等	617.57	406.29
山西				二等	743.00	466.00
内蒙古						
辽宁				二等	335.00	907.50
吉林						
黑龙江						
上海		1000.00	600.00		400.00	320.00
江苏				二等	582.21	379.17
浙江						
安徽						
福建	统装	1400.00	350.00	二等	650.00	400.00
江西	统装	1240.75	1226.01	二等	400.00	591.01
山东				三等	558.43	588.69
河南				三等30-50支	395.08	429.13
湖北				二等	604.88	687.29
湖南	二等	1800.00	1000.00	统装	700.00	800.00
广东	二等	2166.66	828.00	二等	686.67	674.00
广西						
四川	统装	1400.00	300.00			
贵州	统装	2424.23	2867.61			
云南		855.24	936.07		475.00	772.22
西藏						
陕西	统装	2356.50	1111.00	三等	351.88	386.00
甘肃				二等	300.00	200.00
青海						
宁夏				二等	380.00	300.00
新疆						

各地区主要农副产品收购价格

	白芍（元/百公斤）			黄芪（元/百公斤）		
	规格等级	1988年	1989年	规格等级	1988年	1989年
全国平均		339.60	368.81		607.24	691.04
北京						
天津						
河北	二等	419.69	384.75	二等	648.69	613.55
山西				二等	818.00	996.00
内蒙古				二等	432.02	441.57
辽宁				二等	387.31	396.81
吉林				二等	376.87	400.34
黑龙江				一等	301.60	452.40
上海					550.00	500.00
江苏	二等	644.95	280.32	二等	300.86	375.00
浙江		600.00	300.00			
安徽	二等	796.49	413.17			
福建						
江西	二等	500.00	453.00			
山东	二等	564.44	577.00	二等	266.75	341.35
河南						
湖北	二等	580.39	327.39			
湖南	二等	761.50	584.14	二等	1000.00	850.00
广东	一等	543.92	403.00	二等	1026.61	1444.53
广西		574.94	500.00			
四川	二等	791.00	437.00	二等	293.00	185.00
贵州						
云南		304.46	565.30			1105.00
西藏						
陕西	二等	390.43	330.00	家种二等	397.34	561.00
甘肃				二等	422.37	673.84
青海				二等	389.89	405.94
宁夏	二等	630.00	200.00	二等	500.00	400.00
新疆						

各地区主要农副产品收购价格

	红花（元/百公斤）			菊花（元/百公斤）		
	规格等级	1988年	1989年	规格等级	1988年	1989年
全国平均		2319.79	1338.52		701.01	754.99
北京						
天津				白色	300.00	400.00
河北				统装	464.38	388.01
山西				统装	230.00	232.00
内蒙古						
辽宁						
吉林						
黑龙江						
上海		1500.00	1500.00		1000.00	1000.00
江苏	统装	2607.97	1500.32	统装	348.43	956.03
浙江					1430.00	1120.00
安徽				统装	1000.00	738.64
福建				统装	850.00	600.00
江西				统装	125.21	205.00
山东	统装	2843.81	1106.16	统装	322.00	331.18
河南				统装	426.30	362.70
湖北	统装	2008.81	2009.60	杭白二等	729.00	311.47
湖南	鲜二等	2900.00	2800.00	统装	385.00	252.43
广东					701.71	504.00
广西						
四川		2950.00	1189.00			
贵州						
云南		2115.82	1835.23			1373.00
西藏						
陕西	统装	1980.00	1550.00	白菊混	525.00	260.00
甘肃	统装	1365.65	979.20			
青海						
宁夏						
新疆		1821.08	850.00			

各地区主要农副产品收购价格

	天麻（元/百公斤）			麝香（元/百克）		
	规格等级	1988年	1989年	规格等级	1988年	1989年
全国平均		4093.23	4191.47		1286.38	1326.74
北京						
天津						
河北						
山西				净仁	1000.00	1000.00
内蒙古						
辽宁		2347.38	2945.51			
吉林	二等	3457.65	3425.42			
黑龙江						
上海						
江苏		4698.93	4300.00			
浙江						
安徽	统装	2627.00	4270.00			
福建						
江西						
山东						
河南						
湖北	二等	2731.81	2963.01		1034.77	1035.96
湖南		4200.00	4592.83	春160头	1324.50	1324.50
广东						
广西						
四川					2059.00	2200.00
贵州		4341.14	4723.52			
云南		4336.35	4613.44			
西藏						
陕西	二等	4267.00	3200.00	净仁	1000.00	1000.00
甘肃						
青海				净仁	1300.00	1400.00
宁夏						
新疆						

各地区主要农副产品收购价格

	苇席（元/百领）			草席（元/百领）		
	规格等级	1988年	1989年	规格等级	1988年	1989年
全国平均		539.06	648.50		426.88	583.55
北京						
天津	10 * 5	595.00	669.29			
河北	一等 10*5	545.38	727.63			
山西	一等 10*5	846.00	1174.00			
内蒙古						
辽宁	一等 10*5	915.00	970.06			
吉林						
黑龙江						
上海						
江苏	一等 10*5	695.00	276.57	二等 10*5	440.00	746.76
浙江					650.00	790.00
安徽	一等 10*5	71.50	72.93	二等 10*5	320.00	565.13
福建				二等	568.33	793.89
江西						
山东	一等 10*5	467.84	525.06			
河南	一等 10*5	405.91	450.00			
湖北						
湖南				二等 10*5	292.90	330.00
广东					394.92	379.00
广西					636.45	895.64
四川				二等 10*5	277.70	409.61
贵州						
云南						
西藏						
陕西	一等	463.74	452.25			
甘肃						
青海						
宁夏	一等 10*5	350.00	400.00			
新疆						

各地区主要农副产品收购价格

	草袋（元/个）			棕片（元/百公斤）		
	规格等级	1988年	1989年	规格等级	1988年	1989年
全国平均		48.93	52.41		130.09	147.53
北京						
天津	乙级	49.00	54.44			
河北	甲级稻草编织	41.56	46.32			
山西	甲级稻草编织	70.00	55.00			
内蒙古						
辽宁	甲级稻草编织	52.18	60.38			
吉林	甲级稻草编织	50.03	50.85			
黑龙江	甲级稻草编织	54.93	58.78			
上海		65.00	70.00			
江苏	甲级稻草编织	49.19	50.25			
浙江		55.00	65.00		160.00	240.00
安徽	甲级稻草编织	26.19	27.09			
福建				中等	179.16	216.33
江西					189.94	151.49
山东	甲级稻草编织	63.87	62.06			
河南	一等稻草袋	40.14	49.44			
湖北	乙级	45.00	45.48	乙级	124.91	133.58
湖南					120.00	149.19
广东		67.00	73.00		203.00	202.00
广西					118.25	133.91
四川	甲级稻草编织	53.23	79.55	一级	121.23	136.28
贵州					154.34	161.33
云南		50.06	79.39		112.07	144.16
西藏						
陕西	甲级稻草编织	52.00	57.00	中等	147.52	170.14
甘肃						
青海						
宁夏						
新疆						

各地区主要农副产品收购价格

	蜂蜜（元/百公斤）			蜂蜡（元/百公斤）		
	规格等级	1988年	1989年	规格等级	1988年	1989年
全国平均		268.71	330.79		711.26	691.35
北京	一等40度	300.00	350.00	一等净货	800.00	840.00
天津	40度	239.00	328.00			
河北	一等40度	246.82	372.89			
山西	一等40度	297.00	300.00			
内蒙古	一等40度	231.57	271.72			
辽宁	一等40度	217.00	303.90	一等净货	292.00	558.05
吉林	一等40度	292.14	321.66			
黑龙江	一等40度	296.87	330.23			
上海		211.30	270.00			
江苏	一等40度	287.96	317.31			
浙江		210.00	280.00			
安徽	一等40度	315.90	350.00			
福建	一等40度	286.69	383.93			
江西	一等40度	319.33	321.13	一等净货	685.00	657.00
山东	一等40度	257.19	341.88			
河南	一等40度	278.64	348.96			
湖北	白蜜40度	233.51	309.06			
湖南		234.57	234.57	一等40度	450.00	550.00
广东		340.41	505.00			
广西		240.00	205.00			
四川	一等40度	217.02	247.01			
贵州	一等40度	212.06	195.10			
云南		297.00	349.58		789.40	619.43
西藏						
陕西	一等40度	254.99	317.74	一等净货	734.92	
甘肃	一等40度	233.19	336.84	一等净货	797.69	669.23
青海	一等40度	250.66	299.86	一等净货	1043.70	671.53
宁夏		247.77	243.48		738.00	800.00
新疆		235.90	260.10			

各地区主要农副产品收购价格

	大黄鱼（元/百公斤）			带鱼（元/百公斤）		
	规格等级	1988年	1989年	规格等级	1988年	1989年
全国平均		2907.97	3408.15		500.52	565.59
北京						
天津						
河北						
山西						
内蒙古						
辽宁	一级尾重0.2kg以上	1048.00	1400.00	一级尾重0.2kg以上	712.99	1116.16
吉林						
黑龙江						
上海					394.70	623.30
江苏	一级鲜鱼尾重0.2kg多	2640.00	2550.00	一级鲜鱼尾重0.2kg多	460.97	515.30
浙江		3000.00	2800.00		500.00	500.00
安徽						
福建	一级尾重0.2-0.35kg	2915.42	3572.60	一级尾重0.2-0.3kg	537.56	670.67
江西						
山东				一级鲜鱼0.2kg以上	578.02	607.84
河南						
湖北						
湖南						
广东				一级	454.67	615.00
广西						
四川						
贵州						
云南						
西藏						
陕西						
甘肃						
青海						
宁夏						
新疆						

各地区主要农副产品收购价格

	草鱼（元/百公斤）			鲢鱼（元/百公斤）		
	规格等级	1988年	1989年	规格等级	1988年	1989年
全国平均		472.31	537.02		316.99	336.01
北京	1kg以上	635.00	645.00	1.25公斤以上	283.50	304.00
天津						
河北	1kg以上	386.77	494.54	1.25kg以上	316.41	326.74
山西	1kg以上	348.00	470.00	1.25kg以上	450.00	383.00
内蒙古				1.25kg以上	438.00	388.94
辽宁	1kg以上	423.56	462.95	1.25kg以上	350.00	391.34
吉林				0.7kg以上	380.54	399.23
黑龙江				1.25kg以上	346.06	340.00
上海		520.20	541.40		382.40	320.70
江苏	1kg以上	306.06	444.00	1kg以上	260.75	306.07
浙江		420.00	360.00		260.00	210.00
安徽	1kg以上	447.00	525.42	1.25kg以上	318.60	371.63
福建	0.75-1kg	502.35	578.40	1kg以上	313.21	419.74
江西	1kg以上	490.09	511.35	1.25kg以上	257.85	293.95
山东	1kg以上	568.63	479.86	1.25kg以上	420.78	524.15
河南						
湖北					320.61	282.52
湖南		493.30	533.43	1kg以上	326.70	394.85
广东	1.25kg以上	473.00	537.00	0.5kg以上	341.00	369.00
广西	1kg以上	534.09	575.46	1kg以上	310.40	428.17
四川	1kg以上	615.28	616.88	1.25kg以上	294.72	303.10
贵州						
云南		350.00	310.00		284.00	536.63
西藏						
陕西	0.75kg以上	681.08	652.05	0.5kg以上	359.89	344.72
甘肃						
青海						
宁夏	1kg以上	464.76	454.72	1.25kg以上	326.67	300.00
新疆					373.94	387.98